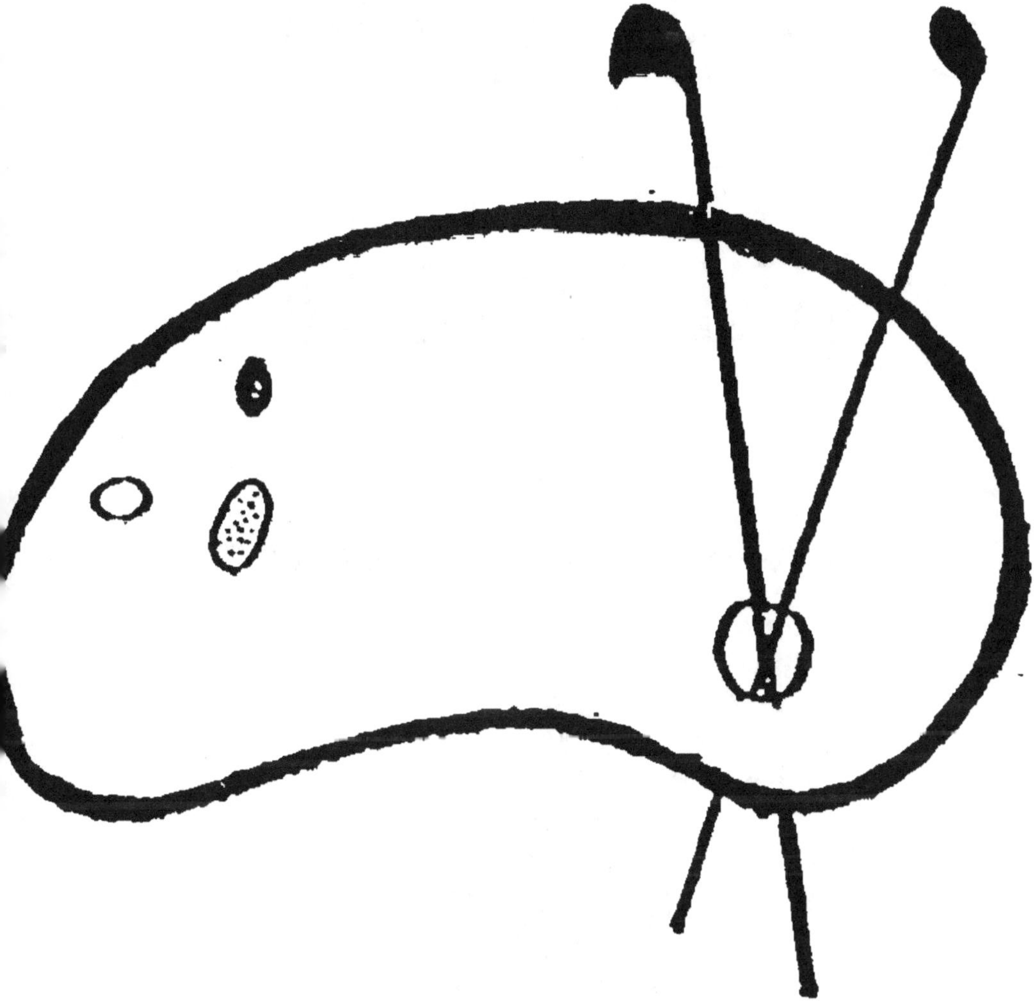

DEBUT D'UNE SERIE DE DOCUMENTS
EN COULEUR

JOURNAL de FIDUS

LA RÉVOLUTION
DE
SEPTEMBRE

II

LA CAPITULATION — LA COMMUNE

PARIS

NOUVELLE LIBRAIRIE PARISIENNE

ALBERT SAVINE, ÉDITEUR

12, RUE DES PYRAMIDES, 12

Tous droits réservés.

EN VENTE A LA MÊME LIBRAIRIE

Envoi FRANCO au reçu du prix en un mandat ou en timbres-poste

Collection in-18 jésus à 3 fr. 50

DOCTEUR S. BASCH
Maximilien au Mexique . . . 1

NAPOLÉON BONAPARTE
Œuvres littéraires, 2e édit. . . 1

EUGÈNE BONTOUX
L'Union générale . . . 1

ÉLÉMIR BOURGES
Sous la hache, 2e édit. . . 1
Le Crépuscule des Dieux . . . 1

CHTCHEDRINE
Les Messieurs Golovleff . . . 1

AUGUSTE CHIRAC
L'Agiotage sous la troisième République, 3e édition . . . 2
La Haute Banque et les Révolutions . . . 1

ALBERT CIM
Institution de Demoiselles, 6e éd. 1
La petite Fée, 2e édition . . . 1
Deux Malheureuses, 5e éd. . . 1

HENRI CONTI
L'Allemagne intime, 4e édit . . 1

PAUL DARRAS
Causes célèbres de la Belgique . 1

EDOUARD DRUMONT
La Fin d'un Monde . . . 1

FIDUS
La Révolution de Septembre . 1

LÉONCE GRASILIER
Causes célèbres de l'Angleterre . 1

GUY-VALVOR
Une Fille, 2e édit . . . 1
L'Oiseau bleu . . . 1

JULES HOCHE
Le Vice sentimental, 2e édit. . . 1
La Fiancée du trapèze, 2e éd. . 1
Causes célèbres de l'Allemagne . 1

LÉON HUGONNET
Chez les Bulgares, 2e édition . 1

HENRIK IBSEN
Théâtre . . . 1

JEAN LAROCQUE
1871, souvenirs révolutionnaires . 1

JACQUES LE LORRAIN
Nu, 2e édition . . . 1

CAMILLE LEMONNIER
Noëls Flamands, 2e édition . . 1
Les Peintres de la Vie, 2e éd. . 1
Un Mâle, édition définitive . . 1
Ceux de la glèbe . . . 1

JULES LERMINA
Nouvelles histoires incroyables . 1

LERMONTOFF
Un Héros de notre temps . . . 1

PAUL LHEUREUX
L'Hôtel Pigeon, 2e édition . . 1

JEAN LOMBARD
Agonie . . . 1

JEAN LORRAIN
Les Lépillier, 2e édition . . . 1
Très Russe, 2e édition . . . 1

FRANÇOIS LOYAL
L'Espionnage allemand en France 1

PAUL MARGUERITTE
Tous Quatre, 2e édition . . . 1
Confession posthume, 2e éd. . 1
Mon ouverte, 2e édition . . . 1

JULIEN MAUVRAC
L'Amour fantaisiste . . . 1

GEORGES MEYNIÉ
L'Algérie Juive, 5e édition . . 1
Les Juifs en Algérie, 3e éd. . . 1

LADISLAS MICKIEWICZ
Adam Mickiewicz, sa Vie & ses Œuv. 1

GEORGES MOORE
Confessions d'un jeune Anglais . 1

MUSTEL
Rallye-Dot, 3e édition . . . 1

FRANÇOIS DE NION
L'Usure . . . 1

NARCIS OLLER
Le Papillon, préface d'ÉMILE ZOLA 1

ISA C. PAVLOVSKY
Souvenirs sur Tourguéneff . . 1

PARIA KORIGAN
Le Tréfonds . . . 1

J. PENÉ-SIEFERT
La Marine en danger . . . 1

PEREZ GALDOS
Dona Perfecta, 2e édition . . 1

MARINA POLONSKY
Causes célèbres de la Russie . 1

EDGAR POE
Derniers Contes, trad. BARBE . 1

TH. BECHETNIKOV
Ceux de Podlipnaya, 2e édition . 1

EDOUARD ROD
L'Autopsie du docteur Z... . . 1

J.-H. ROSNY
Nell Horn . . . 1
Le Bilatéral . . . 1
L'Immolation . . . 1

LÉON TIKHOMIROV
Conspirateurs et Policiers . . 1
La Russie politique et sociale . 1

COMTE ALEXIS TOLSTOI
La Mort d'Ivan le Terrible . . 1

COMTE LÉON TOLSTOI
Ma Confession, 3e édition . . 1
Que Faire ? 3e édition . . . 1
Ce qu'il faut faire, 2e édition . 1
Dernières Nouvelles, 4e édit. . 1
Pour les Enfants, 3e édit. . . 1
L'École de Yasnaïa Poliana . . 1
La Liberté dans l'École . . . 1

COMTE N. TOLSTOI
La Vie . . . 1

JUAN VALERA
Le Commandeur Mendoza . . 1

VASSILI VERESCHAGIN
Souvenirs, ill. par l'auteur . . 1

A. VANDAM
Causes célèbres de l'Angleterre . 1

J. VERDAGUER
L'Atlantide . . . 1
Le Canigou . . . 1

CHARLES VIRMAITRE
Paris qui s'efface, 2e édition . . 1
Paris-escarpe 9e édition . . . 1
Paris-canard, 2e édition . . . 1
Paris-boursicotier, 2e édit. . . 1
Paris-palette, 2e édition . . . 1

KALIXT DE WOLSKI
La Russie Juive, 3e édition . . 1

PARIS.—TYP. A.-M BEAUDELOT, 9 PLACE DES VOSGES

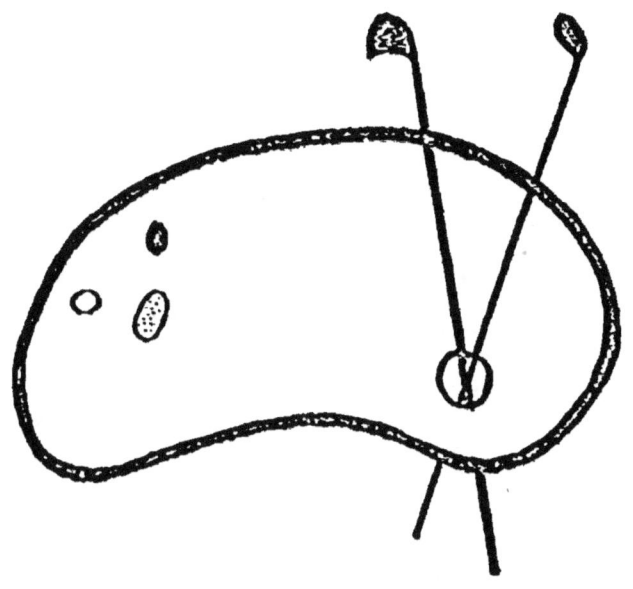

FIN D'UNE SERIE DE DOCUMENTS
EN COULEUR

JOURNAL DE FIDUS

EN VENTE A LA MÊME LIBRAIRIE

(Envoi franco au reçu de 3 fr. 50, timbres ou mandat-poste.)

Journal de Fidus. — LA RÉVOLUTION DE SEPTEMBRE.
I. Paris assiégé.................... 1 vol.

HONORÉ PONTOIS
Ancien président du Tribual de Tunis.
Président honoraire de la Cour d'Appel de Nimes.

Les Odeurs de Tunis, 1ᵉ édition............ 1 vol.

AUGUSTE CHIRAC

L'Agiotage sous la 3ᵉ République, 5ᵉ édition.... 2 vol.

CHARLES CHINCHOLLE

Le général Boulanger, 4ᵉ édition............ 1 vol.

EUGÈNE BONTOUX

L'Union générale, son programme, sa vie, sa mort.
7ᵉ mille........................... 1 vol.

THÉODORE CAHU

L'Europe en armes en 1889, étude de politique militaire. 2ᵉ édition................. 1 vol.

PÈNE SIEFERT

La Marine en danger, 3ᵉ édition revue et augmentée. . 1 vol.

FRANÇOIS LOYAL

L'Espionnage allemand en France, 4ᵉ édition.... 1 vol.

LOUIS BARRON

Sous le drapeau rouge, récits impartiaux de la guerre sociale et de la déportation en 1871, 2ᵉ édition.... 1 vol.

ÉVREUX, IMPRIMERIE DE CHARLES HÉRISSEY

JOURNAL DE FIDUS

LA RÉVOLUTION
DE SEPTEMBRE

II

LA CAPITULATION — LA COMMUNE

PARIS
NOUVELLE LIBRAIRIE PARISIENNE
ALBERT SAVINE, ÉDITEUR
12, Rue des Pyramides, 12
1889

JOURNAL DE FIDUS

NOVEMBRE 1870
(SUITE)

Première journée de la bataille. — Aspect de Paris. — Rapport militaire. — Deuxième journée de combat. — Les bataillons de Belleville. — Les prisonniers.

29 *Novembre*. — A 6 heures, ce matin, j'ai entendu plusieurs coups lointains, sourds et répétés ; c'était comme un plancher qui tombe, un tonneau vide sur lequel on frappe, un tapis que l'on secoue par une fenêtre ; mais bientôt les coups sont devenus plus fréquents, plus forts, plus rapprochés, enfin menaçants ; plus de doute, c'était le canon.

Ah! à la veille d'une entreprise si grande, si périlleuse, qui peut avoir les plus redoutables résultats, et qui, sûrement, aura pour acteurs et pour cortège une légion de morts, quoi ! général Trochu, que l'on dit animé de religieux sentiments! Jules Favre, qui, une fois, devant les matérialistes, avez confessé

Dieu ! vous n'avez pas eu la pensée d'invoquer le secours du seul Puissant, de l'unique Maître, de l'universel directeur des mondes et des hommes ! de convoquer, par un solennel appel, le peuple de Paris tout entier à s'assembler dans les temples, et à faire monter vers Dieu un cri de supplication, de douleur et d'humilité !

C'est un des plus beaux spectacles qu'on eût donnés au monde : mais non ! nous livrerons une bataille mortelle, et nous nous précipiterons vers la mort, comme des brutes, sans loi et sans Dieu.

8 heures. — Le canon qui a tonné toute la nuit est celui de Villejuif ; à 4 heures du matin, tous les bataillons de marche du faubourg Saint-Germain sont partis.

Le général Ducrot, dans sa proclamation simple, forte, sans forfanterie, sans esprit de parti (il ne prononce pas le mot de *République*), et terminée par ce mot, qui vient sur les lèvres de tout soldat, quand il rentre un instant en lui-même : *que Dieu nous protège !* dit à ses troupes : « Vainqueurs dans cette première période de la lutte, notre *succès est assuré*, car l'ennemi a envoyé sur les bords de la Loire ses meilleurs soldats. Les efforts héroïques et *heureux* de nos frères les y retiennent. » Ce ton est ferme et ces paroles précises ; cependant, on demande : comment savez-vous que l'ennemi a *ses meilleures troupes loin de nous* ? Si elles étaient loin, êtes-vous certain que, depuis quatre jours, il ne les ait pas fait revenir ? Nos armées de province *sont victorieuses et les retiennent !* Qui le prouve ? Ont-elles donc remporté des succès sérieux, au lieu des échecs dont le bruit a transpiré en ces derniers temps ? Et si elles en ont remporté, pourquoi ne nous en avez-vous pas fait part, n'avez-vous pas donné à nos cœurs une heure de joie et de confiance ? Il y a plus à douter qu'à se rassurer !

11 heures. — Le canon a cessé depuis plus d'une heure. On prétend que la grande attaque n'aura lieu que cette nuit. Ce n'est pas seulement une proclamation qui a paru ; deux autres ont été affichées, du général Trochu, courte par exception, et convenable ; et du gouvernement, signée de tous les membres, des ministres et même des secrétaires. Cette proclamation a un caractère particulier : chose épouvantable et horrible, la pensée qui y domine, qui préoccupe ces hommes, sur laquelle ils insistent, c'est le besoin de la *concorde*, de l'*union* dans Paris, au moment où se livre cette lutte désespérée ; le gouvernement sent la nécessité, et il le dit, de supplier une partie de la population de **rester dans l'ordre**, de ne

pas attaquer, les armes à la main, Paris désarmé de ses plus braves citoyens, tandis que ceux-ci courent à l'ennemi, bravant mille morts, à travers les canons et la mitraille ! « Quiconque fomenterait le moindre *trouble* dans la cité, dit-il, trahirait la cause de ses défenseurs !... Ayons le courage de demeurer *calmes !*... Nous ne pouvons résister que par l'*union* et l'ordre !... Ayons la résolution d'étouffer tout ferment de *discorde civile !* » Cette proclamation, ô honte! est écrite pour Belleville. Quel plus effroyable et douloureux effet de l'esprit de révolte, que ces hommes qui nous gouvernent ont déchaîné parmi nous !.

4 heures.— A midi, je suis sorti pour chercher des nouvelles et, après avoir poussé jusque près des Invalides, je me suis rendu, par les quais, au boulevard de l'Hôpital et à la porte d'Italie. Le faubourg Saint-Germain est désert : presque pas un passant dans ces longues rues de Varennes, de Grenelle, Saint-Dominique, la garde nationale étant requise tout entière, et tous les hommes valides au rempart ou devant l'ennemi; rien de plus solennel que cette solitude et ce silence. On me dit que les autres quartiers riches, la Chaussée-d'Antin, Notre-Dame de Lorette, etc., ont le même aspect. Le jour est sombre, le ciel

couvert, le vent aigre et froid : c'est un vrai jour pour les morts! Près du pont Royal, les bateaux à vapeur, qui faisaient le voyage de Saint-Cloud, chauffent pour se porter près des points où l'on se bat : ils ont arboré le drapeau de Genève; ils servent d'ambulance. Les quais ne présentent rien de particulier, il circule peu de voitures. Mais, dès le boulevard de l'Hôpital, la physionomie change : quantité de voitures se dirigent vers la place d'Italie; sur cette place, de nombreux groupes : avenue d'Italie, une affluence considérable d'hommes et de femmes de toutes conditions, accourus, assemblés pour avoir des nouvelles. Cette foule monte et descend incessamment le long de l'avenue; la chaussée est encombrée de voitures d'ambulance de toute espèce et de toute forme, qui vont chercher les blessés ou en ramènent; au bord des trottoirs, une haie épaisse d'hommes regardent passer les blessés; à chaque instant, la marche est arrêtée par des groupes, où l'on raconte déjà les incidents de la lutte, et où se répètent les bruits les plus exagérés et les plus contradictoires. Je m'arrête à tous, j'écoute les récits que chacun recueille et sollicite : je les écris ici, tels qu'on les fait, sans ordre et à la hâte :

« Le combat aurait commencé cette nuit, vers minuit, et duré jusqu'à quatre heures; il aurait repris de six heures à neuf heures. A partir de ce moment, on n'a plus rien entendu; mais on prétend connaître plusieurs succès : nous avons repris l'Hay, Chevilly, une partie même de Choisy ; selon quelques-uns, nous sommes maîtres de Châtillon. Choisy aurait été attaqué la nuit, pris et repris deux fois par les Prussiens, puis enlevé une dernière fois par nos marins, qui, à la baïonnette, ont chassé l'ennemi, fait beaucoup de prisonniers, enlevé huit canons, que dis-je, cinquante ! — Le grand effort est du côté de la ligne d'Orléans ; nous avons eu des pertes sensibles, mais le résultat le plus important est obtenu, la *trouée est faite !* » On ne doute pas que le feu ne reprenne d'ici à une heure ; d'autres pensent qu'il ne recommencera que cette nuit ; d'autres encore affirment que l'on se bat toujours, et que le feu n'a jamais cessé : « Si l'on n'entend pas le canon, c'est que *nous sommes trop loin,* pour que nos forts puissent tirer ; il n'y a plus que la fusillade et nos pièces de campagne. » Il semble à peu près certain, malgré l'exagération de ces nouvelles, que nous avons enlevé plusieurs points importants et repris nos avant-postes. On ajoute les détails les plus précis sur le combat : « Les canons de l'ennemi étaient en avant de Choisy, formés en carré, au milieu desquels se tenaient des bataillons Prussiens ; il fallait enlever une à une et successivement ces batteries. Là, se trouvaient le 17ᵉ bataillon de la garde nationale et des mobiles ; on a perdu du monde, mais on est dans Choisy ! »

M.***, que je rencontre, me donne des renseignements plus sérieux : « Ce sont les wagons et *tourelles* blindés qui ont ouvert le feu cette nuit, et produit, tout d'abord, le plus puissant effet : les tourelles sont un nouvel engin, plus formidable encore que les wagons blindés ; c'est une triple et quadruple carapace de fer ronde, qui tourne sur une plaque poussée par une locomotive, et d'où un canon, à l'abri sous son dôme impénétrable, peut être pointé dans toutes les directions. On lança les tourelles et les wagons jusqu'à près de 200 mètres des Prussiens : ce fut une surprise terrible pour l'ennemi ; c'était la nuit, ils ne distinguaient pas la forme de cette forteresse roulante ; ils lançaient dessus des boulets, sans l'entamer ; le résultat répondit à toutes les espérances. » M.*** complète ces renseignements, en m'apprenant que ces fameuses tourelles ne sont pas l'œuvre du génie ou de l'artillerie ; aucun général ou officier de ces corps spéciaux n'y avait pensé : c'est M. Solacroup, directeur de la compagnie d'Orléans, qui en conçut l'idée, la proposa, et fit exécuter les tourelles dans ses ateliers. La compagnie d'Orléans, contribue, du reste, de plusieurs manières, à la défense : elle a sur le champ de bataille 80 voitures, 200 chevaux, 180 hommes employés aux ambulances. La compagnie de Lyon a fourni également des hommes, des voitures et des chevaux. On dit que le combat est aussi violent de l'autre côté de la Seine, le long de la Marne et au delà de Vincennes. Le plan du général Trochu, que l'on peut juger en ce moment, consisterait à s'emparer, sur les deux côtés de la Seine, des collines qui la dominent ; on s'efforcerait, pendant qu'on attaque Choisy, de s'établir sur les hauteurs, jusqu'à Montgeron, etc. Nous emporterons d'abord les premières positions ; mais il faut nous y maintenir et y résister à l'ennemi, qui va accumuler ses troupes pour les reprendre. Or, comme il est loin de la portée de nos forts, c'est là que commence le vrai danger. Ce n'est pas un jour, deux jours que nous devons tenir, mais plusieurs. Aussi, n'est-il pas douteux qu'on va se battre demain et après-demain, sans s'arrêter : l'intérêt est trop grand des deux côtés pour qu'on se repose avant la fin.

Devant nous défilent continuellement des troupes, des canons, des chariots de vivres ; ce sont des renforts qui vont soutenir nos troupes engagées, et remplacer les blessés. De ceux-ci, il arrive des voitures pleines, fiacres, fourgons, omnibus, tapissières, charrettes, camions. Ce spectacle, qui émeut fortement la population, ne paraît pas troubler les artilleurs et les *volontaires de la France*, qui passent en même temps : ils sont fort gais et marchent en chantant : quatre ou cinq cris de *Vive la République!* partent du bataillon des volontaires ; un seul homme, dans la foule, répond : *Vive la République pour toujours!* Le commandant du bataillon lève son képi et crie : *Vive la France!*

Le boulevard des Gobelins n'est pas moins animé que l'avenue d'Italie ; à mon retour, j'entends dans les groupes d'autres nouvelles : « La gare des bestiaux, à Choisy, n'existe plus, elle a été détruite par nos obus ; une partie de Choisy est à nous, le reste brûle ; l'Hay est en ruines, etc. » Dans un groupe on commente la proclamation du général Ducrot : « S'il a annoncé, dit-on, qu'*il ne rentrerait que mort ou victorieux*, c'est qu'il sait que les Prussiens l'accusent de s'être enfui, étant prisonnier, et que, sans autre examen, ils le fusilleraient! » Plus j'avance dans le cœur de la ville, plus les récits deviennent excessifs; pour connaître la vérité, il faut attendre les rapports militaires.

6 heures. — Les journaux du soir ne publient pas de rapport militaire, mais annoncent que, du côté de la Marne, nous n'aurions pu faire franchir cette rivière à nos troupes, le

pont de bateaux ayant été entraîné par les grandes eaux. et que, par suite, nos troupes de la rive gauche, non soutenues, ont été obligées d'abandonner les postes de Chevilly, l'Hay, etc., dont nous nous étions emparés.

30. — Hier soir, grande affluence autour des affiches, que l'on venait de placarder. A la Croix-Rouge, un bout de bougie fut apporté par un voisin, et quelqu'un lut tout haut la communication du gouvernement, datée de 2 heures. Cette pièce, hélas! n'est ni précise, ni nette, ni concluante : « Nous avons, dit le gouvernement, fait une *forte reconnaissance* sur les positions de Buzenval.... un mouvement en avant contre l'Hay et la gare aux bœufs de Choisy.... l'affaire a été *vive....* le but que le gouvernement se proposait a été atteint.... il occupe solidement la position qu'il avait en vue : *l'opération suit son cours.* » Après cette lecture, la foule a demandé qu'on recommençât, et les lecteurs se sont succédé. Les curieux, agités par l'inquiétude, écoutaient et s'en allaient, sans avoir bien compris le sens de l'affiche : « Que signifie-t-elle? que veut-on dire? — Nous avons réussi ! Nous occupons un point ; le résultat est excellent ! » disaient quelques gens timides, qui croient volontiers ce qu'ils désirent. Mais ceux qui raisonnent

se retiraient, en secouant la tête : « On ne nous dit pas toute la vérité ! »

Deux heures après, à 10 heures, est arrivé, apportant le journal *le Soir*, mon jeune ami M. *** : le *Soir* annonçait, sans phrases et sans détours, que nous avions été obligés *d'abandonner l'Hay*, dont nous nous étions efforcés de nous emparer. Il ne parlait que de retraite, de blessés et de morts : « On n'était pas encore assez nombreux, » disait le journal. Il s'étonne qu'on n'ait pas envoyé sur ce point trois fois plus de troupes.

Mon jeune ami venait nous faire ses adieux : il avait reçu l'ordre de se tenir prêt à partir, avec le 19ᵉ bataillon de la garde nationale. Voilà bien de nos amis et de nos parents les plus proches, depuis peu de jours, qui nous viennent dire adieu! Au moment où il nous quittait, quelqu'un lui a dit : « Nous prierons pour vous! Et vous, priez aussi vous-même! — Oui, Madame! et, revenant sur ses pas : Ah! en ces temps-ci, ajouta-t-il, les pensées deviennent sérieuses! on regarde les choses à un autre point de vue, et l'on comprend quel soutien peut apporter la religion ! » Indifférent, comme nous le connaissions, sinon hostile, attaquant même la religion par des railleries et des sarcasmes, nous avons été frappés de ce changement. Il n'était pas le seul à qui l'heure présente inspire de graves réflexions :

il nous rapporte, qu'il y a peu de jours, passant à Boulogne, le soir, il vit l'église éclairée ; il en voulut connaître la cause, il entra : c'étaient 7 à 800 soldats de la ligne qui faisaient la prière du soir, tout haut, à genoux sur le pavé, les mains jointes et, à leur tête penchée, à leur ton pénétré, on voyait qu'ils accomplissaient avec conviction un acte sérieux. La veille d'une bataille, on sait bien ce que l'on est, pauvre petit homme, et de qui l'on peut attendre du secours; on ne ricane pas, on ne se moque pas, on n'arrondit pas des périodes, on ne fait pas d'exegèse à la Renan, vis-à-vis de canons de 12.

Tandis que la bataille était engagée, et que Paris écoutait la canonnade retentissante, un journal, qui paraît à midi, publiait en grosses lettres, l'*Événement d'hier!* On se hâte de lire, on veut savoir : c'est une *représentation populaire à l'Opéra,* pour l'audition de vers de M. Victor Hugo : l'*événement,* c'est « *l'apothéose* d'un poète *républicain* faisant éclater sa lyre *vengeresse* sur le *tyran* dépossédé de sa gloire usurpée et *criminelle* ». Quel tyran ! quel républicain ! quelle lyre ! quel journaliste !

30 *Novembre.*— Toute la nuit, a résonné le canon, et il continue sans interruption; il n'est pas éloigné, comme hier : ce sont, sans

doute, les forts d'Issy, Vanves, Montrouge, qui tirent; ainsi continu et rapproché, il a différents tons et différentes voix, qu'on distingue dans l'effroyable tapage qui ébranle les airs : tigre qui rugit, grand'porte d'église retombant dans la vaste nef vide, grosses roues broyant le pavé et répercutées par l'écho, arbre qui se casse en deux et craque, bombes d'un feu d'artifice qui détonne, foudre qui roule et éclate; ce sont, à la fois et tour à tour, tous ces bruits, sourds, longs, vibrants, profonds, qui portent le trouble dans l'âme.

Je me suis dirigé vers Vincennes : c'est de ce côté que sera aujourd'hui le plus grand engagement, puisque le plan du général Trochu est de s'emparer des deux rives de la Seine et des chemins de Lyon et d'Orléans. C'est dans ce but qu'on a attaqué, à la fois, les abords de Choisy, à droite, et les positions Prussiennes, à gauche, entre la Seine et la Marne. Il semble certain que le général Ducrot cherchera à forcer le passage sur ce point. L'attaque de l'Hay, Chévilly, Thiais et Choisy est importante, mais secondaire; la trouée se fait vers Créteil ou Champigny. Ces prévisions sont fondées sur la quantité de troupes et d'artillerie que le général Ducrot a emmenées, par la route de Vincennes. Le *Journal officiel* de ce matin, parle d'un *accident*, qui aurait empêché une opération de ce côté. Cette opération, *c'était le passage de la Marne*, pour lequel on avait préparé un pont de bateaux : ce pont, au moment de passer, n'a pas été emporté par les eaux, comme on l'a dit, mais s'est trouvé trop court, la Marne ayant tout à coup grandi. Les bruits les plus singuliers courent à ce sujet : on prétend que les Prussiens, prévenus de notre projet par un employé du génie civil, auraient lâché les écluses supérieures, ce qui a causé une crue extraordinaire et rendu le passage impraticable. De là, l'immobilité de l'armée du général Ducrot hier, et, par suite, l'ordre de s'arrêter donné au général Vinoy sur la rive opposée (à l'Hay), pour ne pas compromettre ses troupes dans un mouvement qui ne pouvait réussir qu'opéré simultanément avec le général Ducrot. Ce passage, non exécuté hier, doit avoir lieu aujourd'hui. Des bateaux ont été transportés, hier soir, des Champs-Élysées à Vincennes. La canonnade, d'après le son, s'étend du S.-E. au N.-O.; donc, on tente, en ce moment, la trouée par la Marne.

L'air est froid, mais le temps est superbe, le ciel clair, le soleil brillant; toute la population est dehors : le long de l'avenue du Maine, jusqu'à l'église Saint-Pierre de Montrouge, des centaines de petits marchands ont étalé, sur les contre-allées, de vieux habits, des guenilles, de vieilles ferrailles, autour desquelles se pressent les pauvres gens de ce quartier besogneux, tandis qu'on entend, comme s'il était tout près, à 500 mètres, le canon, semblable à une énorme basse ronflante. Au boulevard Saint-Jacques, d'ordinaire presque désert, un groupe nombreux entoure un garde national. Il raconte qu'il vient du ministère de la guerre ; le général Le Flô a réuni en cercle les gardes nationaux de service, et leur a dit : « Les nouvelles sont excellentes; le général Ducrot a franchi la Marne, nous occupons Montmesly, et nous avons la confiance que nous nous y maintiendrons, » Contrairement à ce qui se disait le plus souvent dans les groupes, cette nouvelle était vraie. Peu de monde à la place d'Italie ; là, n'est pas l'intérêt; mais, dès le pont d'Austerlitz, le changement est saisissant : les bateaux-omnibus, venant de l'embouchure de la Marne, passent chargés de blessés. C'est la première ambulance que je rencontre, il va y en avoir bien d'autres ! En effet, en débouchant sur la place de la Bastille, j'aperçois, venant de plusieurs côtés, de la rue de Lyon, de l'avenue Daumesnil, du faubourg Saint-Antoine, une quantité de voitures d'ambulances, remplies de blessés : il y en a de toute provenance, de toute nation, de toutes formes; ambulance *Américaine*, avec le petit drapeau étoilé des *Etats-Unis*, ambulance *Suisse*, ambulance *Évangélique*, celle-ci est non seulement pleine, mais deux zouaves sont étendus sur la bâche : ambulance des *Mairies*, des *Couvents*, de la *Presse*, etc.; et l'on a employé toutes les voitures qu'on a pu se procurer : fiacres, omnibus, tapissières, voitures de déménagement, de laitiers, *charrettes à pierres*, etc.; un capitaine est couché sur un matelas, dans un tombereau. La foule est immense, et se presse le long du défilé de ces voitures funèbres; elle est vivement émue, et quelques-uns, épouvantés du grand nombre de blessés, s'écrient que ce spectacle est propre à démoraliser la population, et qu'on ne devrait les transporter que la nuit. Comme si les blessés devaient attendre! — Même affluence de peuple, même défilé de voitures, au boulevard du Prince-Eugène, mêmes impressions douloureuses de la foule.

Mais cette foule était peu considérable, en comparaison de celle qui emplissait la vaste avenue de Vincennes. Après avoir franchi la barricade qui ferme la place du Trône, véritable redoute avec fossés et embrasures pour des canons, on apercevait devant soi l'avenue, noire de têtes; une population, que l'on peut estimer à 100,000 âmes, emplissait cette route large comme trois ou quatre boulevards : à grand'peine, deux files de sentinelles maintenaient une voie libre pour les voitures, au milieu de cette fourmilière humaine, qui allait et venait, encombrait les contre-allées, ou stationnait en deux lignes profondes, sur la chaussée, pour voir passer ceux qui revenaient du champ de bataille, et ce passage était incessant. Tour à tour, défilaient voitures, piétons, cavaliers, ambulances, généraux, soldats isolés, bourgeois munis de laissez-passer, officiers envoyés en mission, éclaireurs au galop, portant des ordres, etc. On arrêtait les uns, on jetait aux autres des interpellations vives, pressées, pour demander des nouvelles : un mot, une exclamation répondait aux impatiences de la foule : « Très bien ! cela va bien ! La situation est bonne ! » Dans les groupes, on entendait des récits de gens qui avaient assisté, prétendaient-ils, à une partie de l'action ; les bruits les plus exagérés, comme toujours, étaient répandus et trouvaient créance : « La percée est faite, nous avons tout culbuté devant nous ; nous sommes maîtres de Montmesly, de Chenevières, de Champigny, de Cueilly ; nos soldats sont entrés à Cueilly, sans tirer un coup de fusil, ils ont emporté tout à la baïonnette ; une nombreuse cavalerie a fui, nous avons fait là 1,500 prisonniers ; dans la presqu'île de Gennevilliers, sept à huit mille Bavarois se sont rendus; on les fera entrer de nuit dans Paris, pour qu'ils échappent à la fureur de la population, etc. »

Voici que passent des soldats portant un fusil Prussien, un tambour Bavarois, un casque; la foule se précipite, rompt les lignes de sentinelles, les entoure, et les accompagne de ses *vivats*. Ailleurs, les récits sont encore plus déraisonnables : « L'armée Française est déjà loin, elle est à trois lieues, à huit lieues (on écoute avec impatience un auditeur plus calme, qui fait observer que huit lieues, c'est beaucoup, et même impossible); elle marche vers l'armée de la Loire, qui est proche. On a entendu son canon; les deux armées se donnent la main, la réunion est faite! » Plus loin, on discute la question plus grave de la marche de l'armée, après ce premier succès : quelqu'un croit que la grande difficulté sera de s'avancer au delà de la portée des forts qui, jusqu'ici, ont soutenu nos troupes par leur puissante artillerie : on répond à l'objection que « nous avons la mitrailleuse Cail, qui suivra l'armée sur le chemin de fer et, forteresse mobile, remplira le rôle de nos forts, et nous couvrira, à mesure que nous avancerons ». On a dans cette mitrailleuse, nouvelle machine de guerre d'un effet prodigieux, la plus entière confiance.

Il est 4 heures, la canonnade devient plus

forte que jamais ; les coups sont plus répétés, et si rapprochés que l'on s'étonne; on se demande si nous reculerions. — En ce moment, un cri s'élève : « Les voilà ! les voilà ! les prisonniers ! » La foule se rue à leur rencontre : des gens du peuple, animés de la plus violente colère, crient déjà, avant de les apercevoir, qu'il faut se jeter dessus; d'autres cherchent à les calmer, leur faisant observer que « ces soldats étrangers ne sont pas coupables, que ce n'est pas leur faute, si l'on fait la guerre, etc. »; ils ont beaucoup de peine à calmer l'irritation de ces hommes impétueux, presque tous du faubourg Saint-Antoine. Les prisonniers approchent, je m'empresse, comme tout le monde, pour les voir : ils sont dix ou douze, un officier en tête, vêtus d'une capote gris foncé, coiffés d'une casquette plate; ce sont des Bavarois. Dès qu'ils apparaissent, une bordée de sifflets et de cris furibonds éclate parmi la foule : « *A bas les Prussiens! A bas les canailles! A bas les crapules!* » Eux, cependant, entre deux haies de soldats, marchaient d'un pas rapide, la tête droite, regardant à droite et à gauche, sans timidité et sans forfanterie. En voyant passer ces soldats étrangers, accueillis par des outrages comme des criminels, je me sentais saisi de pitié : je songeais à nos pauvres soldats, à nos malheureux officiers, qui, eux aussi, sans l'avoir mérité davantage, ont subi les mêmes insultes, les mêmes affronts, les mêmes humiliations. Quelles douleurs ont-ils dû éprouver! de quelles tristesses a été serré leur cœur! Et quels flots de larmes, qu'ils n'ont pu toujours comprimer, ont inondé leurs visages!

J'ai appris, en traversant le faubourg Saint-Antoine, que les prisonniers Bavarois n'ont pas rencontré la même animosité dans ce remuant et populeux faubourg. Au contraire, on leur a témoigné de la compassion, des femmes se sont approchées d'eux et leur ont offert de l'argent, du vin, du tabac. Bons cœurs! Dieu veuille que, dans cette Allemagne, où sont si nombreux les nôtres, ils aient aussi trouvé une main affectueuse, une offrande, un regard bienveillant et doux!

Ce soir, le *Journal Officiel* nous a apporté le bulletin des faits *certains* qui se sont passés dans la journée : jusqu'à cinq heures, le canon a tonné, ce qui fait 15 heures de combat. Le récit du *Journal Officiel*, contenu dans plusieurs rapports, peut se résumer ainsi : à notre gauche, l'ennemi s'est replié et a abandonné les hauteurs qu'il occupait, « nous couchons sur les positions de Cueilly et Villiers-sur-Marne, *après avoir repris l'offensive;* » (ce qui suppose que nous avions reculé, probablement lors de cette furieuse canonnade entendue à 4 heures). A droite, après avoir pris Montmesly, nous avons dû « nous replier devant des forces supérieures, et nous retirer à Creil ». Le gouvernement avoue 500 blessés dans le combat d'hier, et ne parle pas du nombre des morts; deux généraux sont blessés, l'un chef de corps, le général Renault, l'autre qu'on a d'abord dit mort, le général de la Charrière. On estime le nombre des troupes engagées sur la Marne à 100,000 hommes au moins. Du reste, les journaux du soir ne donnent pas de détails, le gouvernement ayant interdit ce matin de publier sur le combat aucun autre renseignement que ceux qu'il communique, « sous peine de suspension du journal ». Il invoque, pour justifier cette mesure, le *salut public*. Ce n'est pas moi qui le chicanerai à ce sujet : que n'a-t-on pris la même mesure, il y a cinq mois! le *salut public* était aussi gravement compromis; on le pouvait, on le devait. Depuis 80 ans que nous sommes en révolution, il est peu de moments où la question ne soit pas une *question de salut public*. — Ce qui, assure-t-on a déterminé le gouvernement à interdire tout compte rendu des opérations militaires, c'est un article de la *Liberté*, où, à propos du combat d'hier, le mot *défaite* était prononcé. L'opinion publique en avait été vivement agitée, quelques-uns s'étaient indignés, d'autres avaient cru tout perdu : on a coupé court aux commentaires, en fermant la bouche aux journaux. — On m'affirme que, hier matin, le général Trochu, accompagné de plusieurs officiers de son état-major, s'est rendu à Notre-Dame des Victoires, avant de partir pour la bataille : ils y ont entendu une messe spécialement célébrée pour eux et y ont communié. Cela est très bien ; je ne redirai pas mes regrets que le gouvernement n'ait pas appelé tout Paris à cette prière de deuil, de supplication et peut-être d'agonie.

DÉCEMBRE

Deuxième journée de la sortie. — Les bataillons de Belleville. — Bataille de Villiers. — Retraite de l'armée. — M. Ferry à l'Hôtel de Ville. — Nouvelle de la reprise d'Orléans. — Illusions de la population Parisienne. — Charité des dames de Paris. — Demande de prières publiques refusée. — Les tirailleurs de Belleville. — Les gendarmes aux environs de Paris. — Arrestation de M. Flourens. — L'indemnité des femmes et les unions illégitimes. — Scandales dévoilés. — Diminution des vivres. — Symptômes de découragement. — Récit fantastique de l'occupation du plateau d'Avron. — Ordres du jour de M. Clément Thomas sur l'indiscipline de la garde nationale. — Désastreuses nouvelles des armées de province. — Aveuglement de Paris. — Situation morale et matérielle de Paris. — Fausses nouvelles publiées par le gouvernement. — Départ des troupes. — Combats de Drancy et du Bourget. — Dévouement des brancardiers. — Interruption de la lutte. — Surprise de Ville-Evrard. — Le jour de Noël. — Souffrances des troupes. — Obsèques du frère Néthelme. — Les canons Krupp. — Vente au profit des victimes de la guerre. — Pillage de bois et de meubles. — Mouvements communistes. — Prévision de la capitulation. — Réunion des maires de Paris. — Aspect de Paris le dernier jour de l'année.

1ᵉʳ *Décembre.* — Aujourd'hui, on n'entend aucune canonnade ; on ne dirait pas que nous soyons dans une ville assiégée et, dès le matin, on s'étonne de cette absence d'un bruit qui semble maintenant devenu normal. J'en profite pour compléter le récit de la journée d'hier.

On le croira difficilement : hier soir, tandis qu'on apportait des milliers de blessés, et en si grand nombre que, souvent, on les présentait successivement à plusieurs ambulances, sans pouvoir les faire admettre, toutes étant remplies ; — à cette heure d'angoisses, de douleur et de détresse publique, les portes de la salle Herz, rue de la Victoire, s'ouvraient pour un *concert ;* les voitures s'y pressaient, croisaient des voitures d'ambulance et de belles dames, en riches toilettes, comme aux jours brillants de l'Empire, remplissaient la salle étincelante de lumières: La salle était comble, rien ne semblait avoir changé depuis l'hiver dernier. Il n'y avait de moins, en effet, qu'un gouvernement, 100,000 hommes tués, 350,000 prisonniers, et le jour même, une heure avant le concert, *plusieurs milliers de Français mis hors de combat!* Car, quoique le gouvernement garde le silence, nos pertes sont considérables. Des renseignements me sont donnés de plusieurs côtés sur cette bataille : nos troupes, de l'aveu de tous ceux qui y ont pu assister (chirurgiens, infirmiers, prêtres, officiers), se sont battues, non seulement avec entrain, mais avec une grande fermeté, sous un feu épouvantable. Un instant, cependant, quelques-uns ont faibli : de jeunes soldats, jeunes d'âge et de service, intimidés par cette pluie de fer et ce tonnerre des canons retentissant à leurs oreilles, lâchèrent pied. Le général Ducrot, alors, qui, du fort de Nogent, suivait le combat, ne put tenir en place : impatient, il ne croit pas remplir son devoir s'il ne partage le danger ; entraîné par un mouvement sublime (déraisonnable peut-être, car il est d'un général en chef de diriger, plutôt que de s'exposer), il sort, il court au-devant des premiers rangs déformés : « Cette hauteur de Villiers, il la faut emporter ! » Ses officiers se dispersent sur le front des bataillons, les excitent, les enlèvent ; nul n'hésite plus : les clairons sonnent, les tambours battent la charge, « les troupes mettent la baïonnette au canon [1] ; » on marche en avant, sur deux lignes étendues en bataille. Le général Ducrot, l'épée à la main, s'élance avec son état-major, au galop, fonçant, comme s'il était à la tête d'un escadron chargé d'enlever une batterie ; on ne pensait à rien, on était électrisé, on courait sans faire attention aux morts! A cet irrésistible élan, les Prussiens reculent, on monte, on avance encore ; — mais, bientôt, on se trouve devant un mur

---

[1] Expression toute militaire de l'officier qui me raconte cette charge, dont il faisait partie.

crénelé, d'où partait une fusillade meurtrière; il n'y avait pas moyen de tenir, il fallut revenir! Jamais charge ne fut plus brillante; on vit là l'ancienne fougue de l'armée Française et sa bravoure toujours la même. Le général Ducrot brisa son épée dans le corps d'un Prussien, il eut son cheval tué sous lui; les officiers de son état-major frappaient comme de simples soldats; sur douze, cinq furent atteints.

Quant aux blessés, nulle part les soins ne leur ont manqué : les ambulances étaient en si grand nombre, que pas un blessé, on croit pouvoir l'assurer, n'a été laissé sur le terrain. Les chirurgiens, revenus du combat, tout couverts de sang, ne peuvent accorder trop d'éloges au dévouement, à l'abnégation, au zèle ardent des prêtres, des religieux de tout ordre, qui s'employaient au transport des malheureux atteints par les obus et les balles; les Frères de la doctrine chrétienne se sont particulièrement fait remarquer : le supérieur général, le frère Philippe, âgé de plus de quatre-vingts ans, était à leur tête et les avait tous amenés; ils allaient jusque sous les balles Prussiennes, ramasser les blessés, sans se préoccuper du danger.

Ce matin, ont paru deux notes du gouvernement, une du général Trochu, compte rendu succinct du combat, et où il demande avec quelque emphase, « si, il y a deux mois, on eût cru qu'une armée formée à Paris eût été capable de..., etc.; » l'autre de M. J. Favre, qui s'extasie sur ce que peuvent « les soldats d'un *pays libre!* » Ce prétendu pays libre n'a rien à faire ici; mais comment empêcher un avocat de chercher à remuer son public par des mots vides et à effet? En somme, la journée d'avant-hier avait été mauvaise; celle d'hier a été relativement bonne : c'est plus qu'un demi-succès; mais, c'est aujourd'hui ou demain, et les jours suivants, que notre sort va se décider. Nos troupes ont pris plusieurs points avancés; mais l'ennemi s'est retiré dans ses lignes, il va falloir les emporter, ou attendre qu'il nous attaque dans nos positions, enlevées avec tant et de si acharnés efforts. Nos pauvres soldats, malgré les fatigues de deux jours de lutte, ont dû passer une partie de la nuit à se fortifier : encore de nouveaux retranchements à enlever demain, et quelles forces ne trouvera-t-on pas devant soi? Les Prussiens n'ont-ils pas des troupes fraîches? Une de leurs armées qui, dit-on, marche sur Paris, ne va-t-elle pas arriver, doubler, tripler la ceinture qui nous étreint? Car, ils sentent bien que là, du côté de la Marne, est la grande attaque; c'est là qu'on veut passer; les autres attaques (Saint-Denis, la presqu'île de Gennevilliers, l'Hay, etc.) ne sont faites que pour les occuper. Avant de partir, mardi matin, le général Ducrot a dit à ses officiers : « Messieurs, n'emportez rien ! si nous passons, nous serons en pays ami, et rien ne nous manquera ; si nous ne réussissons pas, nous serons prisonniers ou tués ! » Les premières positions sont enlevées ; c'est maintenant le grand coup !

A la fin de son rapport, le général Trochu annonce que « l'action continuera certainement aujourd'hui ». On n'entend pas le canon, il est vrai, mais le vent du Nord peut en emporter le son, d'ailleurs très éloigné. Je vais encore à l'avenue de Vincennes, mais en traversant le centre de Paris : l'aspect général est morne, nulle animation ; dans toutes ces rues si populeuses, de Rivoli, de Rambuteau, Saint-Denis, à peine, çà et là, une voiture. Des caissons d'artillerie portent des munitions à nos troupes ; les voitures d'ambulance continuent à circuler. Près du conservatoire des Arts et Métiers, un bataillon de gardes nationaux mobilisés est réuni, prêt à partir, sac au dos, avec les bâtons de tente, les gamelles, les bidons. Les boulevards sont tristes, la ville semble se recueillir et se reposer des émotions de la veille. Le boulevard du Prince-Eugène est presque désert : je commence à croire que la bataille est ou trop éloignée, pour qu'on en ait des nouvelles de ce côté, ou ajournée.

Il y a encore grande foule à l'avenue de Vincennes, mais moins qu'hier ; on permet la circulation jusqu'à la troisième barricade, jusqu'à la porte : plus de sentinelles, pour maintenir la chaussée libre. Dès les premiers pas, j'entends dire qu'on n'a aucune nouvelle ; un escadron d'éclaireurs rentre dans Paris ; on se presse pour les interroger : « Vous perdez votre temps, répondent-ils, on n'a pas tiré un seul coup de fusil aujourd'hui ; il n'y a rien ! » Beaucoup de gens s'en vont, beaucoup aussi demeurent ; le spectacle ne manque pas d'intérêt, c'est le retour du combat. A chaque instant, passent des pelotons de soldats, des voitures ramenant des officiers, des chariots de vivres, des ambulances vides, les blessés ayant été presque tous transportés hier ; ici, un artilleur menant en laisse un cheval Prussien ; on court après lui, on le suit ; là, une voiture, à l'ouverture de laquelle sont suspendus quatre casques Prussiens, ce qui excite les rires joyeux de la foule. Dans les groupes, continuent les récits du combat d'hier : on va bien au delà des succès annoncés par le rapport officiel : ainsi, « Chenevières est pris, nous sommes à Bry-sur-Marne ». D'autre part, les pertes sont considérables : nous avons une grande quantité d'officiers blessés ; on va jusqu'à dire que, devant Villiers, *sur une étendue d'un kilomètre, il y a un mètre de morts*, Prussiens et Français ! Les Prussiens auraient évacué plusieurs positions ; ils se fortifient, et les deux armées enterrent leurs morts ; voilà pourquoi l'on ne se bat pas.

Parmi les bruits qui circulent, il en est un qui émeut singulièrement le public : il s'agit de l'attitude des bataillons de Belleville devant l'ennemi. Dès le lundi, on signalait, dans Belleville, les plus mauvaises dispositions ; on craignait un mouvement insurrectionnel, au moment où Paris se dégarnissait de troupes ; les bataillons s'étaient assemblés dans la nuit ; n'allaient-ils pas descendre ? C'est alors que le général de Maudhuy, prévenu, avait fait battre le rappel dans les quartiers de la chaussée d'Antin, de la Madeleine, le faubourg Saint-Germain, à 4 heures du matin, ce qui avait autant étonné qu'effrayé la population. Ces craintes ne s'étaient, cependant, pas réalisées ; les bataillons de marche de Belleville s'étaient dirigés, sans résistance, vers leur poste de combat, dans la plaine Saint-Denis. Il n'y avait eu, dans la journée, qu'une manifestation de quelques centaines de femmes de la Villette et de Belleville, qui se sont présentées sur la place de l'Hôtel-de-Ville, criant : « Du pain ! » et demandant à être introduites près du gouvernement, afin de lui faire connaître la misérable situation des classes ouvrières. On ne les a pas laissé entrer, et quelques-unes, insistant trop vivement, 25 ou 30 ont été menées à la Conciergerie. Par précaution, jusqu'à 5 heures, la place fut entourée d'un cordon de gardes mobiles et la circulation interdite ; mais cette petite émeute féminine n'eut pas de suites. On voit, néanmoins, que l'on avait cru devoir conserver des troupes, des mobiles Bretons, pour garder le gouvernement ; deux bataillons continuent à camper dans l'Hôtel de Ville.

Aujourd'hui, l'on raconte que les bataillons de Belleville, commandés par Flourens, lorsqu'ils se sont trouvés en face de l'ennemi, *ont refusé de marcher !* Le public, à cette nouvelle, manifeste son indignation dans les termes les plus énergiques et les plus violents : « Quelle trahison ! Quelle infamie ! Il faut les fusiller ! Que ne les a-t-on mis entre deux mitrailleuses, et tiré dessus ! » La conduite de ces troupes refusant de se battre, paraît si monstrueuse, que beaucoup ne veulent pas y croire, et s'écrient : « C'est impossible ! » Ce soir, j'apprends que le même bruit s'est répandu dans Paris ; on ajoute qu'on a entouré ces misérables, qu'on les a désarmés, arrêtés, qu'on a trouvé sur eux beaucoup d'argent Prussien, et qu'on va en fusiller plusieurs.

Un tel fait, s'il est vrai, est si gros de conséquences, que j'ajourne toute réflexion.

2. — Ce matin, on entend une très vive canonnade au S.-O. et une autre plus éloignée; les journaux nous apprennent, d'ailleurs, que le combat a recommencé hier, dans l'après-midi, du côté d'Avron. Les Prussiens, avec des forces supérieures, chercheraient-ils à nous tourner ? Le 7e bataillon de mobiles, dont font partie plusieurs de mes jeunes amis, est à Avron, entre Bondy et Villemomble, avec 12 mille marins et artilleurs et 50 pièces de canon. Ces troupes, qui forment l'extrême droite du général Ducrot, sont destinées, comme réserve, à repousser l'ennemi, si nous sommes obligés de reculer : c'est le général d'Hugues qui commande sur ce point important.

Dans une heure si critique, et où toutes les pensées sont appliquées à un seul objet, on est obligé de passer sous silence des faits qui ne sont cependant pas sans importance; je me contente de signaler, entre autres, une circulaire du maire du IIIe arrondissement, le restaurateur Bonvallet, par laquelle il propose aux *écoles libres* de recevoir « *des élèves de la mairie*, à la condition expresse qu'ils ne prendront pas part aux exercices, prières, offices, catéchismes et instructions religieuses ». Les parents qui désireront que leurs enfants prennent part à ces instructions, devront en faire la « demande écrite, qui sera consignée dans un registre spécial ». Nos administrateurs municipaux continuent à appliquer les principes de la commission d'enseignement de l'Hôtel de Ville, ouvertement athée.

Le rapport de M. Thiers, sur son entrevue avec M. de Bismarck, à l'occasion de l'armistice, nous arrive aujourd'hui, et confirme ce que pensaient ceux qui n'avaient pas ajouté complètement foi au récit de M. J. Favre. Il démontre l'existence de ces faits : 1° proposition de M. de Bismarck de laisser convoquer et réunir une Assemblée, *même sans armistice;* 2° refus du gouvernement de l'Hôtel de ville, qui se préféra à la France ; 3° réunion d'une partie des anciennes Chambres (à Cassel, ce que l'on ignorait) ; 4° déclaration (implicite) de la Prusse, qu'elle ne reconnaît de gouvernement régulier que le gouvernement Impérial. En même temps que ces affirmations sont répétées dans le discours du Reischtag Allemand, le roi de Prusse déclare durement sa résolution de garder deux de nos provinces. Tous les jours se démontre avec plus d'évidence combien a été désastreuse la fatale révolution de septembre. Après Sedan, la paix pouvait se conclure à de bien moins dures conditions ; la République a tout changé ; en continuant, sans moyens efficaces, une lutte qui n'avait pour but que de perpétuer leur domination, les républicains ont exaspéré nos ennemis. Nous souffrons, à cette heure, nous souffrirons, longtemps encore après leur chute, de leur ambition avide et de leur implacable égoïsme !

Ne pouvant approcher du combat et obtenir des nouvelles sûres, je veux, au moins, embrasser l'ensemble du champ de bataille, et je me dirige vers un des points les plus élevés de Paris, le cimetière du Père-Lachaise. Rien de particulier dans la physionomie de Paris : à la Bastille, moins de monde que les jours précédents, pour voir passer les blessés ; c'est le quatrième jour de la bataille, et déjà l'émotion est affaiblie. Mais, rue de la Roquette, après le boulevard du Prince-Eugène, le spectacle change : une véritable foule, voitures et piétons, se presse vers le cimetière du Père-Lachaise. L'affluence est aussi grande que le *Jour des Morts;* c'est, en effet, un jour des morts ! Seulement, personne ne s'arrête aux boutiques de couronnes d'immortelles et aux ateliers de sculpteurs de tombes, qui bordent cette voie sépulcrale. Devant la grande porte du cimetière, comme deux courants contraires, sans cesse vont et viennent, montent et descendent des voitures, sur plusieurs lignes, fiacres, calèches, coupés, cavaliers; toutes les classes sont représentées. On monte la grande allée, on passe devant le buste d'Alfred de Musset, figure distinguée et fine; le saule, qui se penche tristement sur son tombeau, est bien tel que le demandait le poète, en ces vers :

> Mes chers amis, quand je mourrai,
> Plantez un saule au cimetière,
> J'aime son feuillage éploré, etc.

La foule se hâte, court, cause bruyamment; dans une allée, un groupe de passants a fait du feu avec les grilles en bois des tombes, et se chauffe autour, car le froid est très vif. Plus haut, on longe le magnifique sépulcre en marbre des Aguado, simple et noble. Plus haut encore, voici le vaste plateau du *cimetière commun;* au bout de ces longues allées de sépultures populaires, le sol jaune et sablonneux se rompt tout à coup, les pas s'arrêtent devant une pente abrupte, c'est ce qu'on appelle la *crête;* là, est le rendez-vous de la foule; là, des milliers d'individus, empressés, attentifs, tous tournés vers le même point, regardent devant eux.

De ce lieu élevé, en effet, on domine un horizon immense : dans la plaine, Vincennes, sa porte-forteresse, sa chapelle, son donjon, vivement éclairés par le soleil, et qui semblent tout près; aux deux extrémités, deux forts, Nogent à gauche, la Faisanderie à droite; au delà, des bois, une vallée qui s'abaisse, la vallée de la Marne, et enfin, formant un large demi-cercle, un amphithéâtre de collines : sur ces collines, on distingue des groupes de maisons, c'est Villiers-sur-Marne, Cueilly, Chenevières, etc. Dans cette plaine, sur ces collines, dans ces villages, se livre la bataille. A ce moment, 3 heures, la canonnade a presque cessé : de temps en temps seulement, une colonne de fumée blanche s'élève de Nogent ou de la Faisanderie, et s'envole emportée par le vent; on entend un coup isolé, le combat finit. Mais la foule est si avide d'un succès, que le bruit général est que les Prussiens ont été repoussés, criblés, écrasés; ils sont en pleine retraite, les coups tirés par les forts n'ont pour but que de la précipiter. Pour moi, ce qui m'inquiète et m'épouvante, sans que j'ose exprimer mon sentiment à personne, c'est que le combat me semble se livrer sur le même terrain qu'avant-hier : nous n'avons donc pas avancé !

La foule descend ces pentes rapides en courant, avec indifférence, sans s'arrêter : aujourd'hui, nul n'est venu visiter ses morts, renouveler sur leur tombe une fleur fanée. Seule, entre les arbres, j'aperçois une femme en noir, plutôt étendue qu'agenouillée sur une pierre, la tombe de son petit enfant peut-être, immobile, ne voyant, n'entendant rien, comme insensible à ce qui se passe autour d'elle.

Je rentre assez anxieux du résultat de la journée. Ce soir, sont venus me voir deux médecins, M. le D⁰ Joulin, professeur à l'Ecole de médecine, et M.***, qui avaient passé la journée sur le champ de bataille ou aux ambulances de Paris. Voici ce qui s'est passé : A cinq heures du matin, les Prussiens ont attaqué ; nous avons été surpris, comme on l'a vu trop souvent dans cette guerre ; on ne se gardait pas assez ; peut-être aussi, et c'est, hélas ! probable, nos pauvres soldats, fatigués de quatre jours de luttes, avaient cédé au sommeil. Dans le premier moment, nous avons été repoussés et chassés de nos positions ; on ne pouvait tenir devant les forces qui nous débordaient ; quelques-uns ont pourtant résisté ; un bataillon de gardes mobiles, surtout, qui n'a pas voulu répondre au signal de la retraite, s'est jeté sur l'ennemi, et s'est fait décimer avec la plus grande intrépidité, mais en causant aux Prussiens des pertes nombreuses. Plus tard on est revenu à la charge, on s'est reformé, et l'on a repris les positions perdues ; non seulement, on les a reprises, mais on en a enlevé de nouvelles :

nous occupons Chenevières, Montmesly; nous avons fait un pas en avant, la fin de la journée a été un succès.

Ce succès a été rudement acheté : on compte une quantité de blessés, les ambulances sont pleines; malheureusement, beaucoup de soldats blessés très grièvement meurent, et le froid excessif (8 degrés au-dessous de zéro) contribue à augmenter le nombre des morts. Les médecins, d'ailleurs, ont tous fait cette observation : les plus courageux, les plus fermes à supporter les opérations, sont les mobiles de l'Ouest, les Bretons, les Poitevins, les Normands, les Vendéens. De même, les bataillons de la garde nationale de Paris les plus déterminés et les plus solides appartiennent aux quartiers conservateurs; ces honnêtes gens n'ont pas hésité à partir. Nulle part, au contraire, n'ont été demandés plus de certificats d'exemption que dans les hauts faubourgs, à Belleville, etc., et par ceux-là même qui réclamaient furieusement la *résistance à outrance*. Parmi ceux-ci, le Dr Joulin nous cite M. Pouchet, le savant matérialiste, un des plus ardents en paroles, qui, quoique n'ayant pas encore trente-cinq ans, s'est empressé de se faire exempter. Je ne m'en étonne pas : pourquoi M. Pouchet se sacrifierait-il, lui, athée, et qui ne croit pas à une autre vie ? Il est sage de ne pas compromettre le seul bien sur lequel il puisse compter, le présent.

Les chirurgiens ont eu, aussi, occasion d'entretenir des blessés ennemis : les Prussiens parlent peu ; les Bavarois ne dissimulent pas leurs dispositions actuelles : ils ont volontiers marché contre nous, parce qu'ils n'admettaient pas la prétention de la France, prétention qui remonte à plusieurs siècles, de s'emparer de la frontière du Rhin ; mais, une fois la Moselle franchie, ils auraient voulu s'arrêter, le but était atteint. On leur a fait espérer que Paris, où l'on avait des intelligences, ne tiendrait pas, et se rendrait au bout de peu de jours : ils voient qu'ils se sont trompés, mais ils sont engagés ; la roue tourne, elle les emporte, il faut aller jusqu'à ce qu'elle soit arrêtée.

De tout ce que l'on rapporte, il résulterait que nous avons été vainqueurs. A 10 heures, je reçois de M. Adrien Desprez, de la mairie du VIe arrondissement, quelques lignes, où il m'informe « qu'il vient d'arriver d'excellentes nouvelles de l'armée de la Loire, et de celle du général Ducrot ». L'armée de la Loire, Dieu le veuille ! tout est là. On paraît, du reste, si assuré du succès, que la mairie de Saint-Sulpice a organisé un service spécial, pour faire connaître plus vite les événements heureux des combats : elle a enrôlé des crieurs, qui iront les annoncer dans les carrefours, au son du tambour, et déjà, ces crieurs sont en permanence à la mairie.

3. — Ce matin, ont été publiés les rapports sur la journée d'hier ; ils ressemblent aux précédents : rien de précis, quelques vagues indications, qui peuvent se résumer ainsi : « Nous avons lutté plusieurs heures, pour conserver nos positions (c'est l'attaque du matin), et plusieurs autres heures, pour enlever celles de l'ennemi, qui nous cède encore une fois les hauteurs, sur lesquelles nous couchons. » Quelles sont ces positions ? On ne nous le dit pas : a-t-on pris Chenevières, Montmesly, comme on l'annonçait dans le public ? Le rapport est muet. Il est à craindre que ces hauteurs, que l'ennemi nous a cédés *encore une fois*, ne soient celles d'où il s'était retiré *une première fois*, le 30, c'est-à-dire que nous n'ayons pas fait un grand progrès depuis le 30. Et, lors même que nous aurions fait quelques pas en avant, quelle perspective se présente à nos yeux ! En supposant que nous ayons enlevé la première ligne des Prussiens, ce qui n'est pas encore, nous en aurions une seconde, et peut-être une troisième à emporter, et avec quelles pertes ! Le général Trochu le fait comprendre, lorsque, sans indiquer le chiffre des morts et blessés, il s'écrie : « Beaucoup ne reverront plus leurs foyers ! » Ce

chiffre, on le murmure tout bas, et avec terreur; on le dit plus élevé que celui du 30 : 8 à 10,000 hommes. Les ambulances regorgent; on vient d'en établir de nouvelles, même dans les églises, à Saint-Germain des Prés, à la Trinité, à Saint-Gervais, avec l'autorisation de l'archevêque; on y a déjà porté des malades. Si, à chaque effort, pour gagner quelques centaines de mètres, il faut perdre tant d'hommes, que restera-t-il, quand on rompra les dernières lignes ? Et, à ce moment même, nos troupes seraient-elles capables de repousser l'attaque d'une armée qu'elles rencontreraient au dehors ? — Quant au général Trochu qui, d'après tous les récits, s'est bravement exposé, il doit désirer, et je le lui souhaite, rencontrer la mort sur le champ de bataille; car on ne lui a pas imposé la responsabilité d'une telle catastrophe, il l'a prise !

Quelques mots sur notre situation intérieure : « Ce n'est pas l'invasion qui fait le plus de mal, c'est l'anarchie, » dit l'Empereur, dans une *lettre* publiée aujourd'hui par plusieurs journaux.

M. le maire du XVIIIe arrondissement nous donne une preuve officielle de cette anarchie : il rappelle à ses administrés qu'il « n'est pas permis à de simples particuliers de faire, comme on le fait trop souvent, des arrestations et des visites domiciliaires, *sans mandat.* » Il en avait déjà averti, on ne l'a pas compris : aujourd'hui, il affirme que « *c'est un délit*, et qu'on *s'expose à être poursuivi*, conformément à *telle loi* ». Il paraît, qu'à Batignolles, on ignorait complètement cette loi. Il semble vraiment lire l'histoire de certains compagnons de grande route, dans *Gil Blas !*

4. — On nous fait vaguement espérer l'arrivée d'une armée de l'extérieur qui nous viendrait secourir. Ce qui est évident, en s'en rapportant même aux dépêches les plus confiantes, c'est que ces armées sont ou trop faibles, ou trop éloignées, ou vaincues.

J'ajoute quelques détails sur la bataille : le général Trochu parle du froid dont ont souffert nos soldats, « glacés par des nuits d'hiver passées sans couvertures ; car, pour nous alléger, nous les avions laissées à Paris ». Ces privations sont communes à toutes les troupes sorties des remparts : à Saint-Denis et sur le plateau d'Avron, les mobiles couchent, sans couvertures, sur la terre, et sans feu, afin de ne pas attirer l'attention de l'ennemi, excepté pour faire cuire leurs vivres; et quels vivres! seulement des pommes de terre et du riz; depuis mardi, ils n'ont pas eu de viande. Un grand nombre n'ont pu supporter de telles fatigues et sont malades et on a dû les transporter à Paris.

Les wagons blindés du chemin de fer d'Orléans ont été ramenés dans les ateliers ; la tourelle était assez endommagée, elle ne tournait plus sur son axe. Ces grosses machines pourront encore servir, mais après une grande réparation.

Ce matin, coups de canon éloignés. A 2 heures en passant près du pont d'Austerlitz, où la foule assiste avec un vif intérêt au débarquement des blessés, qu'amènent les bateaux-omnibus, j'entends annoncer la nouvelle de la capture de *dix mille* prisonniers ; comme toujours, « *cette nouvelle est sûre !* »

Il est midi : on n'a pas encore entendu le canon. On a remarqué que, depuis la révolution de septembre, qui se fit un *dimanche*, tous les dimanches nous ont apporté des malheurs. Celui-ci, le 4 décembre, trois mois après la révolution, n'y a pas manqué, et il n'y a pas qu'une seule mauvaise nouvelle ; il y en a trois, dont nous fait part le *Journal officiel :* la *révolte* d'un corps armé, la confirmation de la grandeur de nos *pertes*, et la *retraite* de nos troupes sous Paris.

Un *ordre* du *général* Clément Thomas nous apprend que, le 29, premier jour du combat, un bataillon de marche de la garde nationale, le 76ᵉ (de Belleville), a refusé, en rentrant,

« de verser les cartouches reçues le matin, dans les fourgons qui les avaient portées; en outre, qu'un de ses officiers a excité ses hommes à la *révolte*, a tenté de prendre le commandement et menacé de faire arrêter le chef du bataillon ». Il est probable que ce fait, qui a eu lieu mardi, et dont on ne nous parle que *dimanche*, est le même qui, altéré par les récits populaires, causait une si vive indignation, *jeudi*, dans l'avenue de Vincennes; ce bataillon a refusé de marcher, on l'a désarmé; et, ajoute M. C. Thomas, « on l'a privé de *l'honneur de prendre part aux sorties;* » ce qui, sans doute, ne le prive pas beaucoup.

Pourquoi a-t-on gardé si longtemps le silence, pourquoi le lieutenant est-il seul arrêté? Pourquoi cette indulgence pour les hommes « qui ont grossièrement insulté, menacé leur chef et *commis tel acte inqualifiable*, que l'on veut bien ne pas rechercher »? Il manquait à l'anarchie que nous sommes obligés de subir, cette détestable et horrible action, la révolte d'une troupe en face de l'ennemi! Si l'on envoie le numéro du *Journal officiel* en province, il donnera une idée rassurante de la situation où nous nous trouvons!

La note de M. J. Ferry, notre *préfet*, publiée en même temps, a une éloquence sinistre: malgré le grand nombre d'ambulances, plus grand encore est le nombre des blessés; elles sont insuffisantes, et M. Ferry fait appel à la population, pour « que toutes les maisons s'ouvrent, que toutes les familles trouvent un lit à offrir à ceux qui nous ont donné leur sang ». Quel témoignage plus saisissant de l'étendue de nos pertes !

« Les nécessités grandissent de jour en jour, » dit M. Ferry. Hélas! elles vont grandir bien davantage encore, car le gouvernement nous informe, en quelques lignes, que, « l'armée du général Ducrot *a repassé la Marne*, et bivouaque dans le bois de Vincennes ». Cette rivière, la Marne, qu'on a eu tant de difficulté à franchir, on la repasse, et l'on se retire en arrière de ce champ de bataille de quatre jours, semé des corps de nos soldats, dans les bois, sous le canon de Vincennes, à la vue, à la porte presque de nos remparts !

Mais telles sont les illusions, et l'on croit si fermement au succès, que celui qui ose exprimer un doute, est regardé de travers et considéré comme manquant de patriotisme. Cette retraite inattendue va produire dans les esprits un trouble dont on ose à peine prévoir les effets... Déjà, M. Blanqui, dans son journal, *la Patrie en danger*, accuse le gouvernement de trahison. Comme dans les tragédies, plus on approche de la fin, plus le drame devient horrible : par ce que l'on a vu, par ce qui est annoncé et préparé, par les caractères des acteurs, on pressent d'effroyables péripéties, et l'on demeure les yeux fixes, dans l'attente et la terreur !

Ce soir, au *Parce Domine*, pendant le *Salut*, à la chapelle des Jésuites, tout le monde pleurait : *on n'entendait que des sanglots.*

Hier, armistice pour enterrer les morts.

M. le Dr Joulin, professeur à la Faculté de médecine, qui a passé, avec son ambulance, plusieurs jours sur les champs de bataille (à l'Hay, Chevilly, Champigny et Villiers), me disait combien il avait été frappé de la force des retranchements qu'ont élevés, vis-à-vis les uns des autres, assiégeants et assiégés. Dès leur arrivée, à peine établis dans nos villages, les Prussiens les avaient hérissés de barricades, fermant toutes les avenues, barrant toutes les rues, crénelant toutes les maisons, reliant par des murs les habitations isolées, établissant sur toutes les hauteurs des canons qui battaient la plaine, se rendant, dans le vrai sens du mot, inexpugnables. Bientôt, en face d'eux, à peu de distance, souvent à quelques centaines de mètres seulement, les Français ont fait les mêmes travaux, les mêmes tranchées, les mêmes barricades, les mêmes redoutes, opposant aux batteries ennemies des batteries non moins redoutables, non moins armées, non moins inexpugnables. De là, les combats meurtriers livrés autour de ces forteresses improvisées : celui qui s'y heurte est écrasé. Les Prussiens, trois ou quatre fois, ont tenté des surprises de nuit contre Chevilly, Villejuif, etc., ils y ont laissé des monceaux de morts.

Nous aussi, dans les sorties de septembre, d'octobre et de novembre, toutes les fois que nous assaillions leurs retranchements, nous nous retirions avec des pertes énormes : la valeur, l'audace, l'entrain, la furie Française n'y faisaient rien. Il n'y a, pour les assaillants, qu'une certitude, la perte d'une quantité d'hommes ; celui qui se défend, s'il n'est pas vainqueur, du moins n'est pas vaincu ; l'intérêt de chacun est donc de ne pas attaquer ; on s'examine, on s'observe, on s'attend.

Et, dans les combats, il en est à peu près de même : avant la bataille, dans cette plaine où 100,000 hommes se vont massacrer, on ne voit rien ; pas un être vivant ne paraît. Les uns et les autres sont cachés dans des tranchées profondes, abrités par des talus, s'épiant sans se montrer ; à une distance si rapprochée qu'ils se pourraient parler, ils se taisent ; il y a là tout un peuple et il semble que ce soit un désert.

Puis, quand l'heure est venue, les batteries sont démasquées, la fusillade éclate sur le front des bataillons; le long des hauteurs, courent des lignes de feux; les mitrailleuses lancent des volées de balles en grinçant, les boulets sifflent et passent, les obus se brisent en morceaux de fer lancés de toutes parts. En quelques instants, çà et là, des blessés tombent, les cavaliers sont démontés, les morts étendus à terre. La guerre se déchaîne avec toutes ses fureurs, bruits, clameurs, fer, feu, sang et mort.

Comprend-on qu'à ce moment hésitent de jeunes soldats qui, pour la première fois, assistent à ce déchaînement semblable à celui des élément bouleversés? C'est aussi ce qui arrive : dans ces derniers combats, à Villiers, à Épinay, pour arrêter le désordre de quelques jeunes troupes, les *éclaireurs de la Seine* les frappaient de leurs sabres; des officiers les menaçaient de leurs revolvers[1]. De là, tant d'officiers tués : outre deux généraux tués, La Charrière (mort cette nuit) et Renault, trois autres généraux sont blessés, Guiot, Paturel et Boissonet, et *des officiers en grand nombre*. Quelque brave que l'on soit, la nature parle : en face de batteries vomissant à 200 mètres la mitraille, il y a une os-

---

[1] Les mêmes récits me sont faits par un officier d'état-major : « Nous étions sans cesse éparpillés sur le champ de « bataille, excitant, poussant les soldats, les encourageant « par l'émulation, leur criant : Voyez, comme font les mo-« biles! et aux mobiles : Allons! imitez les lignards! »

cillation involontaire ; la matière, le corps tremble, avant que l'âme lui ait commandé de se tenir ferme. Ce sont, alors, les anciens soldats, les officiers de Crimée et d'Italie, les généraux d'Afrique, qui sont obligés de s'élancer devant les jeunes, pour leur montrer comment on se fait tuer. C'est en ramenant au feu les mobiles hésitants, que les généraux Boissonet et Renault ont été blessés : « Après trente-six campagnes, disait le général Boissonet au chirurgien qui le pansait, j'ai fait hier le métier de sous-lieutenant. Il ne suffisait pas de commander, il fallait enlever ces jeunes gens ; j'ai chargé, à leur tête, l'épée à la main ; ils ont suivi ! »

Il en avait été de même à Châtillon, le 19 septembre : des recrues, des zouaves s'étaient débandés et enfuis. Mais, depuis, ils s'étaient aguerris, et les reproches qu'ils avaient reçus, ils les avaient gardés dans leur cœur, avec la résolution de les laver de leur sang. La revanche, ils l'ont prise, le 30 novembre, au terrible combat de l'Hay, devant ce village transformé en redoute, que, malgré tous nos efforts, nous ne pûmes emporter, où il ne nous fut pas même possible de pénétrer. Cette redoute, les zouaves l'avaient comme choisie pour le lieu de leur réhabilitation : ils ne voulurent jamais reculer, ils s'y firent hacher. Bien plus, plusieurs, avaient fait un pari, parié *à qui s'avancerait le plus loin!* l'un d'eux, un de ceux qu'on avait taxés de lâcheté, s'élança quatre ou cinq fois, les balles le rasant de tous côtés; il allait toujours; enfin, il tomba frappé à mort; mais saisissant dans sa chute, la terre, de sa main crispée, *J'ai gagné!* cria-t-il, et il expira. — Connaissez-vous, dans l'histoire moderne et ancienne, une plus héroïque parole, plus sublime et plus touchante? Ah! pauvre enfant! « J'ai gagné! » Qu'a-t-il donc gagné? Un grade, la croix, un renom? — Non, la mort! Il ne sera même pas connu, son nom sera ignoré, il n'aura ni la gloire, ni les honneurs! Mais la réputation de son régiment sera relevée! Il meurt, c'est une victoire! c'est un triomphe, il a gagné!

Courage, abnégation, désintéressement, que manque-t-il à une telle mort? Et quelle mort? Et quelle simplicité! quelle jeunesse! quelle gaieté! quel entrain! Ils jouent, ils parient à qui ira le plus loin! Est-ce une joûte, une course de vitesse? Oui, de vitesse sous les balles, le feu et la mitraille, à la rencontre de la mort, pour un mot, pour une ombre, pour une fumée! Mais cette ombre, cette fumée, s'appelle *l'honneur,* l'honneur qui enlève l'homme à lui-même, aux intérêts humains, près duquel la vie n'est rien, et qui est préférable à la vie. Quelle preuve plus belle, qu'il est en l'homme une âme qui le mène, et qui, en sacrifiant le corps, atteste sa propre existence et son immortalité[1] !

Des journaux, dits spirituels, trouvent le moment opportun pour plaisanter et se moquer des Prussiens : l'un d'eux publie un *ordre du jour* attribué à un soldat ennemi, qui, du matin au soir, crie : « *la faim ! j'ai faim ! encore faim ! toujours faim !* » En nous ne savons que trop, hélas ! que, s'il y a disette et famine, c'est chez nous, et que les Prussiens vivent dans l'abondance. Mais, c'est par ces fanfaronnades qu'on espère tromper la population et, il faut le dire, on y réussit.

Paris, selon le mot qu'on attribue à l'ambassadeur des États-Unis, est, en ce moment, « une maison de fous habitée par des singes[2] » ;

---

[1] C'est à ce combat, nous l'apprîmes seulement au bout de deux mois, que fut tué mon jeune cousin, Raoul Thévenard. Il était à l'Haÿ et faisait partie de ces jeunes zouaves, qui pariaient à qui irait le plus loin. Petit-neveu de l'amiral Thévenard, la mort du jeune soldat fut digne du brave marin qui mérita d'avoir sa sépulture dans les caveaux du Panthéon.

[2] Ce n'était pas une opinion isolée : dans une conférence qu'il eut, le 21 octobre, avec le maire de Versailles, M. de Bismarck lui rapporta que quatre généraux américains, MM. Sheridan, Burnside, etc., étaient allés à Paris, dans le but d'amener la paix, mais qu'ils en étaient revenus en disant : « *Il n'y a rien à faire* ; ils ne veulent même pas consulter le pays. Ce ne sont pas de vrais républicains ; *ce sont des tyrans ou des fous.* » (Dieuleveut, *Versailles, quartier général prussien.*) — Notez que le récit de cette conférence a été rédigé par le maire de Versailles, consigné sur le re-

singes de la révolution, en effet, qu'ils sont préoccupés d'imiter et de copier. Ces singes du *Comité du salut public* ne sont, pourtant, pas tous à Paris. M. Gambetta ne vient-il pas d'ordonner que l'on fasse, tous les dimanches, lecture au peuple du *Journal officiel*, particulièrement « des articles de doctrine, ayant pour but de lui enseigner ses droits politiques et sociaux, propagande éminemment moralisatrice, ajoute-t-il, car l'Empire, pendant vingt ans, a systématiquement travaillé à entretenir le peuple dans l'*ignorance et à le corrompre !* » Qui ne sait, au contraire, qu'aucun gouvernement ne développa davantage l'enseignement populaire ? Partout étaient construites des écoles; le budget de l'enseignement fut triplé et, pour ne citer que Paris, voici un chiffre qui n'a pas besoin de commentaires : avant l'administration de M. Haussmann, les dépenses de la ville, pour l'instruction primaire, étaient de trois millions ; à son départ elles s'élevaient à *huit* millions ! Mais, où M. Gambetta eût-il appris cela, lui, dont toute la science consiste dans le culte qu'il rend, adorateur courbé, au fétiche révolutionnaire ? Comment le saurait-il, cet étudiant de café, qui n'a rien étudié ?

gistre des délibérations municipales, et que le maire, après l'avoir entendu, s'écria, lui, qui voulait aussi faire une tentative : « Je n'insiste plus pour aller à Paris ! »

Le *Journal officiel* de ce matin nous a apporté l'explication du mouvement en arrière annoncé hier, et tout ce qu'on prévoyait se trouve réalisé : notre malheureuse armée, épuisée par trois jours des plus rudes combats, a besoin de « repos », elle « a ses cadres à remplir », son « organisation à remanier ». Pour cela, on l'a mise « *à l'abri de toute atteinte* ». Cette expression modeste contraste fort avec la fierté de la première phrase, où le général Trochu affirme que, « pour la *première fois* (c'était la *première fois* aussi, qu'un général passait la revue d'une aussi grande armée, le 7 septembre; la *première fois* qu'une armée formée depuis deux mois franchissait une rivière, etc.), depuis le commencement de la campagne, l'ennemi, *frappé dans sa puissance et son orgueil*, a laissé passer une rivière en sa présence, en plein jour, à une armée ». Cette fanfaronnade ne convient guère, au moment où l'on recule : l'ennemi nous a laissé nous retirer, afin de ne pas s'exposer inutile- au feu de nos forts et de nos remparts ; il lui suffit que nous abandonnions les positions si chèrement acquises et que nous en soyons réduits à manger le reste de nos vivres ! Son orgueil n'a rien à faire ici, et de telles phrases ne peuvent abuser personne sur la désastreuse importance de cette retraite.

Le général Ducrot, dans une proclamation

bien autrement ferme et sobre, annonce une nouvelle sortie : Dieu le guide ! Aujourd'hui, congé a été accordé aux soldats venus en grand nombre à Paris, et qu'on rencontre dans tous les quartiers ; quelques-uns, leur démarche l'indique, ont bu un coup de trop, mais, après les souffrances qu'ils ont endurées, ce n'est pas moi qui le leur reprocherai.

Le canon des forts seul résonne à d'assez longs intervalles ; les coups de grosses pièces semblent courir sur la ligne des remparts, comme le tonnerre dans les montagnes, roulant et répercuté par les échos, de vallées en vallées.

M. Paul Dupont, ancien député, me raconte qu'il est récemment allé à l'Hôtel de Ville, pour entretenir d'affaires M. Jules Ferry ; mais on n'aborde pas aisément ce préfet de la République : nul despote ne se garde mieux. On n'a pas laissé M. Dupont monter seul l'escalier, il a été accompagné par un soldat : à la salle du Trône, deux sentinelles ; à toutes les portes des pièces qu'il traverse, des sentinelles ; au dernier salon, des huissiers qui l'adressent à un secrétaire, qui l'a mené au secrétaire particulier, lequel, enfin, l'a introduit près de M. Ferry, qu'il a trouvé entouré de quatre secrétaires ! M. P. Dupont a été un peu étourdi de cette splendeur démocratique : M. Ferry lui a semblé une façon de petit bourgeois qui se donne des airs de satrape.

J'apprends qu'un homme de lettres studieux et instruit, M. Louandre, est devenu fou, qu'il a voulu se tuer, et qu'on l'a enfermé. Je ne m'en étonne pas : tous, ici, nous sommes excités, exaltés, exaspérés ; personne ne parle raisonnablement ; les uns ont l'esprit troublé, les autres s'abandonnent à d'aveugles colères. On ne peut s'entretenir des choses du moment — et de quoi parler, si ce n'est de ce qui passionne tout le monde, — sans s'emporter, se blesser, se brouiller. Aussi, les relations sociales ont-elles changé : les familles sont divisées, les amis séparés ; on ne se voit plus, on ne se visite plus, chacun se confine chez soi. On se rencontre dans la rue, on échange quelques mots, souvent en désaccord absolu ; on se fuit plutôt qu'on ne se recherche. Il en en est de même des correspondances par lettres : elles ont diminué dans une égale proportion ; non seulement plus de lettres de province, mais on ne s'écrit plus dans Paris.

Depuis trois jours, il existe comme une trêve entre les combattants : on se repose, et l'on se prépare ; on s'attend à une nouvelle attaque, qui aurait lieu par la porte Maillot et Neuilly, en même temps qu'on ferait une diversion vers Créteil. Mais, il faut bien l'avouer, l'élan est fort tombé, et la confiance également : peu de gens croient à un succès, la plupart prévoient un échec, et ce sentiment est général : l'armée de ligne, surtout, est découragée, la garde nationale attristée. On prétend même que des bataillons hésiteraient à marcher[1]. Un petit nombre de personnes, endormies dans un rêve qui ne cesse pas, montrent, il est vrai, un visage riant : elles parlent de l'armée de la Loire, qui va arriver bientôt, qui est tout proche, et doit inévitablement nous délivrer. Ces illusions ne reposent absolument sur aucun fait certain : depuis le 14 novembre, nous n'avons aucune nouvelle de Tours, sur la direction de cette armée. En examinant, au contraire, avec soin, les extraits des journaux Allemands, qui pénètrent de temps en temps jusqu'à nous, on voit que l'armée d'Orléans qui, le 9, attaqua et repoussa un corps d'armée Prussien, à Coulmiers, a été informée, peu de jours après, de l'approche de deux grandes armées Prussiennes (Manteuffel et Mecklembourg) ; que, devant des forces si supérieures, le général d'Aurelle, qui n'a que des troupes peu aguerries, a craint de ne pouvoir soutenir le

[1] Ces suppositions prennent quelque autorité par la publication de *l'ordre* du *général* Clément Thomas, qui signale plusieurs bataillons, où « *des hommes appelés dans les compagnies de guerre se font remplacer,* » probablement à prix d'argent.

choc, ou d'être tourné, a battu en retraite, et que, depuis, il opère le plus prudemment possible, faisant des marches de côté, à droite, à gauche, et évitant de s'engager.

Il y a bien d'autres faits propres à nous désillusionner, sans parler d'un désaccord qui existerait entre nos principaux généraux, et que nous fait sous-entendre ce matin *Paris-Journal* (le général Vinoy, par exemple, ne pourrait souffrir le général Trochu, etc.). A mesure que l'on connaît les incidents des combats de la semaine dernière, on découvre les pertes énormes que nous avons subies. Dans un seul bataillon (les mobiles Bretons, campés sur le boulevard Saint-Marcel), 600 à 700 hommes auraient manqué à l'appel ; le chiffre de nos soldats morts ou blessés serait, dit-on, de 15,000 ! Et M. Blanqui, dans la *Patrie en danger*, affirme que « Paris peut être délivré par *sept* ou *huit* affaires comme celle-ci ! » Une hécatombe de plus de cent mille hommes, offerte à la République de Paris ! Après ces sept ou huit *affaires*, il est permis de demander qui resterait pour délivrer Paris ! Le moment, hélas ! est passé, où l'on plaisantait des ambulances, et où quelques-unes se trouvaient négligées et priaient « qu'on leur réservât un blessé ». Toutes sont aujourd'hui encombrées, et une quantité d'autres vont s'ouvrir, tant a été vif l'empressement de la population. Si une partie de Paris a donné le spectacle du vice et de la corruption, il existe un autre Paris, moins connu, qui donne le spectacle de la charité la plus active, la plus intelligente et la plus dévouée ; les femmes du monde, en grand nombre, se sont présentées pour soigner les blessés, concurremment avec les Sœurs de Charité, et avec non moins d'ardeur ; et, pourtant, malgré le dévoûment admirable, le zèle, l'abnégation, la charité infatigable de tant de milliers de femmes, d'hommes, de prêtres, de moines, de religieuses de tous les ordres, tel est le nombre des victimes, que celui des infirmiers est encore insuffisant.

7. — Coup de tonnerre dans un orage, et si violent que, de tous les autres bruits, on n'entend que celui-là ! Hier soir, vers cinq heures et demie, une nouvelle désastreuse s'est répandue dans tout Paris : « Notre armée de la Loire a été défaite, et Orléans repris par les Prussiens. » C'est le gouvernement lui-même qui en donnait connaissance, dans cette forme inaccoutumée : d'abord, une lettre de M. de Moltke au général Trochu, pour lui annoncer cette nouvelle ; ensuite, la réponse du général Trochu, qui en accusait réception, en se servant absolument des mêmes termes que le général en chef Prussien ; puis, quel-

ques mots du gouvernement, déclarant que cette nouvelle, communiquée par l'ennemi, *fût-elle vraie*, ne changeait rien à ses dispositions, qu'il comptait toujours sur le soulèvement de la France, et qu'il n'y avait qu'un seul parti à suivre : *Combattre*. Cette déclaration, qui affectait un caractère solennel, était signée par tous les membres du gouvernement, les ministres, et même les secrétaires.

On fait, à ce sujet, quelques questions indiscrètes : 1° la bataille a *duré trois jours*, disent plusieurs journaux; comment le savent-ils? 2° Si la *nouvelle est vraie*, écrivent nos gouvernants; pourquoi en doutent-ils? 3° Le comte de Moltke offre au général Trochu de « laisser vérifier l'exactitude de la nouvelle par un de ses officiers, à qui il remettra un sauf-conduit; pourquoi le refuse-t-on ? La réponse à ces questions se trouve dans les questions mêmes : le gouvernement semble douter de la nouvelle, mais il la regarde si bien comme certaine, qu'il refuse de l'envoyer vérifier, et se garde de démentir les journaux qui annoncent que le combat a duré trois jours. Il la connaissait, depuis avant-hier soir; il l'avait reçue par une autre voie; il a pris le temps de réfléchir, et l'a publiée, sous cette forme étrange et dramatique, afin de produire une forte impression sur le public,

— et il ne s'est pas trompé. Tel est l'aveuglement de la population Parisienne, que, quoique la nouvelle émane du gouvernement lui-même, *la plupart refusent d'y croire!* Ils lisent l'affiche, et s'en vont, en haussant les épaules : « Ce n'est pas vrai ! cela vient des Prussiens ! » J'ai parcouru plusieurs quartiers, je me suis arrêté à plusieurs groupes : sur les boulevards, où les rassemblements étaient nombreux et animés, dans le faubourg Saint-Germain, au ministère de l'intérieur, l'impression était la même : on niait la réalité de la défaite. Ceux qui y croyaient, cherchaient à s'illusionner sur son importance : « Ce n'est peut-être qu'un échec de notre avant-garde; on s'est battu sur un seul point, il y a probablement eu peu de troupes engagées; notre armée a dû à peine reculer de quelques lieues: elle se reforme, et sera bientôt aussi forte! etc. » Voilà ce qu'on entendait de tous côtés: sur les assurances de ces orateurs de carrefours, la masse des auditeurs, non seulement prenait confiance, mais s'exaltait et s'excitait : « M. de Moltke est vexé, il ne peut nous prendre; c'est ce qui l'irrite ! Il perd la tête et nous insulte! sa dépêche n'est qu'une insolence! Il faut sortir tous, trois, quatre cent mille hommes ! » Quelques-uns s'écriaient: « Nous brûlerons Paris ! »

Et ces exclamations, ces appréciations passionnées, cette négation obstinée des faits les mieux attestés, étaient communes à toutes les classes; le gouvernement a dû être satisfait. J'ai entendu un des hommes qui le touchent le plus près, M. Rampont, dire : « La réponse du général Trochu et la déclaration du gouvernement sont fort belles; elles ont produit la meilleure impression sur le public. »

Dans le VI° arrondissement, la nouvelle a été proclamée, au son de la trompette, par un crieur public, qui lisait à haute voix l'affiche officielle. C'est la première épreuve que l'on ait faite de ce procédé, destiné à annoncer les nouvelles importantes. On ne pouvait avoir un plus mauvais début.

Ces dispositions si bruyantes ne me semblent pas devoir persister : outre que Paris a une très vive sensibilité, et que ses impressions changent rapidement, quelques heures de réflexion inspireront bientôt d'autres pensées. N'a-t-on pas sous les yeux le spectacle émouvant et, à chaque instant, renouvelé des pertes énormes que nous avons subies? Encore deux chefs morts des suites de leurs blessures, le général Renault, et le commandant des éclaireurs de la Seine, Franchetti, qu'on enterre, aujourd'hui, avec une pompe militaire qui attire tout Paris. Combien d'autres victimes! Le gouvernement peut-il se tromper sur le sens de la dépêche de M. de

Moltke? Elle signifie qu'il est, désormais, inutile de faire tuer des milliers d'hommes, dans des combats aussi meurtriers : « Vous ne pouvez plus compter être secourus, votre dernière chance s'évanouit. N'est-il pas plus raisonnable et plus humain de traiter ? » On avait annoncé une attaque pour aujourd'hui ; il est douteux qu'elle ait lieu, même demain. N'hésitera-t-on pas à ordonner une sortie, après la nouvelle d'un tel échec ? Est-ce ce désastre qui peut hausser le cœur de nos soldats ?

Voilà ce que pensent les hommes qui examinent sérieusement les choses ; mais ils forment une infime et presque imperceptible minorité. Paris, presque tout entier, vit dans l'illusion : le gouvernement a persuadé à la masse qu'il peut seul la sauver ; Paris croit au gouvernement, comme le gouvernement croit au général Trochu. Paris croit que c'est le gouvernement de MM. Jules Favre, Ferry, etc., qui a fait tout ce qu'il voit, qui l'a fortifié, rendu imprenable, approvisionné. Peu de gens se souviennent que, bien avant le 4 septembre, les travaux des fortifications de Paris avaient été vigoureusement poussés par le général de Palikao et presque achevés, tous les approvisionnements faits, en même temps, par M. Duvernois, et qui aient le courage d'écrire, comme un journaliste de bon sens (M. Jules Richard, dans le *Figaro*) : « Le nouveau gouvernement n'a acheté pour Paris *ni une tête de bétail, ni un quintal de farine, ni un sac de blé;* si je mens, que M. Magnin, le ministre du commerce, dise le contraire. » De son côté, le général Trochu a persuadé au gouvernement qu'il avait un plan, un plan sauveur; qu'il était sûr de réussir, de vaincre, de percer les lignes Prussiennes, et de joindre les armées de l'intérieur. Ce sont les affirmations tranchantes de ce nouveau Lafayette, bavard, inconsistant, irréfléchi et nuageux comme le premier, qui ont encouragé le gouvernement à repousser les conditions de M. de Bismarck : « Pourquoi un armistice, puisque nous serons sûrement dégagés? le général Trochu me l'a dit! » s'écriait M. Jules Favre. Au moment où il s'agissait de l'armistice, un homme, qui, en 1848, avait occupé un poste important au ministère des affaires étrangères, alla trouver M. Jules Favre, et lui exposa que Paris s'attendait à l'armistice, l'espérait, le souhaitait; si cet espoir était trompé, si l'armistice, *même sans ravitaillement*, était repoussé, la population serait profondément attristée, et ce refus produirait la plus fâcheuse impression. M. Jules Favre sourit et, regardant triomphalement son interlocuteur : « Il arrivera quelque chose d'inattendu, d'imprévu, et dont Paris sera plus heureux que de l'armistice ! » Cet imprévu, c'était la sortie générale, du succès de laquelle ne doutaient ni M. Trochu, ni M. Jules Favre. Et, aujourd'hui que cette sortie a échoué, qu'un journal du gouvernement (l'*Electeur libre*) déclare « qu'il y aurait folie coupable à vouloir percer les lignes du côté de la Marne, et que les difficultés sont les *mêmes partout*, » encore ils persistent, ils prétendent obliger nos soldats à tenter cet effort inutile et désespéré! Leur égoïsme est si profond que, pour demeurer les maîtres et garder leur République, ils refuseront de traiter, ils enverront nos soldats se faire décimer, devant des retranchements que M. de Moltke aura encore fortifiés et rendus plus inexpugnables, pendant ces jours d'immobilité, ils pousseront à la boucherie notre armée désorganisée, nos mobiles affaiblis, notre garde nationale inexpérimentée, et, avant peu de jours peut-être, la France, découronnée de sa jeunesse, pourra s'écrier, comme Démosthènes : « L'année a perdu son printemps! » Et, alors, notre situation sera désespérée complètement.

Ces prétendus hommes d'État n'ont pas aperçu les conséquences de leur refus d'armistice : après Sedan, la paix était facile; moins, après la défaite d'hier; que sera-t-elle donc, après un nouvel échec? Il ne nous restera plus rien, ni vivres, ni armée; nous serons livrés, comme un corps inerte, à l'ennemi, et il fera de nous ce qu'il voudra !

8. — Depuis hier soir, la neige tombe et, ce matin, elle a blanchi le sol. D'après tous les indices, pourtant une nouvelle sortie est imminente : des troupes, une grande quantité d'artillerie, ont traversé la ville, se dirigeant vers la porte Maillot; demain peut-être les deux armées s'entre-choqueront. et des ruisseaux rouges couleront sur la blanche fourrure de la terre; et ces ruisseaux seront du sang des hommes! Quand on s'arrête à réfléchir à la guerre, à ce qui la constitue et la suit, on se demande si l'homme n'est pas sujet à la folie, j'entends la véritable folie, plus souvent qu'à la raison, et si même la folie n'est pas une partie essentielle de sa nature. Il n'y a pas à la guerre d'autre explication, à moins, et c'est la vraie, de reconnaître qu'elle est un *châtiment* et un juste châtiment!

On va donc se massacrer encore : aussi, prépare-t-on en hâte de nouvelles ambulances, pour recevoir les milliers de blessés qui arriveront par longs convois; plus de 6,000 lits ont été offerts par les particuliers et attendent les victimes. Ce n'est plus trois églises qui sont transformées en hôpitaux; on en a requis *douze;* il en faudra probablement d'autres, et, ce que l'on ne peut trop répéter, parce qu'on ne peut trop l'admirer, le zèle et le dévouement sont ausssi grands que les besoins. Loin de diminuer, cette ardeur de charité s'accroît tous les jours : hommes, femmes, riches et pauvres, se présentent pour soigner, panser, veiller ces nouveaux gladiateurs, qui vont s'égorger, par ordre et sous les yeux des orgueilleux directeurs des peuples ! A la Trinité, où ma femme et cinq de mes plus proches parentes se sont fait les servantes de ces malheureux, et par qui je puis connaître quelques détails de l'organisation si complexe des ambulances, on voit affluer des dons de toute sorte, avec une inépuisable abondance. Les bourgeois, les marchands, les industriels de tout le quartier, s'empressent d'apporter lits, tables, draps, linge, rideaux, couvertures, médicaments, etc.; bien plus, les petites douceurs qui peuvent aider les convalescents à se désennuyer, des livres, des cartes, des jeux, du tabac, etc. Un tapissier a envoyé, non seulement des meubles, mais les objets les plus inattendus, répondant à toutes les demandes, ne se trouvant jamais à court, sans s'arrêter, sans cesse, et en si grande quantité, qu'il étonnait ceux qui donnaient le plus. Sa maison était, disait-on, le *dock* des ambulances : il avait de tout, il fournissait tout, il donnait tout.

Malheureusement, s'il y a abondance d'un

côté, il y a pénurie d'un autre, et de ce qui est le plus nécessaire : le combustible va bientôt manquer. Le peu de charbon qui reste est consacré à l'éclairage public (on annonce même que les rues vont être prochainement éclairées à l'huile ou au pétrole) et aux usines qui fabriquent des canons et des projectiles; car on prépare, à la fois, à grands frais, à grand'peine, et avec une égale ardeur, à cinq cents mètres de distance, les moyens de sauver les hommes, et de les tuer. L'église de la Trinité dévore pour 35 francs de houille par jour, en temps ordinaire, et il la faudra chauffer la nuit; on calcule que, d'ici à peu de jours, on ne le pourra plus.

La viande devient également si rare (la boîte de bœuf conservé se vend 10 francs la livre), qu'on craint de n'en pouvoir fournir à tous les blessés; l'intendance a déclaré ne s'y engager que pour quinze jours et encore, les derniers jours, une demi-portion. Le pain va être rationné : aussi, la mortalité a-t-elle doublé; la moyenne des décès qui, en temps de paix, est de 900 à 1,100 par semaine, s'élève à plus de 2,000 ; à toute heure, les cercueils se succèdent aux portes des églises.

Quelles que soient ces misères matérielles, elles sont dépassées par les misères morales ; le découragement est évident dans plusieurs corps de l'armée. Lors de nos derniers combats, il en est qui sont demeurés en place, à l'ordre de marcher, et l'on a dû fusiller quelques soldats (on cite le 113ᵉ régiment et un bataillon de Seine-et-Marne où l'on en a fusillé cinq) : que sera-ce cette fois !

Après des batailles si meurtrières, et à la veille d'autres combats, des chrétiens (MM. le Dʳ Frédault, de Saint-Cyr, etc.) ont écrit au ministère de l'intérieur, pour demander que le gouvernement ordonnât des prières publiques dans les églises. On ne leur a pas répondu ; ils ont insisté, ils ont été accueillis par des sourires et l'expression d'une dédaigneuse pitié : « Des prières ! à quoi bon ? Cela aidera-t-il à la victoire ? Pour qui nous prend-on ? Sommes-nous des femmelettes et des jésuites ? Non ! ne mêlons pas Dieu à nos affaires ! Dieu ne s'en occupe pas ! nous n'avons pas besoin de le prier ! il ne nous faut que des hommes et nous en avons ! »

Des hommes ! Un décret du gouvernement et un *ordre du jour* de M. C. Thomas, commandant la garde nationale, nous prouvent qu'il ne faut pas, du moins, compter sur tous. Il s'agit, dans les deux pièces officielles du bataillon des *tirailleurs de Belleville*, ce bataillon dont on s'entretenait avec tant d'indignation, le 30 novembre, à l'avenue de Vincennes. Mais tout ce qu'on disait, ce qu'on savait, ce qu'on prévoyait, était au-dessous de ce qui nous est révélé aujourd'hui : quelque idée que l'on se fît de la tourbe hideuse que le public désigne sous le nom de *Belleville*, on n'avait pas songé à une telle accumulation de turpitudes. Tout ce dont on peut accuser une troupe armée et une bande de brigands, ces hommes s'en sont rendus coupables ; on trouve réunies, dans le rapport, toutes les infamies : *lâcheté, trahison, haine féroce, guerre civile, indiscipline, désertion, vol, révolte, assassinats,* et d'autres crimes qu'on ne nomme pas[1]. Jamais, dans les temps les plus néfastes de son histoire, la France n'avait vu un tel amas d'indignités reprochées à ceux qu'elle avait chargés de la défendre contre l'ennemi. Nos avocats s'écrieront-ils encore qu'il n'y a pas de populace à Paris ? O démagogues ! O comédiens ! De quel mépris nous doit accabler l'étranger ! De quelle horreur, de quelle douleur sera pénétrée la France !

Il faut savoir, pour comprendre le *rapport*, que l'animosité des tirailleurs de Belleville contre la Villette est entretenue par la jalousie de deux chefs du *peuple*, Blanqui et

---

[1] Ce que le rapport ne dit pas, mais ce que tout le monde sait, c'est que ces misérables étaient, la plupart, des souteneurs de mauvais lieux, — et pis encore ; on les appelle les Francs-C...

Delescluze, Blanqui qui règne à Belleville, Delescluze à la Villette et à Montmartre. Aussi, se détestent-ils mutuellement : « Nous ne frayons pas avec ces gens-là ! » disent-ils les uns des autres. La République n'a pas oublié ce qu'elle devait à Belleville : reconnaissante de ce que Belleville avait fait pour son avènement, elle lui a accordé des privilèges; dans les sorties, des voitures transportent les vivres des Bellevillois, les sacs et les cartouches que les bataillons honnêtes et dévoués portent, eux, sur leur dos. On a refusé des drapeaux à la garde nationale, mais on a fait exception en faveur de Belleville, et un membre du gouvernement, M. Ferry, s'y est rendu exprès, pour remettre un étendard à ces hommes qui devaient tourner si honteusement le dos à l'ennemi ! L'Empire est-il assez justifié de n'avoir pas voulu leur confier des armes et, quand ils descendaient dans la rue, avait-il tort de les livrer au poignet des sergents de ville?

En même temps un autre rapport nous fait connaître de grands désordres dans un corps de mobiles casernés au Mont-Valérien : *vols, pillage, indiscipline, refus d'obéir,* etc. Il a fallu dissoudre le bataillon des *tirailleurs de Belleville* et établir une *cour martiale*, désarmer les uns et fusiller les autres. Quant à M. Flourens, commandant des *tirailleurs* de

Belleville il a été arrêté, mais osera-t-on le condamner?

Il se trouve, pourtant, encore de spirituels écrivains pour affirmer « *qu'il n'y a aucun désordre dans la métropole,* » et railler agréablement M. de Bismarck et l'Empereur, qui, seuls, « *s'imaginent* que nous sommes *en proie à l'anarchie !* » (*Journal des Débats,* 6 décembre[1].)

Par une coïncidence qui a été remarquée, *la Patrie en danger,* journal de M. Blanqui et organe accrédité de Belleville, a cessé aujourd'hui sa publication.

Le gouvernement vient de publier le *rapport officiel* sur les combats de la semaine dernière. Ce rapport pourrait donner lieu à des critiques sévères : le gouvernement avoue que nos pertes s'élèvent à 6,000 hommes mis hors de combat; personne n'accepte ce chiffre et les plus modérés disent 12,000. Il semble que nous n'ayons obtenu que des succès : on ne parle ni de l'Hay qu'on n'a pu prendre, ni de Montmesly qui a été repris, etc.; on pense

---

[1] Pourquoi, du reste, n'auraient-ils pas parlé ainsi, quand M. de Kératry osait déclarer à la province que « les partis politiques avaient désarmé à Paris », lui, qui venait d'assister aux émeutes des Communistes, et qui, avant de quitter Paris, annonçait au gouvernement leur triomphe inévitable? (Voyez *Le 4 Septembre et le Gouvernement de la Défense nationale, déposition à la Commission d'enquête,* où il consacre cinquante pages à raconter ces émeutes.)

que le public l'ignorera. Le général Trochu, dans sa proclamation de dimanche, 4, se vantait avec emphase d'avoir opéré sa retraite, *sans que l'ennemi osât l'attaquer ;* aujourd'hui, le général Schmitz, son chef d'état-major, raconte plus modestement que cette retraite a pu être effectuée, « à l'aide du brouillard ». Quel est le récit véritable ? Dans l'un, on raille l'ennemi de n'avoir pu empêcher la retraite, dans l'autre, on se félicite de lui avoir échappé ; des rapports aussi inexacts sont indignes d'un gouvernement qui se prétend sérieux.

La bataille projetée est retardée jusqu'à demain ou après demain ; mais tout est prêt, les troupes cantonnées dans Paris ont été consignées dès hier, avec ordre de se préparer à marcher. La cavalerie a eu surtout beaucoup à souffrir, pendant cette trêve de sept jours : campée dans le bois de Vincennes, elle a passé les deux premières nuits sans tentes, en plein air et les chevaux au piquet ; nombre de chevaux sont fourbus, et l'on a dû en abattre beaucoup.

Nous n'avons plus, pour ainsi dire, de cavalerie dans l'armée de Paris; on dit : les *lanciers*, les *hussards*, les *cuirassiers*, etc; ce ne sont pas des régiments, ce sont des débris, rassemblés çà et là, de tous les corps et dont on a formé quelques escadrons; il y a un escadron de cuirassiers, de hussards, etc.; c'est à ces quelques centaines d'hommes que se réduit notre cavalerie. Seuls, les gendarmes de Paris et des environs composent deux régiments complets et homogènes, et sont les seules troupes de cavalerie qui, au moment décisif d'une victoire, pourraient utilement compléter le succès, en chargeant l'ennemi ébranlé et en ramassant les fuyards. — Et, à ce propos, M. ***, capitaine d'un de ces régiments et officier d'ordonnance du général Bertin de Vaux, me peint l'impression produite par l'arrivée des gendarmes, le 29 novembre, à Aubervilliers. On les reçut à bras ouverts; ce fut comme le cri de ce Français, débarquant en France après un séjour aux Etats-Unis, et apercevant un tricorne bordé d'argent : « Enfin, voilà un gendarme ! » tant ce malheureux village, de même que la plupart des environs de Paris, avait eu à souffrir du passage des francs-tireurs, des tirailleurs, des éclaireurs, des mobiles mêmes, et tant ces corps indisciplinés avaient dévasté, pillé et saccagé partout où ils avaient séjourné ! Ce n'est pas seulement les portes, les fenêtres, les parquets même qu'ils avaient arrachés et brûlés, ce qu'excusent les nécessités de la guerre; les meubles étaient brisés, les glaces mises en pièces, les tentures déchirées. L'ennemi le plus farouche n'eût pas fait plus; la ruine était complète ; de beaucoup de maisons il ne restait que les murs. Aussi, à la vue des gendarmes, il y eut une explosion de joie chez les habitants : on les traita comme des sauveurs, on les combla de prévenances, on leur prodigua des dons : plusieurs étaient logés à l'usine du fameux parfumeur Pivert ; à leur départ, on bourra leurs fontes des produits de la fabrique, de fioles, d'onguents, de savons, etc. ; ces pauvres gens ne savaient comment les remercier de les avoir préservés.

Plusieurs lettres d'Allemagne ont été trouvées sur les Prussiens tués dans les derniers combats, et publiées par les journaux ; ces lettres sont diversement et malheureusement instructives. On y voit : 1° l'enthousiasme causé par les victoires des armées Allemandes ; 2° l'excitation populaire contre la France ; 3° la résolution de nous enlever deux provinces et de nous abaisser pour jamais ; 4° la preuve enfin, que, si nous avions traité plus tôt, nous aurions obtenu de moins dures conditions, c'est-à-dire, meilleures après Sedan, meilleures avant la prise de Metz, meilleures avant la perte de la bataille d'Orléans, meilleures avant la capitulation de Paris. N'en avons-nous pas la preuve dans l'exclamation naïve de cet Allemand, qui craint que sa proie ne lui échappe : « Le danger de nous voir ravir le fruit de nos victoires est aujourd'hui passé ; ce danger était menaçant au moment de l'entrevue de Jules Favre et du comte de Bismarck, si Jules Favre avait accepté les conditions ! » Aujourd'hui, horreur ! par l'égoïsme de quelques hommes, nous sommes dans la main des Prussiens ; ils nous pétriront à leur guise !

On vient d'arrêter M. G. Flourens ; c'est très bien, mais on le poursuit, pour quels faits ? Pour ceux qu'a signalés le *rapport* publié il y a deux jours ? Non ! pour sa participation à l'invasion de l'Hôtel de Ville : c'est pour un fait, qui s'est passé, le 31 octobre, qu'on le poursuit le 7 décembre ! Lâcheté double : on ne l'a pas frappé puissant, quand il était appuyé ; on le frappe tombé, quand il n'a plus autour de lui ses hommes. S'il était coupable, pourquoi ne l'avoir pas arrêté ? S'il était innocent, pourquoi le poursuivre ? Je doute, du reste, que cette arrestation ait des suites ; dans l'anarchie, rien qui ne soit anarchique, même la justice !

10. — Le boulevard Haussmann a changé de nom : on l'appelle maintenant boulevard Victor-Hugo ; « on a, dit un journal, effacé le nom d'Haussmann, le *démolisseur.* » Toujours la même préoccupation stérile, comme si l'on

avait l'espoir de faire oublier au monde que M. Haussmann a, non seulement démoli, mais selon l'observation d'un médecin, « fort heureusement » reconstruit Paris !

Si nous étions capables de réflexion, nous comprendrions que le vrai démolisseur, ce n'est pas M. Haussmann, mais M. V. Hugo, et bien autrement dangereux et condamnable, car il est un démolisseur moral !

J'entends dire, de plusieurs côtés, que la troupe paraît peu disposée à se battre : elle est très mécontente de la mauvaise nourriture qu'on lui donne ; elle connaît l'opinion d'une partie du public, qui regarde une nouvelle sortie et de nouvelles luttes comme un sacrifice tout à fait inutile ; elle a une médiocre confiance dans ses chefs ; elle est découragée par les échecs répétés de nos armées, depuis le commencement de la campagne ; et elle n'est pas persuadée de la réalité des victoires de la semaine dernière, que le gouvernement a tant fait sonner, et qui n'ont abouti qu'à une retraite et à l'abandon des positions occupées après les plus sanglants efforts. On attribue à la connaissance que l'on a de ces dispositions, le retard de la grande sortie, annoncée coup sur coup, chaque jour.

Les généraux, d'autre part, ne sont pas moins embarrassés, par le manque d'officiers ;

les derniers combats ont fait dans les cadres un vide considérable. On cite une brigade qui, le 2, ne fut commandée que par un chef de bataillon, tous les officiers supérieurs étant hors de combat.

Plus les renseignements arrivent, plus on se convainc que le chiffre officiellement déclaré de nos pertes est loin de la vérité.

Cependant, il faut se décider, on ne peut demeurer plus longtemps dans l'inertie ; les vivres s'épuisent, on ne trouve plus à acheter ni huile, ni riz, ni pâtes alimentaires, etc. Quelles que soient donc les hésitations, la bataille est prochaine ; 80,000 hommes, dit-on, sont massés dans le bois de Boulogne ; toute la garde nationale est consignée, demain, pour vingt-quatre heures ; on va marcher, le canon va retentir !

Dans cette situation périlleuse, le gouvernement vient de décréter l'organisation de la garde nationale mobilisée en régiments. On aura de la peine à former, de ces éléments si divers, des corps vraiment réguliers : les conseils de guerre nous révèlent chaque jour les actes les plus répréhensibles, le passé le plus compromettant de sergents-majors, de fourriers, de capitaines même, traduits en justice, pour détournements de fonds ; plusieurs ont subi antérieurement, des condamnations correctionnelles, etc. Il a fallu ces découvertes, pour que l'on comprît l'absurdité de l'élection des officiers d'un corps armé. Dans la nouvelle organisation, le *général* Clément Thomas nomme lui-même les colonels et lieutenants-colonels, et il s'engage à ne choisir, parmi les chefs élus, que « ceux qui possèdent les connaissances militaires requises ». Mais, comme l'anarchie domine à tous les degrés, il est plus d'un colonel, M. Arthur de Fonvielle, par exemple, journaliste, dont la compétence militaire n'est pas suffisamment démontrée.

En outre, une décision récente du gouvernement a dévoilé un autre vice de la garde nationale : le gouvernement accorde une indemnité quotidienne de soixante-quinze centimes aux femmes des gardes nationaux peu aisés. De là, un singulier résultat : une quantité de gardes nationaux, non mariés, mais vivant en concubinage, ont prétendu que l'indemnité était due à leurs concubines, pétitionné, et envoyé des députés près du gouvernement. Cette réclamation a fait grand bruit : les journaux se sont emparés de la question, et ils l'ont traitée à divers points de vue, les uns, soutenant les épouses illégitimes, les autres, fulminant contre ces unions illégales. Le gouvernement tardait à répondre aux réclamations des concubinaires; les clubs se sont emportés, et les ont vivement soutenus. Autre incident alors, non moins imprévu : M. Félix Pyat a pris à partie les membres du gouvernement et, dans un véritable acte d'accusation, où les faits étaient transparents, leur a demandé s'ils étaient donc si purs, et quel était celui qui avait le droit de jeter la première pierre, et de se prétendre sans péché? Il a parlé de bruits qui couraient, sur ce « sanhédrin d'avocats, d'amants heureux », qui auraient reconnu la « complaisance » de certains maris, en leur donnant des places importantes, de lucratifs emplois, « des recettes »; il a signalé de « faux testaments, en faveur de pères putatifs », etc. Il ne manquait que les noms, le public les a prononcés : on a cité MM. Delvincourt, Loubens, récemment nommés à des recettes financières, plusieurs membres du gouvernement. La risée a été générale; on s'est souvenu de l'indignation vertueuse des puritains de l'Hôtel de Ville, contre l'Empire; on a fouillé leur passé, et l'on a trouvé que la plupart auraient à se défendre de faits bien autrement graves et répréhensibles.

Ces républicains accusaient l'Empire de tous les vices : c'est un gouvernement de corruption! disaient-ils, avec un geste d'horreur. Et eux, si l'on pénètre dans leur vie, on est stupéfait des trésors de libertinage, de lâcheté, d'inhumanité, de cupidité et d'infamie, qui y abondent!

Quant aux concubinaires, le résultat final a été tout aussi inattendu : leurs prétentions n'ayant pas été accueillies, ils se sont décidés a faire légaliser leurs unions libres. J'avais déjà signalé les nombreux mariages de ce genre, depuis le siège; jamais les mairies n'en avaient tant régularisé : la religion, la société, l'intérêt du ménage, de la femme, des enfants, avaient été impuissants; le décret des 75 centimes a opéré un changement subit, on n'a plus hésité; on ne se mariait pas pour la morale, on s'est marié pour toucher sa paie : on appelle ces mariages *les mariages de quinze sous*. Ces unions si hâtivement sanctionnées ne seront, certes, pas toutes durables; mais beaucoup persisteront, l'ordre social y gagnera; on ne peut donc que s'en féliciter.

11. — Des bruits de convocation d'une Assemblée commencent à se propager : le gouvernement y serait moins opposé qu'il y a peu de temps; mais on ajoute que cette Assemblée se réunirait à Paris. « Si j'avais l'honneur d'être élu député, me disait un futur candidat, je monterais, le premier jour, à la tribune, déclarant que je proteste; que les Assemblées ont été tant de fois envahies

et chassées par la populace, que cette violation se peut encore renouveler; que, non seulement je le crains, mais que je n'en doute pas; que, dans cette conviction, je ne participerai pas aux délibérations, jusqu'à ce que l'Assemblée ait été transportée dans une ville où elle soit assurée de n'être pas violentée, la première condition, pour dire la vérité, faisant défaut, *la liberté*[1]. »

Hier soir, dîner avec M. ***, au *Dîner Européen*; il y avait fort peu de chose : la *viande manque*, disaient les garçons. Les salles étaient glacées, le combustible manquait aussi. Au retour, les rues de Richelieu, Vivienne, le Palais-Royal, étaient mornes d'ombre; tout était fermé, avant huit heures.

Le gouvernement a publié, dans le *Journal officiel*, les *dépêches* apportées par deux pigeons, et annonçant plusieurs échecs de nos armées en province, mais accompagnées de circonstances telles qu'on a soupçonné ces pigeons d'avoir été envoyés par les Prussiens. Il est évident, en effet (outre que l'une de ces

---

[1] Convoquer l'Assemblée à Paris et l'avoir sous sa main, avait toujours été la pensée du Gouvernement du 4 Septembre : « Comment voulez-vous que l'Assemblée se réunisse à Paris, s'il est investi? disait M. J. Favre, à Ferrières. — Réunissez-la à Tours, ou ailleurs, répliqua M. de Bismarck. M. J. Favre demanda à en référer au Gouvernement de la Défense nationale, et il n'est pas revenu. » (*Versailles, quartier général prussien*, conférence de M. de Bismarck et du maire de Versailles.)

dépêches est signée *Lavertujon*, et datée de *Tours*; quand M. Lavertujon est à Paris) qu'elles ont été fabriquées par l'ennemi. De plus, personne n'admettra que les populations, comme le prétendent les dépêches, « acclament » les Prussiens, et soient « de connivence » avec eux. Cependant, malgré l'invraisemblance de ces allégations, frappante pour tous les yeux, il n'est pas certain qu'aucune des nouvelles annoncées soit fausse ; et, lorsqu'on nous informe que, le 8 décembre, les Prussiens marchent sur Tours, sur Bourges, et sur Cherbourg ; que Rouen est pris, que M. Gambetta est parti pour Bordeaux ; que l'armée de la Loire est défaite ; que la dévastation est partout ; enfin, que « tout le monde en a assez » ; aucune de ces nouvelles, je l'avoue, ne me paraît improbable, d'autant plus que, tandis que les pigeons expédiés par les Prussiens nous arrivent, le gouvernement affirme qu'il ne lui en est envoyé aucun de Tours, « vu, dit-il, la rigueur de la saison, qui empêche les pigeons de voyager. » Il ne peut y avoir deux lois atmosphériques contraires pour les pigeons, selon leur nationalité !

On a apporté, aujourd'hui, à la gare d'Orléans deux appareils destinés, non à diriger les ballons, mais à lutter contre le vent. Ces appareils sont des sortes d'antennes croisées, comme des ailes de moulin, et munies de voiles inclinées en sens contraire. Le vent étant d'Ouest, c'est-à-dire, tout à fait mauvais, on compte se servir de ces appareils, pour deux ballons qui partiront très prochainement.

Malgré les distributions de vivres, de bois et de vêtements, la misère est extrême, et ceux qui souffrent le plus, sont ceux que l'on ne voit pas, et qui ne demandent pas, les petits employés, les petits rentiers, les petits marchands, etc. Mais la charité est infinie, à Paris, et prend toutes les formes : il s'est trouvé, pour penser à ces malheureux, un homme aussi intelligent que riche et bienfaisant : M. ***, du 117ᵉ bataillon de la garde nationale, a fait rechercher, dans son bataillon, ceux qui avaient le plus besoin de secours, et il vient d'assurer, à douze des plus nécessiteux, une subvention de 1 fr. 50 par jour. Paris compte bien plus de dix justes qui lui mériteraient d'être sauvé !

12. — Dès cinq heures du matin, des coups de canon des forts ont retenti avec assez de suite, pour qu'on crût que l'attaque projetée avait lieu aujourd'hui ; mais le dégel est survenu et un verglas si glissant, qu'il eût été impossible de faire marcher les chevaux. Hier et toute la journée, des troupes ont encore été dirigées vers l'ouest, tant sur la rive droite que sur la rive gauche.

Le gouvernement a annoncé, en même temps, que le pain ne serait pas rationné ; la population était inquiète, et avait déjà envahi les boutiques des boulangers et tout enlevé, de sorte que les derniers venus n'ont eu le soir rien à manger (dans le quartier Mouffetard). Le gouvernement prétend que l'on ne doit avoir aucune crainte, qu'on vient d'établir de nouveaux moulins qui vont moudre « toute la farine nécessaire; » il fait plus, il affirme que « nous sommes encore fort éloignés du terme où les approvisionnements seraient insuffisants ». — Cette phrase a paru à beaucoup de gens moins rassurante que terrifiante : « Quoi ! se sont-ils écriés, nous en avons donc encore pour longtemps ! — S'il y avait, du moins, chance d'être secourus ! mais où sont les armées de secours ? et à quelles extrémités prétend-on que nous nous réduisions ! » Le *Réveil*, journal ultra-démocratique, répondant d'avance à ces personnes timides, a déclaré, hier, qu'une ville assiégée ne devait se rendre « que lorsqu'elle avait perdu les *deux tiers* de sa garnison, » et ne pouvait plus absolument subsister ! Le *Réveil* s'exprime ainsi parce que, pour lui, la République et Paris ne font qu'un et, Paris capitulant, la République tombe. Nos gouvernants parlent comme le *Réveil*, leur intérêt est le même ; mais cet enthousiasme républicain n'est pas général. Le gouvernement lui-même n'a pas la confiance qu'il affecte, outre qu'il vient, — aujourd'hui même, d'interdire la vente des farines, et de « défendre aux boulangers d'employer la farine à tout autre usage qu'à la fabrication du pain ». Plusieurs faits attestent que la quantité de vivres est moins considérable qu'il ne le dit : ainsi, des affiches, dans plusieurs arrondissements, préviennent le public que les boucheries sont fermées, « les approvisionnements étant épuisés; » dans les autres, où l'on ne vend, d'ailleurs, que des harengs, du riz et de la morue, et si peu de viande, deux fois par semaine, qu'il n'en faut pas parler, il arrive fréquemment qu'après cinq heures de queue, on répond : « Il n'y a plus rien ! » — Dans le faubourg Saint-Germain, rue de Rennes, il y avait tout à l'heure un grand rassemblement à l'occasion d'une marchande qui vendait trois pommes de terre *quinze sous!* Plusieurs rues, dans les quartiers les plus élégants, sont éclairées à l'huile, depuis hier, au lieu de gaz, et la même mesure va s'étendre partout. On ménage le coke et la houille avec tant de sollicitude, que les compagnies de chemins de fer ont été invitées à ne faire opérer les manœuvres de l'intérieur des gares que par des hommes, et non par des machines. On prévoit même le moment prochain où le coke manquera tout à fait et, pour y suppléer, des escouades du génie sont employées à abattre des arbres dans les bois de Clamart, Fleury, etc. Toutes ces précautions n'indiquent pas une grande abondance ; il ne faut donc avoir qu'une foi médiocre dans les déclarations du gouvernement, en cette circonstance, comme dans toutes les autres.

13. — Le mot des garçons du *Dîner Européen* : *Il n'y a plus de viande!* aurait dû nous éclairer. Le restaurant a été fermé le lendemain, il en est de même de bien d'autres, et nombre de gens courent la ville, cherchant où dîner. Dans plusieurs restaurants, dimanche, on ne donnait que du biscuit au lieu de pain, les boulangeries ayant été dévalisées. Le peuple est exaspéré des *queues* qu'il faut faire pour obtenir un petit morceau de morue de quinze sous, qui doit durer trois jours ; on entend, dans ces assemblées en plein vent, les plaintes les plus vives et les déclarations les plus nettes : « Il faut en finir! — Nous ne serons pas plus malheureux quand les Prussiens seront entrés! — Que l'Empereur revienne! ajoutent même quelques-uns ; sous l'Empire, du moins, c'était mieux organisé! » etc. — D'autres parlent plus franchement encore et prononcent le mot : *se rendre!* Ils ajoutent, il est vrai : il faut faire encore un

effort, mais ensuite, qu'on ouvre les portes !
Tels sont les propos qui me sont rapportés de
plusieurs côtés à la fois (rues Mouffetard,
Vaneau, N.-D.-des-Champs, de Rennes, etc.)

Le gouvernement a bien l'intention de faire
cet effort; il s'y prépare depuis longtemps,
toutes les troupes sont dehors; des combats
d'avant-postes ont été livrés; le canon de plusieurs forts tonne assez fréquemment; des
wagons sont prêts à la gare d'Orléans, pour
transporter deux ou trois mille hommes, le
plus près possible de Choisy, et attaquer de
face et de côté cette forteresse des Prussiens.
Paris se demande, depuis cinq ou six jours,
si la grande bataille ne se livrera pas aujourd'hui, et commence à s'inquiéter de ce qu'elle
est encore retardée.

En attendant, on occupe par de petits combats les troupes campées dans la boue; on
cherche de petits succès pour relever le moral
du soldat et de la population, et les journaux
s'y prêtent. Ils sont remplis de récits de
gens qui, appliquant leur oreille à terre, ont
entendu distinctement une violente canonnade
sur les derrières de l'armée Prussienne ; de
gardes nationaux en marche qui se sont arrêtés
au bruit du canon; un capitaine d'artillerie
s'est agenouillé et, penché sur le sol, a attentivement écouté et certifié que le bruit n'était
pas éloigné de plus de dix lieues; seulement

le jour et le lieu diffèrent : selon les uns, c'était au bastion 53 ; selon les autres, à Rueil ; ceux-ci disent *hier* ; ceux-là *avant-hier* : *O nugæ !*

Nos gouvernants savent mieux que qui que ce soit à quoi s'en tenir sur la réalité de ces bruits et, si j'en crois quelques-uns de leurs amis, laissent parfois échapper l'expression de leurs anxiétés : Ah ! s'écriait, il y a peu de jours, M. Jules Simon, parlant à M. Bertall, le carricaturiste : « Quand j'ai *accepté* cette charge, je ne me doutais pas de ce que c'était ! J'en ai assez ! » Et il se prenait la tête à deux mains. Leur punition commence !

15. — L'opinion publique s'occupe depuis quelques jours du plateau d'Avron ; il est devenu « l'objectif » (c'est le mot nouvellement adopté et qu'on emploie à tout propos), des stratégistes de cabinet et des journaux : « Le plateau d'Avron est une de nos plus fortes positions ; nous y avons 40,000 hommes et 80 pièces de canon ; on l'a enlevé à l'ennemi ; si l'on a abandonné les hauteurs de Villiers, après le 2 décembre, du moins nous avons gardé le plateau d'Avron ; les Prussiens l'ont vainement attaqué, ils ont dû reculer ; c'est un grand succès, un résultat d'une importance capitale. » Voilà ce qui se dit et se lit partout ; un journal (le *Français*) a même cru devoir

raconter longuement l'*opération militaire*, qui a eu pour effet l'occupation du plateau d'Avron : « Dans la nuit du 29 au 30, ordre a été donné de *s'emparer* du plateau d'Avron ; les batteries du fort de Rosny *couvrent d'obus* le plateau d'Avron, afin d'en *déloger* les Prussiens qui *peuvent* s'y être *embusqués;* tout ce qui est nécessaire pour *expulser* l'ennemi s'accomplit *avec la plus grande énergie;* le 30, les troupes *débouchent* de Rosny ; en *une heure* le plateau est occupé et (le journal n'oublie pas un détail si caractéristique) on a remarqué la *décision* et l'*habileté* avec lesquelles le colonel *** a fait *franchir* les rampes du plateau d'Avron à notre artillerie et l'a *installée* sur les crêtes. » Enfin, un autre journal a rapporté comment, dans la nuit du 12 au 13, « les Prussiens ont tenté une surprise, avec des forces supérieures, ont été repoussés et ont subi des pertes considérables. » Tous les journaux ont répété ce récit. Or, qui croirait que tout cela est de pure invention et ces récits entièrement fantastiques? Le plateau d'Avron existe et nous y avons des troupes, c'est certain; tout le reste appartient à l'imagination des journalistes. Le général d'Hugues, qui commande sur le plateau d'Avron, est un de mes amis ; sous lui servent quatre de mes parents ; l'un d'eux est venu récemment passer trois jours à Paris; plusieurs personnes de ma connaissance vont fréquemment voir leurs fils sur le plateau d'Avron; je suis donc bien renseigné. Voici la vérité sur ce fameux plateau : le plateau d'Avron, avant le 30, n'était *occupé* par aucunes forces Françaises ou Prussiennes; on n'a eu à déployer aucune *énergie* pour *déloger* les Prussiens et en *expulser* ceux qui POUVAIENT y être *embusqués;* la division du général d'Hugues (10 à 12,000 hommes et 40 canons) est tranquillement partie de Rosny, a gagné le plateau et s'y est établie, sans rencontrer le moindre obstacle; « la *décision* et l'*habileté* avec lesquelles le colonel *** a fait franchir, etc. » se borne aux vigoureux coups de fouet qu'il a fallu appliquer aux chevaux, pour leur faire grimper la côte qui est rude; les Prussiens ne se sont pas encore présentés pour *attaquer* le plateau d'Avron; enfin, depuis quinze jours que les troupes y sont installées, elles n'ont *pas eu à tirer un coup de fusil!* L'artillerie, seule, a lancé des boulets vers Chelles et la vallée de la Marne, afin d'inquiéter les mouvements de l'ennemi.

On ne peut trop le répéter : que savons-nous donc de l'histoire, quand nous voyons comment s'écrit celle qui se fait de nos jours et sous nos yeux !

Le gouvernement avait bien réellement

l'intention de rationner le pain, et n'a reculé que lorsqu'il a vu la panique qui, dès la première rumeur, a précipité la population sur les boutiques de boulangers, qu'elle a dévalisées. Mais il n'a pas renoncé à son projet et il le met à exécution sournoisement et en tournant la position. Il ne rationne pas le public, mais les boulangers; il ne leur distribue qu'une portion déterminée de farine; voici qu'apparaît chez les boulangers un pain d'une certaine forme, avec l'étiquette : *pain réglementaire ;* on s'informe : ce pain, répond le boulanger, est celui qui vous sera *imposé* demain; il contient une notable partie de son. Autre mesure significative : réquisition du *bois,* défense aux marchands de délivrer du bois aux particuliers sans autorisation. La vie devient de jour en jour plus difficile, les subsistances de plus en plus rares. On avait fait sonner bien haut les quantités considérables de légumes, pommes de terre, etc. accumulées dans les immenses souterrains des Halles. Il n'y faut plus compter : la plus grande partie de ces provisions a fermenté, s'est corrompue et a pourri ; il a fallu les jeter dehors. Ce beau résultat est dû à la sagacité de nos administrateurs; au lieu de s'adresser à quelques hommes compétents, de charger un grand fournisseur, un cultivateur des environs de Paris, de l'aménagement de ces denrées, les avocats de l'Hôtel de Ville ont tout décidé entre avocats, préposé à l'exécution de leurs conceptions d'autres avocats et enfin, confié la haute surveillance des Halles, à qui ? A un journaliste de je ne sais quelle feuille démocratique, M. Lucien Dubois, avec le titre pompeux d'*Inspecteur général !*

Dans un ordre du jour d'hier, M. Clément Thomas flétrit la conduite d'une compagnie de la garde nationale qui a été prise d'une panique aux avant-postes, et s'est enfuie, la nuit, « se laissant entraîner à une fausse alerte. » — Si nos gouvernants avaient le temps de réfléchir, ils comprendraient les inconvénients du gouvernement à ciel ouvert : le *Journal officiel* est rempli d'*ordres* des plus compromettants, tantôt signalant l'indiscipline de la garde nationale, tantôt les désordres les plus graves, tantôt la lâcheté de quelques soldats, ou le peu de solidité de ces nouvelles troupes. Ces ordres, publiés dans le *Journal officiel*, sont portés par les ballons en province ; la province les lit, et aussi l'ennemi ; croit-on qu'il ne s'empresse pas de les reproduire, de les commenter et de les faire connaître à ses troupes, pour les encourager et leur inspirer le mépris de l'adversaire et confiance en elles-mêmes ? Or, ce sont là, les deux forces morales qui donnent la victoire :

un général habile punit ses soldats, leur fournit l'occasion de se relever, mais ne rend pas publique leur lâcheté ou leur faiblesse.

Le premier objet qui a frappé ma vue, en sortant, a été une longue affiche du gouvernement, pour nous apprendre que nous allions prochainement être réduits uniformément au pain bis. Le gouvernement fait l'éloge de ce pain, qui a, dit-il, toutes les qualités ; puis il prend champ pour nous entretenir des autres subsistances ; il en parle d'un ton dégagé, comme un riche qui aurait ses poches pleines d'écus et les ferait sonner : « la viande, dit-il, ne manque pas ! » On se regarde dans les groupes assemblés devant les affiches, on a l'air de se demander où donc est cette viande ? « On ne réduira pas les quantités actuellement distribuées. » Hélas ! comment s'y prendrait-on ? « La viande et le pain sont assurés. » Si le pain n'est pas plus assuré que la viande ! Conclusion : « La situation est donc satisfaisante. » Il est bien heureux, le gouvernement d'être satisfait ! nous ne le sommes guère, nous, dit chacun en s'en allant.

Autre nouvelle : encore un ordre du jour du *général* Clément Thomas ; le *général* Thomas semble moins satisfait que le gouvernement. Sa garde nationale lui donne d'incessants ennuis ; à peine vient-il de tancer une compagnie, qu'un bataillon attire son attention ; aujourd'hui, il ne s'agit de rien moins que d'un bataillon de guerre, le 147°, qui a déclaré net, au moment de partir, *qu'il ne voulait pas marcher.* Notez que ce bataillon est un bataillon de *volontaires!* Le *général* Cl. Thomas se scandalise fort : déjà, dit-il, j'avais eu à me plaindre de ce bataillon, le 28 novembre, il était « dans un état qui m'avait inspiré un vif mécontentement. » Quel état ? on le devine. Ces *volontaires* se sont abstenus de se rendre au lieu de réunion, et 109 seulement se sont présentés, et de plus, la plupart étaient sans armes ! Le prétexte qu'ils opposent est également propre à faire douter de leur bonne conduite : « On ne donnera pas, prétendent-ils, les soixante-quinze centimes promis à leurs *femmes!* » On ne nous éclaire pas sur la qualité de ces *femmes*, pas plus que sur l'*état* des hommes. On a voulu s'expliquer, ils n'ont rien écouté. Bref, dit le *général* Cl. Thomas, « l'acte qu'a commis aujourd'hui ce bataillon, me prouve que *je ne saurais compter sur lui.* » Cette conclusion paraît assez probable. En conséquence, il demande la dissolution du 147° bataillon et son désarmement. J'oubliais que le *général* Cl. Thomas se plaint amèrement que le bataillon ne voulait pas rendre les vivres qu'il avait reçus pour quatre jours ; et enfin, que les officiers se sont arrangés pour toucher *un mois* de solde, « tandis que leur service n'avait duré qu'une semaine ! » Ce bataillon a toutes les qualités des mauvais écoliers : poltron, gourmand, *chipeur*, ivrogne et débauché. On comprend le mécontentement du maître d'école ; mais il se borne à les gronder, il ne punit personne, il les prive seulement d'aller se battre, de faire leur devoir ! Le 147ᵉ bataillon doit se trouver bien rudement puni ! Ce bataillon est un des bataillons de Belleville, un des bataillons de la Commune. Il y a peu de jours, nous avons vu un maire, M. Asseline, rappelé aussi à l'ordre par le sévère M. J. Ferry, pour avoir eu l'idée de mettre les Frères de la Doctrine chrétienne à la porte de son arrondissement : « Cela ne vous regarde pas ! lui a dit d'un ton assez vif M. Jules Ferry, vous empiétez sur les attributions du gouvernement. » M. Asseline a baissé la tête, un peu confus, et s'est promis d'attendre une autre occasion d'imiter son collègue, M. Mottu, lequel fait ce qu'il lui plaît dans son faubourg Saint-Antoine, et à qui personne du gouvernement n'ose rien dire.

Tels sont, sans en citer d'autres, les faits qui se produisent journellement, ce qui n'empêche pas que la plupart des journaux fulminent quand les feuilles étrangères osent insinuer, que l'ordre le plus parfait ne règne pas à Paris.

16. — Depuis qu'on annonce tous les jours la grande bataille, qui ne se livre pas, les rumeurs les plus ridicules, les plus absurdes et les plus contradictoires circulent sur les mouvements des armées de secours, et à mesure que les événements démentent les bruits mis en circulation, on les transforme ou on les explique différemment. Ainsi, le général d'Aurelle de Paladines est, tour à tour, à Montargis et à Rouen ; le général Bourbaki, en vingt-quatre heures, se trouve transporté de Senlis ou de Chantilly à Fontainebleau ; hier, on entendait le canon sur les derrières de l'ennemi ; c'était le combat livré par l'armée de la Loire aux Prussiens ; aujourd'hui, ce bruit venait des Prussiens, qui tiraient à poudre, pour nous attirer par ce stratagème sur le point où ils sont le plus fortifiés. On affirme encore que nos troupes ont repris Orléans : c'est un pigeon qui en a apporté la nouvelle ; non, c'est un paysan ! On se plaint, en même temps, que personne ne puisse traverser les lignes et nous transmettre des dépêches, mais il y a exception pour ce paysan !

Tandis que se colportent et s'impriment ces contes, qu'accueille la crédulité publique, voici que ce matin, à la première page des journaux apparaissent en grosses lettres, ces mots : NOUVELLES OFFICIELLES DE TOURS. Et voici quelles nouvelles déplorables, coup sur coup, se succèdent : l'armée de la Loire a été défaite ; Rouen pris ; l'ennemi est à Honfleur, à l'embouchure de la Seine ; on nous a fait 10,000 prisonniers, pris près de 100 canons, 77 d'une seule fois ; les zouaves pontificaux, les plus solides et les plus aguerris, et qu'on aura sans doute placés en avant, écrasés, les trois quarts ont été mis hors de combat ; notre armée est coupée en deux, l'une est poursuivie vers Beaugency, l'autre s'est retirée sur Bourges et Nevers ; le gouvernement de Tours est en fuite et s'est réfugié à Bordeaux. Pas un mot du général d'Aurelle de Paladines ; pas un mot sur le chiffre des morts et des blessés ; on sait seulement que M. de Charette est blessé grièvement, mortellement peut-être. Et ces affreuses nouvelles se succédaient ainsi pendant deux pages : encore ceci — et cela, — puis ce détail, et les chaloupes canonnières prises, et les officiers, et les gros canons. Il semblait que ce ne fût jamais fini... Quelles révélations ! quelles pertes ! quel désastre ! quelles espérances avortées !

Déjà, hier, Paris semblait bien démoralisé, que sera-ce aujourd'hui ! telles étaient mes pensées, mes exclamations, en lisant, en dévorant ces tristes nouvelles. Eh bien, non, je me trompais. A la suite de ces dépêches navrantes, les journaux avaient écrit quelques lignes : « Tout cela, disaient-ils, ne doit pas nous inquiéter : la prise d'Orléans était prévue et est de peu d'importance; les Allemands s'avancent en France, ils se dispersent, ils sont de plus en plus compromis. Nous avons encore 200,000 hommes! Brossolles et Garibaldi menacent leurs derrières (le général de Brossolles dont les troupes sont si disciplinées que, sur 4,000 hommes, il a fallu, au départ, fusiller 27 soldats). Nous allons faire la guerre de partisans, comme l'Espagne, (comme l'Espagne montagneuse, dans les plaines de la Sologne, de la Beauce, de la Champagne, de la Brie, de la Crau, de Toulouse, etc., sans doute!) les Allemands sont perdus! » Et telle est la déraison du peuple de Paris, que ce ton tranchant et ces assertions sans preuves avaient suffi pour lui inspirer la plus entière confiance. « Et les nouvelles! ai-je entendu dire.— Les nouvelles! elles sont excellentes! —Comment! Rouen pris, notre armée battue! —Ce n'est rien! nous avons 200,000 hommes! Brossolles et Garibaldi, etc.; la guerre de partisans, etc.! » On répétait ce qu'on venait de lire; c'est au commentaire du journaliste seul qu'on ajoutait foi; le reste était comme non avenu.

Et ce sentiment sera excité par le gouvernement, car le moment suprême est proche; mais il n'est pas encore venu : ces hommes, qui tiennent un pouvoir usurpé, ne voudront pas convenir que tout espoir est perdu : avec un orgueil païen, par gloriole et réminiscence de collège, croyant se grandir et mériter d'être comparés aux héros de l'Antiquité, soutenus, du reste, par les jeunes gens, qui ne réfléchissent pas, et par le populaire, qui ignore, ils persisteront et demanderont encore à Paris un effort, un effort sanglant, meurtrier, sans espoir!

Le gouvernement cependant ne peut se dissimuler le découragement de l'armée : tous les jours, on amène à la préfecture de police des soldats qui déclarent qu'ils ne marcheront pas. Aussi, aujourd'hui, à la canonnade de ces trois derniers jours, a succédé le silence, le silence le plus absolu, autour de Paris. On se recueille, cette fois, et pour tout de bon !

17. — Le gouvernement affecte de ne pas être ébranlé : il vient de mettre en réquisition tous les chevaux des particuliers, sans exception, et il nous les donnera à manger. Il annonce aussi d'autres ressources : les œufs manquent à peu près (ils se vendent 1 fr. 20 la pièce), et bien d'autres denrées; mais il compte sur les cultures entreprises par M. Joignaux dans les vastes terrains de l'ancienne banlieue de Paris; on aura ainsi de la viande et « des légumes frais, *comme à l'ordinaire!* » assure-t-on ; on a négligé de nous dire dans combien de *mois*.

Continuation du silence du canon. Le gouvernement achève, dit-il, de réorganiser l'armée et de nommer de nouveaux officiers : ainsi, se confirme, chaque jour, l'étendue de nos pertes du combat de Villiers ; il a déjà fallu quinze jours pour reformer en partie les cadres ; il en faudra peut-être huit encore ; que serait-ce donc après une seconde bataille !

Paris n'est plus éclairé au gaz : de loin en loin, les rares passants entrevoient la faible lueur d'une lanterne de pétrole ; dans beaucoup de rues, l'obscurité est presque complète. Cette privation, nous nous y résignons, c'est une des nécessités du siège ; mais les journaux du gouvernement exigent davantage, ils veulent que nous nous en réjouissions. Les ombres les ravissent, ils triomphent : A la bonne heure ! s'écrient-ils, voilà une ville comme nous l'entendons ! Cet infâme gouvernement de l'Empire se donnait le luxe d'éclairer brillamment Paris ! Il faisait « *des orgies de lumière !* » Nous avons supprimé ce « faste » inutile, et « nous continuerons ! » Qu'est-il besoin de tant de gaz ! jamais il n'y eut moins de vols et d'assassinats. Nous sommes des gens positifs : nous préférons « la réalité à l'apparence » ; la lumière, c'est l'apparence ; les ténèbres, voilà la réalité (*l'Électeur libre*) ! Tout le monde ne partage pas cette gaieté trop bruyante pour être sincère. — Il n'y a pas d'assassinats ! Certes ! beaucoup de rues, des quartiers entiers sont plongés dans une telle nuit, que presque personne n'ose plus sortir le soir ; on se confine chez soi ; dès sept heures, les rues sont désertes. Quant aux vols, ils continuent à prospérer, quoi qu'en disent les journaux du gouvernement : dans cette ombre, les voleurs *travaillent* à loisir ; bien plus, le nombre en a singulièrement augmenté. La nuit venue, ils se répandent dans les quartier les moins habités et se mettent à l'ouvrage ; les journaux sont pleins de récits fantastiques : des bandes d'hommes, de femmes, d'enfants, de gardes nationaux même, *en uniforme,* arrachent les barrières des terrains clos de planches, enlèvent les portes, démolissent les baraques construites pour les mobiles, et les emportent chez eux, sans se cacher. Ceux-là, il est vrai, on ne les appelle pas des voleurs, ce sont des maraudeurs ! — Des maraudeurs, soit ! les propriétaires, cependant, croient aussi avoir le droit d'être protégés contre les maraudeurs.

Le malheureux *général* Clément Thomas, a bien des ennuis avec sa garde nationale : voici aujourd'hui, le 200° bataillon (Bercy) qu'il dénonce à notre indignation, comme se comportant très mal : « Le chef de ce bataillon, de service aux avant-postes, *ivre!* la moitié, au moins, des hommes *ivres!* obligation de faire relever leurs postes! » Il demande la révocation du chef de bataillon. La province va avoir une triste idée de la garde nationale de Paris, au moins d'une partie. Et notez, que le public connaît bien d'autres faits de ce genre, que M. Clément Thomas connaît peut-être aussi, mais dont il ne parle pas. Du reste, M. Clément Thomas est un *moniteur* modèle : dès que quelques écoliers de la classe bronchent, il élève la voix et, parlant par les fenêtres, pour mortifier les coupables: « Monsieur, s'écrie-t-il, voilà un tel et un tel qui refusent de m'obéir, qui ne veulent rien faire, me permettez-vous de les punir? — Je vous le permets, répond le maître ». Le *général* Clément Thomas se retourne : « Je pourrais vous mettre tous deux en retenue, vous l'avez tous également mérité! mais je n'en punirai qu'un! que les autres aillent en récréation! » Les écoliers s'échappent, on les renvoie, c'est ce qu'ils désiraient!

18. — Voici une suite de petits faits, recueillis en un seul jour, chacun peu important en apparence, mais qui, ensemble, représentent plus exactement notre situation que toutes les affirmations contraires du *Journal officiel*. — *Subsistances* : les troupes campées

hors de Paris sont soumises aux plus rudes privations ; les mobiles, au plateau d'Avron, par exemple (au fort de la Briche également) meurent de faim ; le pain, parfois, manque, ou il n'en arrive que la moitié de ce qui leur est dû ; ils ne reçoivent qu'un verre de vin pour deux jours ; quant à la viande, elle est presque toujours absente. Aussi, sont-ils fort affaiblis, et même démoralisés : ces jeunes gens, âmes vaillantes et généreuses, disent encore qu'il faut résister à outrance, se battre jusqu'à la fin ; mais ils avouent aussi que, dans leur bataillon, considéré partout comme l'un des plus solides, il n'y a guère qu'un tiers sur qui l'on puisse compter. — *Santé publique* : la mortalité des enfants est considérable ; les inquiétudes des mères, les privations tuent en grand nombre ces pauvres petites créatures ; la population est vivement affectée à la vue de ces cercueils d'enfants qui affluent dans les églises. — *Finances* : un décret vient d'abaisser à 20 francs les coupons de 25 francs de la Banque, ce qui indique l'insuffisance de l'argent et l'approche de la période du papier monnaie. — *Provisions* : on a expliqué, au bout de trois ou quatre jours, que la réquisition du bois ne s'appliquait qu'au bois de *boulangerie* ; mais l'effet de l'arrêté était produit : le bois des grands chantiers a été immédiatement accaparé par les marchands en détail, qui le vendent aujourd'hui à des prix exorbitants, inaccessibles aux petites bourses (5 francs les 100 livres, 20 petits rondins de 45 centimètres). — *Discipline* : pour compléter le tableau de quelques bataillons de la garde nationale, un arrêt du Conseil de guerre nous montre un lieutenant (du 76e bataillon) condamné à six mois de prison, pour *insubordination, ivresse et révolte*, et qui, antérieurement, avait déjà été condamné à six mois et dix-huit mois de prison, pour vol, et à trois ans de travaux forcés, pour *désertion;* il n'en avait pas moins été élu officier ! —*Nouvelles de province :* l'armée de M. de Kératry a été battue par le duc de Mecklembourg, et M. de Kératry conformément aux principes du gouvernement de M. Gambetta, destitué de son commandement. Dieppe, Fécamp, sont occupés par les ennemis. Plus d'un tiers de la France est entre leurs mains !...

Le gouvernement affirme, néanmoins, que les subsistances et les provisions *abondent;* que les troupes reçoivent *plus de vivres*, et même de viande, qu'il y a un mois; que le *moral* de la population et de l'armée n'a jamais été si *énergique;* que l'état sanitaire de Paris *s'améliore;* l'argent manque si peu, qu'il vient d'attribuer des traitements à des fonctionnaires qui, en aucun temps, n'avaient été rétribués, aux maires et aux adjoints ; la situation de la *province* et de ses *armées* n'est propre qu'à nous *rassurer*. Appuyé sur toutes ces forces, il prétend, lui tout seul, nous sauver, repoussant tout concours, toute élection, toute assemblée, toute négociation, et il annonce, comme très prochaine, une nouvelle et grande bataille !

Douter de l'étendue des désatres de la Loire n'est plus possible; une nouvelle dépêche de M. Gambetta vient de les confirmer : l'armée de la Loire coupée en deux tronçons séparés par 50 lieues l'un de l'autre, abîmée, désorganisée; Bourbaki rejeté sur Bourges, Chanzy sur le Mans; les troupes de celui-ci désagrégées et opérant une retraite de treize jours, devant un ennemi qui les pousse l'épée dans les reins! Voilà le résumé de ces dépêches. Et quelles n'ont pas dû être les pertes, les maladies, les désertions ! « L'armée de la Loire est loin d'être anéantie! » dit M. Gambetta : un tel mot dit tout ! On ne parle ainsi qu'après un effroyable désastre, une retraite de Russie, un Waterloo ! Autre mot significatif : « Nous pouvons résister, si nous le voulons énergiquement. » — Quand on fait appel au *vouloir*, c'est que l'on n'a plus le *pouvoir !* toute espérance d'être secouru est donc perdue.

J'ai raconté, comme un exemple des contes inventés par les journaux, l'histoire du plateau d'Avron ; la canonnière Farcy est un conte du même genre : les feuilles publiques ont été, pendant deux mois, remplies des exploits de cette fameuse canonnière qui, une ou deux fois, à grand'peine, a été traînée sur un certain point, a tiré quelques coups, mais n'a jamais pu réellement naviguer sur la Seine. Le capitaine Thomassin, commandant de la flottille, a fini par déclarer au lieutenant Farcy que tout ce bruit était inconvenant, et qu'il eût à le faire cesser ; ce qui a eu lieu immédiatement, sur toute la ligne. A cette heure, la canonnière Farcy ne fait pas plus de tapage dans les journaux que sur les rives de la Seine.

Triste effet de la réquisition des chevaux ! Non seulement, on parle de fondre l'escadron de cavalerie de la garde nationale dans l'artillerie, pour fournir des chevaux à cette arme ; non seulement, par suite de l'achat d'un grand nombre de chevaux de la compagnie des voitures de Paris, il ne circule que très peu de fiacres dans Paris, mais on a requis une partie des chevaux des pompes funèbres, et l'on voit les corbillards des petits enterrements conduits seulement par un cheval. Cette unité, le cheval est noir en outre, a quelque chose de sinistre, et, comme il arrive souvent pour les enterrements de pauvres mobiles, quand le corbillard roule vers le cimetière, seul, sans être accompagné de personne, on ne peut s'empêcher d'éprouver un frissonnement et une impression plus lugubre encore que de coutume.

20. — Il vient de paraître une nouvelle *circulaire* (aux agents diplomatiques) de M. Jules Favre, (quoiqu'elle ne soit pas signée de lui, on le reconnaît à son ton gémissant et à quelques grands mots qu'il fait sonner en tout temps, comme s'il parlait en cour d'assises). M. Jules Favre se plaint que l'on fasse la guerre avec les moyens de la guerre : « qu'on vole, qu'on tue, qu'on pille, qu'on incendie, que l'on bombarde les villes, qu'on leur impose des contributions, qu'on exige des otages ». Il s'étonne même, avec indignation, que les Prussiens assiègent Paris, place forte et où est assemblée une grande armée ! M. Jules Favre a oublié de nous apprendre en quel pays, en quel temps la guerre s'est faite autrement. Le but de la guerre n'a-t-il pas été de faire tout le mal possible à notre ennemi, en lui enlevant les moyens de nous en faire ?

Bien plus, et c'est un trait idéal, il se plaint que la Prusse « ait profité des progrès de la science, pour perfectionner l'art de la destruction ! » C'est du burlesque achevé ! que ne demande-t-il que la Prusse se serve uniquement, pour nous combattre, de l'arquebuse à rouet et du fusil à mèche! Et nous, n'avons-nous pas cherché à perfectionner le fusil Dreysse et, « profitant des progrès de la science », inventé le chassepot bien plus destructeur et les mitrailleuses bien plus meurtrières? On n'est pas plus puéril! on reconnaît la niaiserie du bavard qui parle pour parler! L'Europe va pouffer de rire à la lecture de ce document : ce ne sont pas des hommes, va-t-on dire, qui composent ce gouvernement, ce sont des enfants! Il semble, en effet, entendre la plainte naïve d'un enfant se battant avec un camarade et se tournant à chaque instant vers les spectateurs : « Il frappe trop fort! voyez! il m'a poché un œil! cassé une dent! je saigne du nez! » Eh! mon ami, il y a un moyen bien simple de n'avoir pas de dents cassées ni de vous faire crever l'autre œil! ne vous battez plus! mais M. J. Favre veut continuer à se battre, et il ne veut pas qu'on lui fasse du mal.

M. le général Trochu, avant de partir pour la nouvelle bataille qui va commencer, a adressé à ses troupes une proclamation, où il leur parle des « espérances dont son âme est remplie ». Quelles peuvent être ces espérances? Mais les généraux sont souvent obligés à ces dissimulations ; il en est de même des journaux, qui *unanimement* ont présenté comme un succès la défaite de l'armée de la Loire ; à la veille d'une bataille, ils ont jugé qu'il fallait exciter les courages et ont caché la vérité.

Voici deux mesures de bonne administration que le gouvernement vient de prendre et que l'on est heureux de mentionner : en prévision de la lutte sanglante, toutes les ambulances ont été mises en état et, à cette occasion, on a appris que, loin de ne plus donner de viande aux ambulances et aux hôpitaux, comme on l'avait annoncé, le gouvernement avait songé à conserver quelques bœufs et qu'on en abattait, chaque jour, quinze, exclusivement pour les blessés. Il n'y a qu'à louer. De plus, on a décidé que les officiers de la garde mobile seront désormais nommés par le ministre, et non plus à l'élection. Prévoyance et soumission au principe de l'autorité ! si le gouvernement continuait ainsi, ce serait un indice que le bon sens commence à lui revenir, qu'il est susceptible de recouvrer la raison et qu'on pourra bientôt le faire sortir de l'Hôtel de Ville, à peu près guéri.

Malheureusement, par l'effet de son origine, ce gouvernement est condamné à un continuel mensonge : lorsque, au moment de marcher en avant, il prononce le mot d'*espérances*, les plus sceptiques courbent la tête et se taisent, comprenant les nécessités de la situation. Mais il passe véritablement les bornes de l'*impertinence*, comme on disait au xviie siècle, quand il affirme, dans une déclaration *officielle*, que, après l'échec subi par l'armée de la Loire et qui l'a coupée en deux, cette armée est « intacte » et qu'elle a « *fait reculer* » les armées prussiennes ! Les Prussiens, à la suite de cet *échec*, se sont avancés vers Tours, Bourges, etc. Si c'est ainsi qu'ils reculent, on pourra dire qu'ils sont *acculés*, quand ils auront atteint les Pyrénées ! On n'a jamais traité une nation avec un tel mépris, on ne lui a jamais supposé tant d'inintelligence, de crédulité et de stupidité.

Aujourd'hui, les grandes voies, les boulevards et les quais étaient parcourus par les troupes qui se rendent sur le champ de bataille ; presque tous les bataillons de guerre de la garde nationale sont déjà partis, le reste part cette nuit. On croyait, à tort, que le combat commencerait aujourd'hui ; la journée s'est passée à masser les troupes et à les diriger vers leurs positions. D'après la direction que prenaient les voitures d'ambulances, l'affaire serait à peu près du même côté que les combats du 29 novembre et du 2 décembre, à la fois sur les deux rives de la Seine, au delà de Vincennes et vers Chevilly et Choisy-le-Roy[1].

21. — La bataille a commencé aujourd'hui. On n'entendait cependant aucun bruit; on prêtait en vain l'oreille, le silence était absolu. On savait seulement que l'action était engagée et de quel côté; contrairement à la rumeur qui avait circulé ces jours-ci, elle embrasse un vaste demi-cercle de l'ouest à l'est de la Seine, par delà Auteuil, à la porte de Nogent. Je me suis dirigé vers le *Point-du-Jour*; je n'avais pas vu ce côté de Paris depuis plusieurs mois, j'ai été étonné des changements qu'on y a faits; les arches du viaduc du chemin de fer de ceinture ont été fermées par des murs épais, où l'on a pratiqué des créneaux, des meurtrières et des embrasures pour des canons; immédiatement après le chemin de fer, une porte fortifiée ferme la route de Versailles, avec fossés, levées de terre, pont-levis, etc.; la vraie porte est, pourtant, à plusieurs centaines de mètres plus loin, mais,

---

[1] La persistance que l'on met à s'emparer de Choisy et qui en montre toute l'importance a fait faire ce jeu de mots qui court Paris, quoique non imprimé : « *Paris ne sera sauvé que lorsqu'on aura Choisy-le-Roy.* » (Il est de M. Georges Seigneur.)

ces nouvelles fortifications, appuyées à la haute chaussée du chemin de fer, constituent une seconde enceinte. L'entrée de toutes les rues est barrée, et l'avenue elle-même singulièrement et curieusement bouleversée par des travaux variés : les contre-allées sont transformées en un quinconce de trous ronds, du fond desquels se dressent des piquets aiguisés ; on compte par centaines ces fosses à surprise, destinées à empêcher toute action de la cavalerie. Un peu plus loin, c'est un taillis de petits arbres coupés à deux pieds du sol, assez serrés pour qu'un homme n'y puisse passer et, de plus, reliés entre eux par des fils de fer qui rompraient à chaque pas la marche des piétons. Partout, des barricades, des murs crénelés, des sacs à terre ; ici, une rangée de branches d'arbres, aux pointes affinées, aiguisées, enchevêtrées l'une dans l'autre, présentent un treillis inextricable ; là, une haute barrière de pieux ferme une rue jusqu'à la hauteur d'un deuxième étage, seulement ces pieux sont des arbres énormes que deux hommes embrasseraient à peine. Plus loin, une barrière de bois percée de meurtrières ; enfin, la porte même, avec tous ses moyens de défense : il semble impossible qu'une armée ennemie se hasarde à travers ces obstacles amoncelés à chaque pas. Les Prussiens le doivent savoir ; aussi, n'est-ce pas une attaque de vive force qu'on a à redouter.

On ne laissait approcher que jusqu'à la barrière de bois ; là, non seulement on entendait le canon, mais on le voyait ; les grosses pièces de marine du bastion et des bastions voisins tiraient de formidables coups qui, répercutés par les échos des collines de Sèvres et de Meudon, ébranlaient les airs avec un bruit retentissant. Du reste, on n'entendait que le canon de l'enceinte; au delà, la plaine et les coteaux étaient muets (il en était de même aux Buttes-Montmartre). On apercevait fort loin des fumées qui montaient dans l'air, on ne distinguait pas les coups du canon. Evidemment, l'attaque a été portée à une grande distance en avant ; est-ce une ruse de l'ennemi, s'est-il retiré de ses premières positions pour éviter le tir de nos forts? Ou le plan de nos généraux nous oblige-t-il à pousser aussi loin ? C'est ce qui ne sera éclairci que dans quelques jours.

Tout atteste l'effort puissant que l'on tente : songez qu'outre l'armée et la garde mobile, « il y a hors de Paris plus de cent bataillons de la garde nationale, » dit le *Journal officiel*, près de 200,000 hommes! Quels combats! quelles masses poussées en avant! quels assauts à livrer! à quel abatis d'hommes il faut s'attendre, puisqu'on prépare encore d'autres bataillons de la garde nationale pour remplacer ceux qui seront aujourd'hui étendus par terre ! Nous en sommes-là : la garde nationale est organisée en régiments, elle en porte le costume et tout l'équipement de guerre ; elle compose au moins le tiers de l'armée qui se bat. C'est bien la nation, avec tous ses éléments, qui lutte contre l'envahisseur étranger.

22. — Le résultat de la journée d'hier nous est connu par le *Journal officiel*. Le premier combat n'a pas été heureux ; on indique deux ou trois points occupés par nos troupes, mais ici, à Drancy et à Groslay, il n'y avait pas d'ennemis ; là, ce n'a été qu'un combat d'artillerie ; les Prussiens ont évacué Neuilly-sur-Marne, probablement parce qu'ils n'avaient pas intérêt à y rester, et peut-être pour nous attirer au delà du feu de nos forts ; enfin, et là-dessus, point d'incertitude, un grave échec au Bourget, que nous n'avons pu enlever, et des pertes qui doivent être grandes, puisque le gouvernement les avoue *sérieuses*, en employant cette formule « peu considérables, *eu égard au vaste périmètre* des opérations ! » Et le froid a été terrible cette nuit : quel a été le sort des malheureux blessés oubliés sur la terre. C'est le premier jour, ne désespérons pas encore, la bataille va continuer !

Aujourd'hui, quoiqu'on n'entendît pas la canonnade, je suis allé aux Buttes-Chaumont, d'où l'on embrasse un vaste horizon, et particulièrement la plaine Saint-Denis jusqu'aux collines qui l'enserrent. Un grand nombre de curieux s'y étaient rendus et ont été doublement désappointés; le parc des Buttes-Chaumont était fermé, l'on était obligé de monter sur les buttes extérieures, en avant de Belleville, d'où la vue est à peu près la même, et il n'y avait pas de combat, soit à cause de la rigueur du froid, soit pour enterrer les morts, soit pour laisser aux troupes le temps de se reformer et se reposer. Les voitures d'ambulance revenaient en grand nombre, ramenant quelques blessés laissés hier dans les villages voisins, ou sur le champ de bataille. C'était le seul signe de la lutte interrompue.

Mais ce signe est assez éloquent, lorsqu'on songe aux pertes de la précédente bataille : quel a dû être le carnage, à celle de Villiers, puisque, sur la liste des vaillants hommes mis à *l'ordre du jour*, on voit les colonels de trois régiments, dont les numéros se suivent, le 122ᵉ, le 123ᵉ, le 124ᵉ, tués tous trois, en chargeant à la tête de leurs troupes! Les blessures graves n'ont pas pardonné; épuisé par les privations et la mauvaise nourriture, le corps est sans forces pour supporter de douloureuses opérations : un chirurgien du Valde-Grâce l'avouait à l'un de ses confrères, le Dʳ Bertrand de Saint-Germain : dans son service, pas une amputation n'a réussi, tous les blessés ont succombé, par une coïncidence due sans doute à des influences athmosphériques, tous dans les mêmes vingt-quatre heures. En outre, le scorbut commence à se manifester, par suite de la nature échauffante des aliments, et la fièvre typhoïde sévit cruellement : aussi la mortalité a-t-elle été encore plus grande que la semaine dernière; le chiffre de 2,500 morts, déjà effrayant, a été dépassé et s'élève à 2,728, et il s'élèvera encore. C'est par de tels chiffres que l'on apprécie ce que coûte un siège.

Nos maires Communistes, cependant, profitent de la préoccupation générale pour appliquer leurs principes matérialistes. M. Hérisson, du VIᵉ arrondissement, dont on parle moins que de MM. Mottu, Bonvalet et Clémenceau, est peut-être plus acerbe, plus déterminé et plus exclusif. Il a une telle haine pour le Christianisme, qu'il refuse de se mettre en relation avec des fonctionnaires connus pour leurs idées religieuses, même lorsqu'il s'agit des services les plus essentiels. M. Claudius Hébrard, orateur-poète chrétien qui, depuis plusieurs années, occupe un emploi d'inspecteur de la salubrité publique, n'a pu obtenir de communiquer avec M. Hérisson ; celui-ci lui a fait signifier qu'il ne le recevrait pas. Quant à M. Mottu, la bataille a été pour lui une excellente occasion de manifester son athéisme : un arrêté interdit à tout « membre d'une religion quelconque de pénétrer dans les ambulances du XI° arrondissement, à moins, ajoute-t-il, qu'il n'y soit appelé par les malades ». Et, comme les pauvres blessés ignorent souvent leur danger, ils meurent sans les secours de la religion. Mais M. Mottu a gagné un grand point : le mort n'ayant pas demandé un prêtre est enterré *civilement*, on le mentionne dans le journal de M. Pyat, le *Combat*, qui remplace celui de M. Blanqui, et les *Libres-Penseurs* constatent que le nombre des athées s'accroît chaque jour. De plus, pour joindre une vexation matérielle à l'oppression morale, si c'est un enterrement civil, les frais en sont faits par la mairie, mais si un prêtre a été appelé, l'inhumation est à la charge de l'Eglise. Ainsi comprennent la liberté de conscience nos magistrats municipaux, *faillis non réhabilités*, comme M. Mottu! Et, à ce propos, on sait aujourd'hui pour quel motif M. E. Arago a refusé la place d'inspecteur général des monnaies. J'avais attribué ce refus à son désintéressement. Il ne l'a pas acceptée, *parce qu'il ne le pouvait pas ;* sa qualité de *failli non réhabilité* le rendait incapable de ces fonctions. Étrange gouvernement, où le même homme n'est pas apte à surveiller la fabrication des pièces de cent sous, mais est jugé digne d'administrer la capitale de la France ! Ajoutons que ces mesures sont prises au moment où tombent, frappés à mort, un aumônier de la garde mobile et un Frère de la doctrine chrétienne qui relevaient des blessés sur le champ de bataille. Où sont-ils les libres-penseurs tués en accccomplissant avec autant d'héroïsme ces œuvres de charité ?

23. — C'est bien décidément à cause du froid qu'on ne s'est pas battu hier : les voitures d'ambulance, qui étaient sorties en prévision de la continuation de la lutte, ont été renvoyées à Paris ; les soldats ne pouvaient manier leurs armes. La nuit a dû être affreuse pour les troupes campées sous la tente ; celles de la plaine d'Aubervilliers, n'ayant pu trouver de bois, ont été obligées de se contenter le matin de biscuit pour toute nourriture. On recueille, çà et là, des détails : l'affaire n'a été réellement sérieuse qu'au Bourget, mais, là, l'attaque, l'entrée momentanée des nôtres, la reprise du village par les Prussiens, notre retraite, ont été extrêmement sanglantes. On cite des chiffres funèbres et lamentables ; un général tué, un autre blessé ; un bataillon de

marins presque réduit de moitié, huit sur
quinze de leurs officiers tués ou blessés; dans
un bataillon de mobiles, le 10°, le colonel, le
commandant, l'adjudant-major, un capitaine,
un lieutenant, à la fois mis hors de combat.
Toutes les troupes se sont montrées solides,
déterminées, ne cédant que devant des forces
tout à fait supérieures[1]. Les ambulances,
comme à l'ordinaire, étaient à leur poste, rendant les services les plus utiles et, quoique des
sceptiques affectent de le nier, au péril de
leur vie. Déjà, à Nogent, un aumônier, l'abbé
Blanc, avait péri en secourant les blessés;
aujourd'hui, c'est un *Frère* des ambulances
qui tombe frappé à mort, le frère Néthelme.
Ils ont aussi leur part de vaillance et de périls
mortels et sans l'attrait, la consolation, le prestige de ce que les hommes appellent la *gloire*,
ces humbles et intrépides releveurs des blessés et des morts! Mais, loin que la perspective de ces dangers ait attiédi les courages, le
nombre, au contraire, s'est accru de ces
hommes au cœur ardent. On avait, cette fois,
requis pour le transport des blessés le concours des gardes nationaux sédentaires; non

---

[1] Excepté un bataillon de la garde nationale (le 32°, Montmartre) qui, épouvanté par le feu de l'artillerie vomissant
la mitraille, a lâché pied et s'est enfui jusqu'à Paris; selon
d'autres, il se serait débandé, parce qu'il n'aurait pas reçu
de vivres.

seulement aucun n'a manqué à l'appel, mais on a vu se présenter beaucoup de volontaires, qui ont demandé la *faveur* de remplir le modeste et si important emploi de *brancardier*. Ils ont su que nombre de blessés restaient souvent des jours, des nuits entières, inaperçus, et mouraient de l'abandon, du froid et de la faim plus encore que de leurs blessures ; leur cœur s'est ému de pitié, et ils sont venus augmenter les bataillons du dévouement et de l'abnégation qui sauvent et épargnent tant de souffrances. C'est ici que je reconnais et honore le véritable héroïsme d'une partie de la population de Paris.

Par tout ce que j'apprends, le gouvernement ne se dissimule plus la nécessité où il sera de se rendre; il s'agit, pour lui, de le faire avec le plus de sécurité possible : « Nous le savons, et c'est depuis longtemps mon avis, disait récemment un de ses membres, il faudra capituler. Mais comment l'oser ? La population se soulèverait. » La sortie que l'on tente en ce moment n'a pas uniquement pour but de sauver l'honneur; le gouvernement a aussi à sauver sa responsabilité, et probablement sa vie. La population n'aurait pas admis que Paris se fût rendu après une seule action malheureuse (le 30 novembre et le 2 décembre). On avait fait *donner* l'armée, la garde mobile : « Et nous ! auraient dit, disaient déjà les gardes nationaux, nous compte-t-on pour rien? Ne sommes-nous donc pas propres à combattre? Ne nous a-t-on pas exercés depuis plus de trois mois? Doute-t-on de notre courage? N'a-t-on pas vu avec quelle bravoure se sont conduits les quelques bataillons auxquels on a permis de se présenter devant l'ennemi? Nous sommes 350,000, dont plus de la moitié aspire à sortir. Qu'on fasse appel à notre valeur, à notre patriotisme! Cette trouée, que l'insuffisance du nombre a rendue jusqu'ici impraticable, nous tous, avec l'armée, avec les mobiles, avec les marins, masse active sans cesse renouvelée, nous l'ouvrirons, et nous passerons à travers ! » Il était impossible au gouvernement, il le faut avouer, de repousser une telle demande. Il s'est décidé ; il n'a aucun doute sur la fin de cette attaque, il ne croit en aucune façon au succès, mais il est obligé d'accueillir ce dévouement aveugle et de le lancer devant la bouche des canons : « La garde nationale, a dit un homme qui vit avec nos gouvernants, ne sera satisfaite que lorsqu'elle aura 10,000 hommes par terre! » Ce mot, dans sa crudité, est vrai : la garde nationale, sans s'en rendre compte, pense ainsi : la prochaine attaque ne sera pas la sortie de l'armée, de la mobile, elles y seront cependant, et, déjà, elles ont cruellement attesté leur présence par leurs portes, mais elles seront primées par la garde nationale; on pourra l'appeler la *sortie de la garde nationale.*

Aujourd'hui, comme hier, le silence a été presque complet; les opérations semblent interrompues; le bruit se répand d'un nouvel échec, dont n'a pas parlé le gouvernement. On n'augure rien de bon de cette cessation soudaine des hostilités, après un seul jour de combat.

24. — Le siège a de singuliers effets, et presque plaisants : les vivres, étant à peu près l'unique objet de négoce, des gens qui n'avaient jamais été marchands, ou qui avaient fait tout autre commerce, se sont établis marchands de comestibles. On voit, ainsi, place de la Trinité, un bijoutier dont la devanture présente ce mélange inattendu : quelques montres, quelques bijoux accrochés aux vitres, et, au-dessous, en étalage, des saucissons, de la graisse, du beurre, etc. Il ne gagne plus rien de son premier état; de son second, il fait vivre ses concitoyens et lui-même. — Autre surprise : les chevaux disparaissent à vue d'œil; tous les particuliers ont été obligés de livrer leurs attelages, même les plus fins et de la race la plus prisée. Et voilà M. de Rothschild, qui a dû envoyer au mar-

ché aux chevaux, antichambre, pour presque tous, de la boucherie, 40 chevaux, dont le prix moyen est de 6000 francs la paire. On a bien voulu lui permettre d'en garder une ou deux paires pour sa vieille mère et pour lui.

Voici, d'ailleurs, d'autres révélations : l'échec dont on s'entretenait hier est aujourd'hui confirmé. Il s'agit de la surprise de nos troupes campées à la *Ville-Evrard* par « quelques soldats Prussiens cachés dans les caves », dans la nuit du 22. C'est en ces termes adoucis que s'exprime le *rapport officiel;* à en croire ce rapport, c'était une simple échauffourée sans conséquence. L'affaire a été bien autrement sérieuse : s'il n'y avait eu que des soldats cachés dans des caves, ils auraient été vite mis à la raison; des hommes qui sortent d'une cave ne peuvent facilement se grouper et tenter un puissant effort. S'ils « ont attaqué nos postes », c'est qu'ils étaient en nombre et appuyés. Et, en effet, des troupes extérieures, qui se tenaient toutes prêtes, les ont soutenus, et le combat a été si important, que le général Blaise a dû « se mettre à la tête de ses troupes », et y a été tué.

Le public s'est fort ému de ce nouvel incident, qui, joint à l'échec du Bourget, fait du premier combat, une journée mauvaise. Les optimistes même ont été ébranlés; ils commencent à entrevoir la vérité : « Jusqu'ici, ils s'étaient abusés; les Prussiens sont en nombre immense autour de Paris; on les croyait 250,000 seulement, tous les journaux du gouvernement l'assuraient; ils sont décidément 400,000 ! Ils ont des fortifications inexpugnables; notre armée inexpérimentée, peu aguerrie, est impuissante, et notre artillerie insuffisante.» Ainsi, avec la mobilité de l'esprit Français, ils vont immédiatement à l'excès contraire, comme les nouveaux convertis, toujours les plus ardents, et les plus exagérés : « Il n'y a pas moyen de combattre, ajoutent-ils, par un froid aussi rigoureux; combattre, d'ailleurs, serait inutile; l'interruption de la lutte a permis à l'ennemi de se fortifier encore davantage; il faut faire rentrer les troupes! » Et, fourvoyés et dévoyés, comme des oiseaux aveuglés qui battraient l'air de leurs ailes dans tous les sens, sous l'impression de ces idées aussi tristes que nouvelles, les uns reprochent au gouvernement de les avoir trompés, quand la faute en est plus à eux qu'à ce gouvernement, à qui ils ont donné toute leur confiance, comme s'ils ignoraient de quels hommes il était composé! D'autres espèrent encore dans le concours et la sympathie des puissances étrangères, de l'Angleterre, de l'Autriche, etc.; ils pensent que la question du Luxembourg, tout à coup soulevée, pourra faire réfléchir l'Europe. La réponse à ces illusions est facile : les puissances ne tenteront rien, parce qu'elles sont tenues en respect par la Russie; la Russie s'est entendue avec la Prusse, pour que la Prusse écrasât la France et la rendît incapable de gêner la Russie dans ses projets contre l'Orient (ce qui prouve, soit dit en passant, quel tort on a eu, il y a quinze ans, de ne pas terminer à jamais cette question d'Orient, en créant à Constantinople, après avoir rejeté les Turcs en Asie, un nouveau royaume Chrétien, entre l'Autriche qu'il eût préservée, et la Russie qu'il eût arrêtée). D'autres font tout peser sur le général Trochu, qui évidemment commence à descendre la pente : on l'accuse de n'avoir pas, il y a un mois, défendu le Bourget, avec des forces considérables pour le garder et, aujourd'hui, de l'avoir attaqué avec des forces trop faibles pour s'en emparer ; s'il a fait une faute la première fois, il en a commis une plus grande, la seconde, en insistant, sans posséder les moyens de s'assurer le succès. Les expressions les plus dures sont employées à son égard; on déclare qu'il est *sans talent*. L'expression est exagérée et, quoique je m'étonne de prendre un peu sa défense, je dirai que le général Trochu ne doit pas être mis aussi bas : le général Trochu est un homme vaniteux, qu'une ambition non raisonnée a entraîné; il a tout sacrifié à son égoïsme, et il en portera la peine, en perdant, du même coup, le pouvoir et sa réputation. Confit en lui-même, il n'a pas posé les difficultés, pensé aux obstacles presque insurmontables de la position qu'il saisissait; esprit court, il n'a aperçu que le premier plan; son regard ne s'est pas porté jusqu'aux collines qui formaient l'horizon ; après le premier moment, il s'est bientôt trouvé absorbé par les mille détails du commandement, il n'a même plus eu le temps de faire les réflexions, les combinaisons dont, peut-être, dans une situation plus complexe, il eût été capable, quelle que soit la médiocrité de son génie. Comme sur les hauts lieux, où l'air manque, le poste élevé où il est monté étouffe son esprit et paralyse ses facultés. Officier d'état-major, il eût rendu d'utiles services, s'il eût été dirigé par un chef, par une tête; en ne lui donnant pas de commandement supérieur, le gouvernement Impérial l'avait jugé à sa juste valeur.

Le gigot de *chien* se vend aujourd'hui, au marché Saint-Germain, 3 fr. 50 la livre.

Le rôle du 32e bataillon, dont j'ai parlé et dont j'indiquais la conduite plus que timide, dans l'affaire du 22, vient d'être éclairci : un ordre du jour du major général signifie à ce bataillon qu'il ait à repartir, pour rejoindre le poste qui lui était assigné, sous le commandement d'un capitaine, et impose les arrêts forcés au chef de bataillon. — On en conclut que les rumeurs répandues sur ce bataillon étaient vraies, qu'il a fui et son commandant en tête. Ce commandant, d'ailleurs, était un démocrate exalté, et orateur des clubs les plus violents. Autre turpitude de la garde nationale; j'avais hésité à la mentionner sur la foi des journaux, mais voici deux pièces officielles qui la certifient, l'une en l'excusant, que dis-je, en la louant, l'autre en la condamnant. Il s'agit du 101⁰ bataillon qui, à Issy, a dévasté le petit séminaire, pénétré dans la sacristie, bouleversé les ornements sacrés; une partie de ces misérables se sont même affublés des vêtements sacerdotaux, ont parodié les cérémonies religieuses, et simulé grotesquement une communion sacrilège. Plusieurs journaux avaient raconté ces faits en détail, et l'opinion publique pouvait à peine croire à tant d'impudence, mais on ne peut plus douter : le *général* Clément Thomas a annoncé, dans le *Journal Officiel*, « qu'une instruction était commencée sur les profanations d'Issy », ainsi que sur « le pillage de Créteil et de quelques autres localités », peccadilles de bataillons de la garde nationale, qui nous étaient moins connues. Mais on cherche comment la justice militaire s'entendra ici avec l'autorité municipale, car, ces mêmes faits, que réprouve si énergiquement le gouvernement, un adjoint de la mairie du XIII⁰ arrondissement (dont fait partie le 101ᵉ bataillon), non seulement les avoue et les explique, mais les excuse, les défend, s'en fait l'apologiste et l'admirateur. Il applaudit à « cette répétition générale des singeries religieuses », etc. Il faut lire la lettre entière qu'il a adressée aux journaux ; c'est un des témoignages les plus éclatants de l'ordre « qui continue à régner à Paris », selon certains journalistes indignés qu'on prononce le mot d'*anarchie*. Cet adjoint du XIII⁰ arrondissement (les Gobelins, l'avenue d'Italie, le boulevard de l'Hôpital), arrondissement dont M. Passedouet était jadis maire, M. Méliet, est un petit avocat du quartier. Passedouet ayant été évincé aux dernières élections, les modérés crurent devoir faire une concession, en prenant, parmi les communistes, un adjoint (toujours les bienveillantes concessions à des ennemis acharnés qui n'en savent aucun gré !). L'élu fut M. Méliet ; il justifie bien l'opinion qu'on avait de lui.

C'est un spectacle navrant que celui des

femmes qui, par centaines, font *queue* à la porte des cantines, par ce froid rigoureux, et attendent immobiles, pendant des heures, qu'on leur délivre une poignée de riz ou un méchant petit morceau de morue ; et l'on se prend à maudire les misérables administrateurs, dont la dureté est au niveau de leur impéritie et de leur incapacité ! Car ils passent tous les jours devant ces foules grelottantes, et comment, à défaut d'intelligence, leur cœur ne leur inspire-t-il pas des moyens de préserver la vie de tant de victimes !

25. — Jour de Noël. — Noël, cri de joie et de délivrance ! *Noël ! Noël !* criaient autrefois les peuples de l'Europe chrétienne. Nul, cette année, dans la grande capitale, ne criera : *Noël !* Nul, ne se réjouira ! Il ne sera marqué, ce jour de fête, que par le nombre plus grand peut-être des convois de morts dont un froid plus terrible (11 degrés) aura abrégé les souffrances ! Nous, qui vivons, point de fête ! La messe de minuit ? Les bougies et l'huile manquent, pour illuminer la crèche ! Les cérémonies pompeuses de l'église ? Une partie de nos temples sont devenus des hospices, où gémissent les blessés de la guerre ! Plus même de réunions de famille ! La famille ! nos parents, nos amis, les fils, les époux, les frères, à cette heure, aux avant-postes, frissonnent de froid,

ayant à peine mangé, debout, les mains serrées sur le canon de leurs fusils et les regards fixés vers l'ennemi. D'autres, couchés par les maladies gagnées au bivouac glacé ; d'autres, qu'on rapportera demain, peut-être blessés, peut-être morts! Au dehors, deux armées, deux peuples, attendant que la trompette sonne, pour se jeter l'un sur l'autre et s'envoyer mille morts! Ici, non loin d'eux, — si loin pourtant, que la distance ne se peut franchir ;—les femmes, les mères, pâles de tristesse, écoutant en frémissant le canon qui tonne, et se disant : « Est-il là? » Partout l'anxiété, la terreur, le désespoir, la douleur et les larmes! Partout, les projets homicides, les complots, les plans mortels et les cœurs ulcérés! Partout, la haine ! Voici notre Noël, dans l'an de votre grâce 1870, ô Seigneur Dieu, qui êtes venu sur la terre pour y apporter l'amour!

On avait, dans l'*ordre* du *général* Clément Thomas, remarqué cette expression : les pillages de Créteil et de « *quelques autres localités* »; on en ignorait la signification, elle est connue aujourd'hui. Une de ces « localités » est Rueil, où M. Jules Favre possède une maison de campagne. Dans une sortie, les gardes nationaux, sans faire de distinction, ont mis à sac la propriété de M. Jules Favre.

M. Jules Favre a froncé le sourcil; on avait fermé les yeux sur les précédentes déprédations; mais, pour un membre du gouvernement, le premier de tous, il n'y avait pas à hésiter; on s'est décidé à poursuivre, et justice sera faite.

Rien de plus fréquent, d'ailleurs, que ces pillages : les environs de Paris ont été saccagés; on le sait, on en parle, et l'on ne s'en étonne plus : « Ce sera de l'ouvrage pour les maçons ! » Voilà l'unique péroraison de tous ces récits de destruction. Mais il y a quelque chose de mieux que ces fautes vénielles de gardes nationaux et de mobiles. Si l'on veut avoir un spectacle édifiant et instructif, il faut aller lire les longues affiches placardées aux portes des mairies, et qui nous font connaître le personnel de quelques bataillons dont a eu à s'occuper la justice; c'est une suite nombreuse de jugements et de peines prononcées pour toutes sortes de délits : *vols, abus de confiance, détournements de vivres, de vêtements, d'argent,* etc., dont se sont rendus coupables des sergents, des officiers, des capitaines, même des commandants ! Et l'on comprend alors pourquoi l'Empire n'armait pas toute la tourbe démocratique !

26. — Les prévisions du jour de Noël se

sont réalisées, sauf une seule : l'Eglise a fait les derniers sacrifices pour les solennités de la grande fête. Il n'y a eu de messe de minuit presque nulle part, de crèche dans aucune église, mais les autres cérémonies ont été célébrées avec la même pompe et une assistance aussi nombreuse que jamais. Seulement, ce qui ne se voit que dans les temps des plus grandes calamités, le soir, après la bénédiction, lorsque tout semblait fini et que la foule était prête à s'éloigner, les voix du chœur se sont élevées suppliantes, ont chanté cet admirable, émouvant et sublime « *Parce Domine !* Epargnez-nous, Seigneur ! » et à trois reprises, l'assemblée entière des fidèles a répété avec force ce cri suppliant, cette invocation de tout un peuple demandant grâce au grand Dieu qui ne se lasse pas d'accumuler sur nous les coups de ses châtiments. Et ce jour de Noël, jour de joie, où était célébrée la naissance du Sauveur du monde, s'est terminé par une prière mouillée de larmes et qu'interrompaient des sanglots.

Le reste du lugubre programme a été exactement et horriblement exécuté. Le canon des forts a tonné, les résultats n'en sont pas connus; coups perdus ou à peu près, comme d'ordinaire ; mais le *général Hiver*, comme disaient les Russes en 1812, a fait bien plus de victimes. Ce jour a été le plus froid de l'année (12 degrés) : toute la journée et aujourd'hui aussi, les voitures d'ambulance ont circulé, comme un jour de bataille et revenaient des avant-postes, pleines, non de blessés, mais de malades non moins gravement menacés : tout le jour, elles ont apporté aux hospices et aux ambulances des soldats que la bise avait touchés de sa main glacée, et qui avaient les pieds gelés ; quelques-uns seront guéris, mais pour la plupart, c'est sans remède ; à l'hôpital Saint-Louis, on en a amputé huit, dont les pieds pendaient inertes, la vie s'en était retirée. Un grand nombre sont atteints de maux terribles, pleurésies, paralysies, rhumatismes articulaires, dont ils souffriront toute leur vie. Aux avant-postes, des sentinelles qu'on venait de relever, ont été trouvées, fidèles à leur consigne, immobiles, mais immobiles par la mort; ils avaient été saisis, là, par le froid inexorable, et ils étaient demeurés en place, morts !

Aussi, a-t-on arrêté toute attaque ; les tranchées qu'on avait essayé de creuser, sont abandonnées, la terre durcie résistait à tous les efforts, gelée jusqu'à 50 centimètres de profondeur, dit le rapport militaire, les travailleurs laissaient tomber la bêche qu'ils ne pouvaient tenir de leurs doigts raidis, les soldats erraient à travers champs et dans les villages déserts, cherchant quelques portes, quelques volets de fenêtres oubliés, arrachant les poutres des plafonds et les feuilles des parquets des maisons dévastées, pour allumer un feu de bivouac, autour duquel ils s'attroupaient et se serraient les uns contre les autres. Ailleurs (à la Grange-Ory), les troupes étaient cantonnées dans des maisons, à 300 mètres des grand'gardes Prussiennes, mais, comme on avait percé ces maisons de part en part, afin de communiquer plus facilement, le vent et la bise s'engouffraient par ces longs couloirs, soufflant avec tant d'âpreté, que les malheureux soldats n'y pouvaient rester et préféraient bivouaquer en plein air.

En face de telles souffrances et des plaintes qui s'élèvent, le gouvernement n'a pu s'abstenir davantage ; il s'est décidé à faire rentrer dans Paris une partie des bataillons de la garde nationale et à « cantonner les corps qui ne sont pas nécessaires à la garde des positions occupées ». Il y a trois jours qu'on eût dû prendre cette mesure ; aujourd'hui, le mal est fait. La guerre est interrompue par la violence des éléments, non par le bon vouloir des hommes ! Le rapport militaire est funèbre comme un bulletin de la retraite de Russie : il constate que « les troupes ont cruellement souffert, que de nombreux cas de congélation se sont produits ; que cette situation est devenue grave pour la santé de l'armée ; » par l'effet de « ces pénibles épreuves, ajoute-t-il, le moral des troupes pourrait être atteint ». Cet effet n'est pas à attendre ; les soldats, abattus par le froid, découragés, sans espoir, souhaitent de ne plus se battre et le disent partout.

Aujourd'hui, à midi, une foule considérable se pressait à la porte de l'église Saint-Sulpice ; c'était un enterrement et, cependant, le corbillard était celui des pauvres. Je suis entré ; l'église regorgeait de monde, et cette foule était composée de personnes de toutes les conditions et de tous les rangs ; des ouvriers, des bourgeois, des prêtres, des militaires, des médecins de l'armée, des religieuses, des francs-tireurs, des gardes nationaux, les plus beaux noms de la noblesse, des lettres et de la science, et dans le chœur, un aide de camp du gouverneur, des officiers de marine. les présidents de la Société internationale des ambulances, des prélats, des représentants du gouvernement, avec leurs écharpes, etc. Pour qui cette affluence d'hommes qui semblaient si graves, si empressés et recueillis ? Pour un *Frère* de la doctrine chrétienne, un frère *ignorantin*, comme les appelle un certain peuple, mais ce frère était le frère *Néthelme*, frappé d'une balle sur le champ de bataille, en secourant les blessés, en relevant les morts et qui, aussi, y avait trouvé la mort. Au milieu de la nef, sur deux tréteaux, était étendu un humble cercueil, et sur ce cercueil, le chapeau à croix rouge des ambulances, seule distinction qu'il eût jamais recherchée. Mais, pour ce pauvre frère, l'Eglise avait déployé les pompes de ses chants funèbres et le vieux et vénérable curé, M. Hamon, avait voulu célébrer lui-même la cérémonie, pour honorer un tel mort. Il s'avança en avant de l'autel drapé de noir et, en quelques mots, d'une voix émue et tremblante et avec ces gestes et ces mouvements animés qui partent de son cœur chaleureux, il dit « les grandes et sublimes actions qu'inspire l'amour de Dieu, de l'humanité, de la patrie et surtout cette foi en une vie supérieure qui fait quitter avec joie la terre pour une autre vie, où seront rémunérés la vertu, l'abnégation et le sacrifice! » Et, quand la foule s'écoula, après la dernière prière, on vit défiler, spectacle touchant, la nombreuse famille, la famille dévouée et pieuse du pauvre frère, les Frères de Paris, leur père en tête, le supérieur général Philippe, le front courbé sous ses quatre-vingts ans, et les petits enfants des écoles, en rangs silencieux, que le frère Néthelme instruisait et élevait, doux et calme instituteur, avant de devenir une des victimes innocentes de la guerre, et, cortège plus touchant encore, des blessés en grand nombre, ceux-ci le bras en écharpe, ceux-là la tête bandée, d'autres boitant et se soutenant avec un bâton, qui avaient voulu quitter l'hospice et étaient venus jeter l'eau bénite sur le corps de celui qui les avait relevés, sauvés peut-être, et témoigner publiquement de leur reconnaissance qui s'adressait à la fois à tous les Frères prêts à l'imiter. Admirable exemple, mais qu'il ne faut pas trop encourager, me disait un chirurgien militaire, en me racontant avec quelle ardeur les Frères s'élançaient en avant pour ramasser les blessés, car il priverait la charité de ses plus généreux serviteurs. Et l'on pensait aussi à ces malheureux qui chassent, avec des imprécations, les *Frères* de leurs écoles, leur arrachent leur crucifix, leur refusent la permission de donner gratuitement l'instruction aux enfants du peuple, les privent du droit de se dévouer et leur jettent à la face les insultes et les opprobres ! Cette manifestation si spontanée, si générale, si émue, a été du moins l'expression éclatante de l'estime publique pour cet Institut dédaigné par les contempteurs et les rénégats de Dieu et la plus noble des protestations contre le délire des Bonvalet et des Mottu !

27. — Ce matin, de bonne heure, on entendait une canonnade très violente et si précipitée, que les coups semblaient entrer l'un dans l'autre, tant ils se succédaient sans inter-

ruption ; à quelques moments, on eût dit le roulement continu de charriots lourdement chargés, cahotant de pavés en pavés ; les coups quoique éloignés, étaient si forts, que tout Paris écoutait, inquiet et étonné. Quel était ce bruit terrible? Le son de ces canons était nouveau, quels monstres de fer la marine venait-elle de nous faire connaître? Où résonnaient-ils? Sur les remparts, ou dans les forts? Les uns croyaient à une surprise des Prussiens, profitant de la retraite d'une partie de nos troupes, d'autres, au contraire, à une attaque de notre part ; on citait à l'appui de cette opinion, un mot attribué à M. Picard qui aurait dit hier : « Il va se passer quelque chose à quoi les Parisiens ne s'attendent pas ! » et l'on prétendait que l'annonce de la retraite n'avait été qu'une feinte, et que, dans la nuit on avait rassemblé de grandes forces et tenté une grande attaque vers Chelles. Tous ces bruits étaient erronés, et la vérité était bien autrement propre à étonner les Parisiens qu'une ruse de M. Trochu. Après midi, je suis allé au ministère de l'Intérieur (bureau de la presse), et là, à ceux qui venaient chercher des informations et demandaient : que signifie cette horrible canonnade? on répondait par ce simple mot, si éloquent : *C'est le bombardement qui commence !* Ce bruit extraordinaire, cet effroyable tapage que nous ne connaissions pas, c'était celui des canons Krupp, de ces formidables et prodigieux engins de guerre, dont nous avions vu un spécimen à l'Exposition de 1867, et qui nous semblait alors une machine excentrique dont on se sert pas, un essai, une curiosité qu'on montre et qu'on relègue dans un musée ! Non ! ce canon n'était pas une exception, il n'était pas unique, c'était un type ; une quantité d'autres ont été fabriqués sur son modèle, des batteries entières ont été amenées d'Allemagne, rangées et étagées sur les collines qui nous entourent ; on a douté de leur force, de leur puissance, de leur nombre, de leur existence même ; ils viennent tout à coup de se révéler par un formidable tonnerre, qui a rempli tout Paris de stupeur et d'effroi.

On a, cependant, appris, un peu après, que ce n'était pas encore le bombardement de la ville, mais celui des forts, et quelques personnes, toujours empressées de se rassurer, se sont écriées aussitôt qu'il ne fallait pas s'inquiéter, que cette attaque des forts devait, au contraire, nous inspirer bon espoir, car elle prouvait que les Prussiens étaient fatigués, inquiets sur l'avenir et empressés d'en finir ! Il faut ajouter qu'en même temps nous avons été informés d'une nouvelle victoire des Prussiens : ils ont battu notre armée du

Nord; mais, comme cette nouvelle est arrivée par les Prussiens, les mêmes optimistes s'obstinent à ne pas y croire.

Il faut le dire à la gloire de Paris : dans ce si rigoureux hiver et si diversement cruel, la charité s'exerce avec une abondance vraiment intarissable : représentations, concerts, ventes, loteries, conférences, tout est prétexte pour verser des dons dans la sébile des pauvres. La vente pour les victimes de la guerre qui a lieu, depuis trois jours, au ministère de l'Instruction publique, est, surtout, intéressante, et par la qualité des dames qui ont pris le rôle de marchandes et tiennent boutique (la plupart appartiennent, Mme Simon la première, à l'aristocratie de la démocratie), et par la foule des acheteurs, — tout Paris s'y est porté, les voitures suivent la file, comme naguère aux grands jours de réception — et par la quantité d'objets de toutes sortes et beaucoup d'un prix élevé qu'ont offerts les particuliers et les marchands. Dans les vastes salons et la grande galerie du ministère, l'affluence était si grande, qu'il fallait un long temps pour parvenir aux dernières salles de vente. On avait adopté un procédé sûr pour attirer les acheteurs : tous les objets, même les plus chers, se vendaient bon marché, et comme tout était donné, tout était profit. Les bourses se vidaient avec une telle prodigalité et une telle facilité, que beaucoup de gens s'étonnaient qu'il y eût encore tant d'argent dans Paris; mais il ne faut pas craindre de le répéter et l'admirer, à Paris on ne fait jamais en vain appel à la bienfaisance privée. Si quelques-uns donnent par mode, par vanité, pour paraître, en général les Parisiens donnent par un sentiment naturel de bienveillance et de compassion, par pitié pour le malheur, par la connaissance qu'ils ont de misères subites, inévitables, souvent imméritées, qui frappent aujourd'hui ceux que vous secourez, et qui, demain peut-être, vous frapperont vous-même soudainement.

Il n'y avait pas que des objets de luxe ou de fantaisie, des joujoux ou des poupées, il y avait aussi une grande quantité de vêtements pour les pauvres, qu'on achetait d'abord et qu'on leur portait ensuite, double bénéfice pour eux; puis, une salle spéciale affectée à des marchandises qui donnaient à celles-ci le caractère du temps, et qu'on pourrait appeler marchandises *obsidionales*, des légumes et des fruits, envoyés par les maraîchers et par M. Joigneaux, qui a entrepris en grand la culture des terrains voisins des remparts; c'étaient les seules marchandises qui se vendissent aux enchères et fort cher. Aux cris de l'*aboyeur* qui jetait à la foule des prix rapidement dépassés, on eût pu se croire à la Bourse ou dans une des salles de l'hôtel Drouot, un jour de vente d'une riche galerie d'œuvres d'art; on se disputait des choux, des carottes et des navets, avec autant d'entrain et d'importance que, l'hiver dernier, un tableau de Greuze ou un service de Sèvres de la collection Demidoff. Voici les prix qu'ont atteints quelques-unes des marchandises mises en vente et vendues à la criée, pendant le siège de Paris, dans les salons de l'Université de France : un chou, 17 fr.; un céleri et deux romaines, 5 fr.; une botte de radis, 3 fr.; deux laitues, 6 fr.; un petit potiron 7 fr.; un gros potiron, 17 fr.; un cardon 8 fr.; un demi-boisseau de pommes de terre, 21 fr.; une botte de carottes, 20 fr.; de navets, 14 fr. 50; de poireaux, 19 francs.

Le résultat de l'effroyable canonnade d'hier (qui a continué plus faiblement aujourd'hui), est encore peu connu; il faudrait quelques jours pour savoir ce que valent ces fameux canons Krupp. Les Prussiens attaquent à la fois trois de nos forts; s'ils les prennent ou les détruisent, le moment de la reddition sera rapproché; s'ils échouent, leur prestige sera fort diminué, mais nous ne serons pas moins investis, réduits à manger nos derniers vivres et bientôt affamés. En attendant, la plus grande partie du public continue à manifester une confiance entière : l'ennemi ne peut rien et ne pourra rien, entend-on dire partout. Il est vrai que la note qui donne le ton part de haut ; le *Journal officiel* affirme que ce bombardement partiel a une médiocre importance : « l'effet, dit-il, n'a pas été ce qu'espérait l'ennemi ». Là-dessus, les journaux entonnent des variations, brodent sur ce thème et débitent au public des contes destinés à l'endormir ; ils lui font entendre, par exemple, que les Prussiens se pressent d'employer l'horrible et suprême ressource du bombardement, parce qu'ils sont effrayés des victoires que nos armées extérieures *peuvent* avoir remportées sur le duc de Mecklembourg ou le prince Frédéric-Charles ! Le bourgeois naïf ne s'arrête pas au mot *peut-être*, croit aux victoires, et s'endort, attendant la *délivrance* qui ne saurait manquer !

Il y a, cependant, des faits qui devraient inspirer quelques réflexions : le *Journal officiel* publie la liste des pertes d'hier ; elles sont peu considérables, 8 tués et 50 blessés ; mais il est remarquable que, sur ces 58, il y a 17 officiers hors de combat, *un sur trois !* Ce résultat paraît extraordinaire : que s'est-il passé ? S'il n'y a eu qu'une canonnade, c'est un singulier et malheureux hasard que les boulets aient frappé précisément tant d'officiers. N'y aurait-il pas eu un combat (outre le combat d'artillerie), où les troupes, peu aguerries hésitant, ainsi qu'on l'a déjà vu, les officiers auraient dû se jeter en avant pour les entraîner, et seraient ainsi devenus le point de mire de l'ennemi? Puis, il est d'autres faits qu'on raconte tout bas et qui montrent la disposition des troupes découragées, n'espérant plus aucun succès et ne souhaitant que de ne plus se battre. On rapporte qu'à la Ville-Evrard, quand nous l'eûmes repris, après une lutte de plusieurs heures, un prêtre (de la Société de Jésus), aumônier de l'armée, étant descendu dans une cave, y trouva 50 soldats français, avec armes et bagages, qui s'y étaient cachés, et y demeuraient en silence et sans bouger. Le prêtre comprit : c'étaient de jeunes recrues, ils avaient eu peur, ils s'étaient enfuis et ils *attendaient qu'on vint les faire prisonniers!* Ils ne le nièrent pas, quand le prêtre leur reprocha leur lâcheté ; ils craignaient seulement qu'il ne les dénonçât : « Vous êtes des misérables ! leur dit-il, vous l'auriez mérité! et si je n'étais prêtre, je vous ferais arrêter et vous seriez fusillés ! » Ils ont le droit de parler avec cette énergie, nos aumôniers[1], car, eux ne s'épargnent pas devant l'ennemi ! en voici un encore

---

[1] C'est cette *histoire* qui, transformée et contrefaite, a donné lieu au *conte* des soldats prussiens cachés dans les caves. Ce n'étaient pas des *Prussiens*, c'étaient des *Français* qui s'y étaient réfugiés.

(l'abbé Gros) qui vient d'être tué, hier, au plateau d'Avron, par le canon des Prussiens.

On raconte un trait plus significatif encore : le général Vinoy, dans un ordre du jour, avait flétri la conduite d'une troupe qui, dans cette nuit du 22, s'était enfuie, même les officiers. Ce qu'il n'a pas ajouté est bien plus grave : ces officiers (de la ligne), au nombre de 27, ne se sont pas contentés de fuir; ramenés devant le général Vinoy, ils se sont révoltés, l'ont insulté et menacé, leurs revolvers à la main. Il a fallu, pour le sauver, le concours énergique des officiers de son état-major qui, armés aussi de leurs revolvers, ont entouré leur général et sont parvenus à arrêter les mutins. Enfin, l'on sait que des troupes, à leur rentrée dans leurs cantonnements, ont défilé, en criant : *la Paix! la Paix!* Les mutins seront traduits en conseil de guerre; mais, que ne supposent pas cette audace dans la révolte et la lâcheté! Oubli de tout devoir, de toute règle, de toute discipline, démoralisation! Quel sujet de joie aussi pour l'ennemi, qui n'ignore rien de ce qui se passe à Paris, et qui, appuyé sur de tels faits, peut promettre avec assurance un prochain triomphe à ses soldats!

29. — La situation de Paris n'est pas plus rassurante que celle de l'armée : voici deux

graves symptômes, qui précèdent quelques événements plus graves encore : l'annonce de préparatifs des Communistes qui, sous l'inspiration de M. F. Pyat, tenteraient avant peu un mouvement insurrectionnel; ces bruits tous les journaux s'en occupent; — et les pillages de bois par le peuple des faubourgs. Le *Journal officiel*, effrayé, veut en vain faire entendre qu'il s'agit de ces maraudeurs dont j'ai déjà signalé les déprédations. Cette fois, ce ne sont plus les palissades de terrains écartés qu'on enlève furtivement et dans l'ombre, c'est un pillage public, en plein jour, dans plusieurs quartiers à la fois, entrepris et accompli par des bandes nombreuses, en présence des passants et de gardes nationaux impassibles; ce sont des propriétés publiques et privées qu'on pille, des chantiers de bois qu'on dévaste, les portes, les fenêtres, les volets des maisons, les charpentes et les échafaudages des bâtiments en construction, les poutres et les planches des clôtures, qu'on enlève, les bancs des promenades, qu'on arrache, les arbres des voies publiques, qu'on coupe et qu'on emporte. Dans ce temps-ci, parce que le gouvernement s'appelle *République*, tout semble permis; la ville est sans police, car les gardiens de la paix sont toujours ces promeneurs inoffensifs qui n'osent rien empêcher; le *peuple*, ce peuple dont certains journaux vantent l'*héroïsme*, ne peut avoir le sentiment et le respect du droit, qu'il a vu ouvertement violer par les détenteurs du pouvoir; il a trouvé qu'on ne lui donnait pas assez de bois, il s'est jeté sur celui d'autrui, et sans hésiter, s'est attaqué à la propriété. On peut facilement prévoir, s'il y avait un soulèvement armé, et si ce peuple avait un jour de domination, ce qu'il oserait et ce qu'il ferait !

L'attaque de nos forts de l'Est continue, sans que nous connaissions exactement le résultat. Jusqu'ici, il semble que les forts aient peu souffert; le plateau d'Avron, au contraire, entièrement découvert, et qui « n'offre aux soldats aucun abri naturel », a été balayé par les obus Prussiens ; le gouvernement avoue des pertes sensibles. Au moment où commença cette épouvantable pluie de fer, lancée de huit côtés différents, les soldats des avant-postes s'enfuirent hors de la portée des obus, beaucoup même s'élancèrent le long des pentes, « les obus semblaient les suivre pas à pas, » et emportés par la terreur, coururent jusque dans la plaine, où on les arrêta. On comprend et l'on excuse fort bien ce mouvement involontaire d'effroi chez de jeunes troupes, surtout quand il n'y avait ni gloire ni utilité à braver une mort presque certaine. Mais un journaliste a fait plus : il a trouvé à cette occasion une formule nouvelle digne d'être recueillie : on se jeta, dit-il, « au-devant de nos soldats, *qui poussaient trop en arrière le mouvement de leur retraite* ». On ne peut rendre plus élégamment et discrètement ce qu'en langage militaire, on appelle f..... le camp! Aussi, l'auteur de cette heureuse définition, M. Jezierski, de l'*Opinion nationale*, a-t-il été choisi par notre gouvernement pour rédiger les relations des opérations militaires : il ne compromettra assurément personne.

On s'attend à une attaque de notre part, et très prochaine. Plusieurs bataillons de guerre de la garde nationale sont sortis, ainsi que beaucoup de voitures d'ambulance.

2 heures. — J'apprends que, ce matin, ne pouvant tenir sous un feu qui ne laissait de sécurité nulle part, nos troupes ont été obligées d'évacuer le plateau d'Avron et de se retirer dans des positions moins exposées. Les mobiles et les marins surtout ont eu beaucoup d'hommes mis hors de combat. Les troupes sont découragées, abattues et exaspérées contre leurs chefs. L'ennemi canonne maintenant les forts de Rosny et Noisy. Des groupes nombreux commentent les événements et, en général, on en sent la gravité, mais il y a encore des gens, malgré le *rapport* officiel, où est constatée l'infériorité de

la portée de notre artillerie, qui se demandent si notre retraite n'est pas un mouvement prévu par la défense, et sont prêts à s'en féliciter.

30. — Les nouvelles d'hier ont vivement ému la population : dans les groupes du Palais-Royal, on discutait seulement les événements militaires, mais, dans ceux de la rue de Rivoli, et aux abords de l'Hôtel de Ville, c'était d'autres préoccupations qui agitaient les esprits, on prononçait le nom de la *Commune*, et des tribuns populaires excitaient les passions. Après deux mois, la question reparaît et, cette fois, la Commune est appuyée par les maires, dont la majorité, un journal l'affirme (*la Vérité*), lui est favorable. Un mouvement semble de plus en plus menaçant. D'autre part, la discorde est parmi les membres du gouvernement : à chaque instant, une scission est près de le disloquer, quelques-uns prétendent même obliger le général Trochu à se retirer et à laisser la place à un général plus actif. C'est logique : les révolutionnaires ne reconnaissent d'autre loi, d'autre droit que le succès ; la réprobation est tombée sur l'Empereur, parce qu'il n'avait pas réussi ; puis sur Uhlrich, sur Bazaine, sur Cambriels, sur Paladines ; le tour de Trochu devait arriver. Il se tient encore debout, mais

ce n'est que pour peu de temps ; bientôt, comme les autres, il sera renversé, et ce n'est pas seulement le mot d'*incapable* qui lui sera jeté, ce sera le nom mérité de *traître!*

Les plus opiniâtres même et les plus orgueilleux du gouvernement, ne s'abusent pourtant pas. Ils sont effrayés, ils prévoient la capitulation, ils l'envisagent comme imminente, et déjà des mesures sont prises, en vue de cette éventualité. Ainsi, outre que, dans plusieurs administrations, on paie un *treizième mois* aux employés, ce qui peut être considéré comme une gratification de fin d'année, des ordres sont donnés pour que, quelques jours avant la capitulation, tous les fonctionnaires reçoivent deux ou trois mois de leurs traitements, afin de vider les caisses de l'Etat et de laisser le moins possible d'argent à l'ennemi.

Bien plus, on parle de l'intention qu'aurait le gouvernement, au dernier moment, de se démettre, d'abdiquer, ou de se retirer dans un fort, pour échapper à la fureur de la *populace* (ils croient maintenant à la *populace!*) et à la honte de signer une capitulation.

31. — Les renseignements qui m'arrivent sur le pillage du bois, montrent que le mal est bien autrement étendu que n'ose le dire le gouvernement. Ainsi, dans quelques quar-

tiers, la populace ne s'est pas contentée d'enlever toutes sortes de bois dans des terrains, des cours et des chantiers découverts; elle est entrée jusque dans les maisons et en a enlevé les *meubles*. C'est ce qui est arrivé, notamment chez M. Doré, grand entrepreneur de Montmartre, dont la maison a été ainsi envahie, et une partie du mobilier mis en pièces et emporté. Il est allé se plaindre près du maire, M. Clémenceau; le maire a ricané, et répondu que le peuple souffrait et qu'il fallait bien lui passer quelques excès. M. Doré, qui a le malheur d'être un rêveur républicain, quoique honnête homme, s'indignait et demandait s'il faudrait aussi livrer son argent : il n'a rien obtenu, là, pas plus qu'à l'Hôtel de Ville, où il a porté ses réclamations, et où l'on s'est réfugié dans l'impossibilité de rien faire et l'obligation d'accepter le *fait accompli*, principe moderne des voleurs de peuples et d'Etats. Ce maire n'est pas le seul à comprendre ainsi son devoir : dans le XI° arrondissement, M. Mottu a également repoussé, par une fin de non-recevoir, les supplications de ses administrés, aussi effrayés qu'indignés des déprédations populaires. Ces maires qu'a nommés ce *peuple* n'ont garde de le mécontenter, ils savent bien que le moment approche où ils auront besoin de lui!

M. ***, après une sortie de quinze jours, avec son bataillon, revient fort découragé, désenchanté, désillusionné et indigné, et confirme tout ce que je savais sur l'état des troupes : le désordre que nous avons sous les yeux à Paris est encore plus grand au dehors; les troupes sont mal nourries et insuffisamment ; même quand elles doivent se battre, on ne leur envoie pas le nécessaire : la veille de l'attaque du Bourget, en arrivant sur le terrain, elles ne trouvèrent rien, ni pain, ni vin, ni viande; il leur fallut attendre jusqu'au soir l'arrivée des vivres ; ce fut la garde nationale qui partagea les siennes avec les soldats. Les ambulances militaires étaient mal approvisionnées : beaucoup de soldats tombaient malades, ou de froid, ou pour avoir bu de l'eau de Noisy qui est mauvaise; pendant deux jours, les chirurgiens manquèrent de médicaments, de brancards, de bandes, etc. L'intendance a été, dès le début de la guerre, l'objet de plaintes très vives; on explique l'irrégularité de ses services, quand il s'agit d'envoyer tant de vivres et de munitions à une grande distance; mais, à 1 ou 2 heures de Paris, cette négligence paraît injustifiable. La ligne est démoralisée; les mobiles, en général, indisciplinés; la garde nationale même, n'a guère plus d'entrain que les troupes régulières. Elle est loin, d'ailleurs, d'avoir de bons commandants; on le sait par les *ordres du jour* et les jugements des tribunaux, qui constatent l'indignité de plus d'un officier. D'autres, qui ne se rendent pas coupables de ces méfaits, n'ont vu dans les grades qu'ils ont brigués qu'une occasion de paraître ou d'obtenir une influence utile à leur fortune. En cette débâcle, les marins se distinguent par leur fermeté, leur bravoure, leur inaltérable obéissance : disciplinés, dociles, respectueux envers leurs chefs, ils supportent sans se plaindre les souffrances de la faim et du froid et les fatigues des plus rudes travaux, de même qu'ils marchent sans broncher contre les villages barricadés, sous une pluie de feu et de mitraille. Mais, c'est presque le seul corps où persiste la force, la résolution et la volonté de tenir jusqu'à l'extrémité; partout ailleurs, l'abattement est général : après tant d'insuccès, de tentatives avortées, de positions prises et abandonnées, les soldats sont sans ardeur, ils n'ont qu'un désir, celui d'une fin prochaine, et ils l'expriment tout haut : à l'attaque du Bourget, les zouaves se battaient, en criant : *Vive la paix!* « On n'en veut plus! » est le mot vulgaire qui exprime ce sentiment. Les généraux le savent : l'offensive nous est, pour ainsi dire interdite ; on peut se défendre, repousser, attendre, mais attaquer n'est plus possible.

On sait, aujourd'hui, ce qui s'est passé à la réunion des maires, qui a eu lieu jeudi 29, au ministère de l'Intérieur. Il ne s'agissait pas moins que d'instituer régulièrement la Commune : le but n'a pas été atteint, mais l'idée n'est pas abandonnée ; elle reviendra. Tout, du reste, a été remarquable dans cette réunion : jamais ne s'étaient plus nettement manifestées l'anarchie, la discorde, l'absence de l'autorité, l'impuissance de ceux qui détiennent le pouvoir, l'audace de ceux qui le veulent saisir ; rien de plus honteux et de plus lâche que l'attitude du gouvernement en cette circonstance. On voit, successivement, les maires *prétendant* se réunir lundi, et *décommandés* par le *préfet*, M. J. Ferry, faisant *avertir* M. Ferry qu'ils se réuniront le mercredi (c'est-à-dire, prenant le pas sur le préfet et lui signifiant leurs volontés) ; M. Ferry, afin de garder sa dignité, remettant l'Assemblée à jeudi ; les maires, alors, se présentant avec les adjoints *non convoqués* ; le préfet, M. Ferry, *s'étonnant* de la présence des adjoints, mais les maires déclarant qu'elle est *nécessaire*, et M. Ferry, enfin, pliant et les laissant siéger ! Puis, lutte entre les deux partis, où sont échangées les plus violentes interpellations, où l'outrage est jetée à la face du gouvernement, la démission du général Trochu *exigée* impérieusement, les allusions les moins équivoques lancées comme un défi, et les menaces pour l'avenir terminant cette séance orageuse. Et, parmi ce chaos, M. J. Favre, pour calmer les esprits, entretenant l'Assemblée de bruits d'une victoire remportée en province sur le prince Frédéric-Charles, bruits qui courent Paris, dit-il, « *qui ne sont pas officiels, mais qui se confirment de plus en plus,* » et ajoutant : « Espérons qu'avant peu ce bruit sera officiellement confirmé! » Comme si, pour un ministre, il pouvait y avoir d'autres nouvelles sérieuses que celles qu'il connaît officiellement, et comme s'il n'était pas au-dessous d'un membre du gouvernement, d'accréditer des *cancans* par des paroles dont il sait tout le vide et l'inanité!

Les bruits de désaccord entre les membres du gouvernement et de tentatives des partisans de la Commune ont pris une telle consistance, que le général Trochu a cru devoir les démentir dans une proclamation affichée ce matin; cette proclamation n'a pas dissipé les doutes; on sait ce que valent les démentis; le plus souvent, ils confirment. Le général Trochu, en outre, annonce une prochaine action, avec le concours de la garde nationale.

Le bombardement des forts continue; le fort de Rosny est le plus menacé; les obus d'un poids énorme et de forme conique dont se servent les Prussiens percent, dit-on; même les casemates; le fort deviendra ainsi inhabitable. Les *rapports militaires* sont très circonspects à ce sujet.

Quant à l'union des citoyens, les groupes qui, depuis deux jours, persistent à se réunir sur la place de l'Hôtel-de-Ville, et où le renversement du gouvernement est la question à l'ordre du jour, sont une preuve que jamais, au contraire, il n'y eut moins de concorde dans Paris. Hier, la garde mobile était constamment occupée à refouler les masses qui se reformaient aussitôt, et à faire évacuer la place, sur laquelle elles revenaient sans se lasser. Le général Trochu a trouvé bon, en ces circonstances, de se faire spécialement garder par les gendarmes, troupe d'élite, disciplinée, et sur laquelle on peut compter. On peut juger, par ces quelques traits, de l'exactitude du tableau que nous présente M. le général Trochu, qui, comme à l'ordinaire, paraît très satisfait.

Trois traits observés en deux heures de course dans Paris, et qui termineront ces annales de 1870 : Dans le jardin des Tuileries, le long de la façade, aux angles du *pavillon de l'Horloge*, par terre est allumé un grand feu, et autour de ce foyer improvisé des mobiles se chauffent; nul ne s'étonne, aucun gardien ne songe à empêcher que la flamme noircisse, que le feu brise les moulures du palais bâti par Philibert Delorme. Un peu plus loin, rue des Filles-Saint-Thomas, au coin de la rue du Dix-Décembre (j'ignore de quel autre nom ils l'appellent aujourd'hui), devant la *charcuterie* de la Bourse, une grande affluence de curieux : aux vitres de l'étalage s'allongent les têtes poilues et cornues d'ours, de rennes, d'alpacas, d'élans, etc., dernières bêtes sauvages du jardin d'acclimatation, et qui, pour le premier de l'an, sont offertes comme un mets rare et recherché aux riches gourmets de Paris. En rentrant, une lettre du colonel de son régiment qui m'apprend que mon pauvre petit cousin Raoul Thévenard, zouave, est blessé, il a été atteint le 30 novembre, il y a un mois; c'est au bout d'un mois que j'en suis informé, et l'on ne peut m'indiquer l'ambulance où il a été transporté. Et, depuis un mois, qui sait si, aujourd'hui, il est encore vivant[1]!

Ce sont bien les traits caractéristiques qui conviennent à la fin de l'année de désastres 1870 : la *guerre*, la *famine*, les *frimas* et l'*anarchie !*

---

[1] 3 janvier. J'apprends qu'il est très probablement prisonnier. — Février. Sans doute mort. — Mars. Mort.

J'en oublie un : jamais la mortalité n'a été plus grande que cette semaine : il y a eu, seulement de la petite vérole, 425 décès, et en tout, 3,280 morts!

JANVIER 1871

Le premier de l'an. — Projets des Communistes. — Le bombardement. — Etrange déclaration du général Trochu. — Effets du bombardement. — La Commission d'enseignement à l'Hôtel de Ville. — M⁻ᵉ Jules Simon et M. Gréard. — Le pain. — Accroissement de la mortalité. — Préparatifs de combat. — Bataille de Buzenval. — Emeute du 22 janvier. — Bruits de négociations. — Pourquoi on ne désarme pas la garde nationale. — La capitulation. — Physionomie de Paris après la capitulation.

1ᵉʳ janvier. Dimanche. — Pour souhait de bonne année, le gouvernement a signifié à la population, qu'il avait l'intention « d'associer la garde nationale à l'armée », dans une prochaine action, ce qu'il nous avait déjà annoncé hier; mais en ajoutant qu'à un moment aussi décisif, l'ordre était nécessaire et qu'il « le maintiendrait avec énergie ». Ainsi sont confirmées les craintes que l'on a depuis trois jours de troubles dans la rue. C'est en vue d'intimider les Communistes que la garde nationale à cheval a décidé, assure-t-on, de faire demain une manifestation en faveur du gouvernement. Comme à l'ordinaire, nous avons eu notre mauvaise nouvelle du dimanche.

2. — Voici ma journée d'hier, *jour de l'an;* c'est celle de beaucoup de Parisiens : 10 heures. — Visite de mon frère, qui m'embrasse en pleurant; depuis plus de quatre mois, il est séparé de sa femme et de ses enfants, sans nouvelles ; que sont-ils devenus? vivent-ils? quand les verra-t-il? — 2 heures. — Je vais, presque unique visite, chez mon ami D. ***, à Passy; porte close, il y a quinze jours qu'il est à Colombes, avec son bataillon en rase campagne, par ce froid, cette neige, sous ce canon! Passy est désert : on parcourt des rues entières sans rencontrer un passant; mes pas résonnent et éveillent un écho sur le pavé, comme dans les petites villes de province. Partout, rue Basse, au bout de la rue Singer, près du chemin de fer, etc., des barricades, des redoutes, des chevaux de frise; on se croirait hors des remparts; des maisons toutes neuves et construites avec luxe sont crénelées comme un mur de forteresse.

4 heures. — Mes parentes les plus proches ne seront pas chez elles; je leur fais ma visite à l'ambulance de la Trinité : vingt soldats malades y arrivent dans le moment, attaqués de bronchites, pleurésies, fièvres typhoïdes, etc.

Ces dames en tablier blanc, actives et circulant comme des servantes, les déshabillent, les lavent, font leurs lits, les couchent, leur apportent des potions, des tisanes; les pauvres soldats se laissent faire, timides, souriant à ces bons soins, confus que de belles dames prennent tant de soin pour eux. Elles ne font pas que les soigner; ceux qui se lèvent et commencent à aller mieux, elles s'occupent à les distraire, les amuser; elles leur donnent des cartes, des jeux d'échecs, de dames, de dominos, des livres, des ouvrages illustrés, et cadeau surtout apprécié, des cigares et du tabac; une salle à part a été disposée pour les fumeurs. Puis, comme c'est le premier de l'an, pour leurs étrennes, on leur a préparé une surprise, une loterie; on distribue les billets, billets excellents, tous gagnent. Car les lots abondent, on en apporte de tous côtés : livres, gravures, paquets de cigares, blagues, pipes, étuis, couteaux, porte-monnaie, etc. Et il faut voir la joie de ces jeunes soldats, leurs exclamations, en recevant chaque lot! Ils sont heureux comme des enfants, et l'on a du plaisir à les regarder. Cette petite récréation, dont ils jouissent autant que des écoliers, dure plus de deux heures, puis ces dames leur servent à dîner, auquel on a pu joindre des *douceurs :* des tartes, des bonbons, etc., et, enfin, peuvent aller dîner elles-mêmes.

Il est 7 heures un quart, quand nous nous mettons à table, table de famille, où, pour la première fois depuis deux mois, sont venus s'asseoir, par permission spéciale, les fils, gardes mobiles, qui ont passé trois semaines sur le plateau d'Avron, et ces derniers jours, 60 heures en grand'garde, à 300 mètres des Prussiens, sous une pluie presque incessante d'obus. Malgré les souffrances, les privations et le froid, ils ont bonne mine, et n'ont pas trop maigri. Mais il n'en est pas de même de tous; dans leur compagnie (7e bataillon), sur 170 hommes inscrits, il n'y en a que 90 présents, les autres sont malades ou blessés. C'est bien pis encore dans le 37e bataillon (de la Vienne), où mon cousin Henri B.*** est lieutenant; sur 160, il n'en reste debout que 60. Après : l'*action* annoncée, que demeurera-t-il de cette armée?

A dîner, pâté de *cheval* et de *chat*; c'était un peu dur, mais assez bon.

9 à 10 heures. — Retour à pied : point de voitures, plus d'omnibus à cette heure ; rues silencieuses, sombres, désertes, où l'on voit de temps en temps s'allonger l'ombre d'un passant accompagné d'une servante qui porte un falot. Et, toute la journée, le son retentissant, profond, sourd, roulant par-dessus la ville, du canon, des grosses pièces Krupp! Voilà le premier de l'an d'un Parisien, en 1871.

Ce matin, nous y avons été gratifiés de trois proclamations : une du gouvernement, rédigée par M. Jules Favre, qu'on reconnaît toujours à ses phrases emphatiques, et où il fait sonner les mots retentissants de *droit, vérité, justice* et *France républicaine;* une autre, de la commission des barricades, qui demande des sacs-à-terre pour les barricades de l'intérieur de la ville; la troisième, de M. Louis Blanc le Sophiste, adressée à M. Victor Hugo, c'est-à-dire, du faux au chaos. Ces trois proclamations ont ceci de commun qu'elles protestent de la résolution de Paris *tout entier* de ne pas se rendre; toutes trois repoussent l'idée d'une capitulation, ce qui prouve qu'on en parle; et, en effet, c'est la question qu'on traite partout.

Du reste, M. Jules Favre nous apprend que le gouvernement n'a reçu aucune nouvelle officielle, depuis le 14 décembre; en conséquence, il nous engage à ne pas ajouter la moindre foi aux rumeurs défavorables qui circulent, comme il l'a fait lui-même dans la réunion des maires de jeudi dernier. Et, pour continuer à donner l'exemple, il ajoute que : 1° « il est *certain* que les départements opposent à l'ennemi une résistance *qui le* déconcerte; 2° que les corps de Chanzy et de Bourbaki luttent avec énergie, quelquefois victorieusement »; 3° que « les deux généraux marchent à notre secours, *quoique nous ne sachions rien de précis sur leurs mouvements* » ! On ne saurait trop admirer la rapidité avec laquelle cet avocat oublie, l'instant d'après, ce qu'il vient de dire dans les termes les plus formels. Mais il y a quelque chose de plus étonnant, c'est qu'une nation se laisse gouverner, même une semaine, par ce bavard !

Nous avons, à Paris, un fou qui s'appelle Gagne, et qu'on n'enferme pas, parce que sa folie est innocente : elle consiste dans la manie d'inventer, à chaque événement, une solution qu'il rédige en vers et qu'il adresse aux journaux, qui l'impriment pour amuser leurs lecteurs. Cette fois, M. Gagne a voulu nous donner

Les étrennes d'honneur d'universel salut,

et a imaginé de nous tirer d'affaires, en nommant le roi Guillaume président de la République universelle, avec le titre de *Vélocitête-Saint*, ce qui aura pour effet, dit-il, de nous sauver

Et d'élever la terre à la hauteur des cieux.

Il affirme que le roi de Prusse a accepté, ce qui le rend, lui, Gagne, *fou de joie !*

Le mouvement insurrectionnel de la *Commune* est, assure-t-on, décidé, et le langage du gouvernement autorise à le croire : les plans sont concertés : on a arrêté « ce qu'on fera avant, ce qu'on fera après; les chefs sont désignés ». Il y a quelques jours, les élections des membres de la Commune ont été faites (dans la plupart des arrondissements, au moins); on connaît les noms de plusieurs : dans le VI°, ceux des citoyens Arm. Lévy, Imbert, candidats aux dernières élections municipales, Rogeard, autrefois exilé et auteur des *Lettres de Labienus*, pamphlet contre l'Empire, publié, il a quelques années, à Bruxelles.

Trait du siège : sur plusieurs *boulevards*, sur les quais exposés au soleil, des cordes tendues d'arbre en arbre, pour y faire sécher du linge, faute de bois !

Il est difficile d'imaginer quelle peine les journaux prennent pour ne pas dire la vérité. Ainsi, depuis quelques jours, voici ce qu'ils ont trouvé, pour expliquer le bombardement de nos forts par les Prussiens : ce bombardement a pour but de nous dissimuler le départ de troupes envoyées au prince Frédéric-Charles, — d'obéir aux injonctions des journaux d'Allemagne, — de donner sastisfaction à l'opinion publique, — *de nous empêcher d'entendre le canon des armées, si elles parvenaient à s'ap-*

procher de Paris, « les Prussiens étant très rusés, ajoute l'*Électeur libre,* inventeur de cette glose, parce qu'ils se sentent menacés », enfin, de donner le change à leurs alliés — découragés, etc., etc., tandis qu'il est si facile et si raisonnable de penser qu'ils ont commencé le bombardement, quand ils ont été prêts ! Mais le Parisien aime ces fantômes, et on lui en fait voir, tous les jours, sans qu'il s'en lasse.

4. — Les mouvements des Communistes inquiètent le gouvernement, et des précautions sont prises pour les repousser ; hier, plusieurs bataillons de la garde nationale ont été consignés pendant toute la nuit, mais les Communistes ne bougeront pas avant la sortie. Cette attaque contre les lignes Prussiennes est très prochaine, demain ou après-demain, dit-on : les ambulances sont prévenues, les médecins requis, les voitures d'artillerie et les caissons se succèdent en longues files, se dirigeant vers les portes de Paris.

On ignorait la fin qu'avait eue la réunion des maires, le 29 décembre. La vérité a été connue ; on dit tout bas encore ce qui demain sera répété tout haut, avec indignation par les uns, avec joie et espérance par les autres. L'Assemblée s'était séparée avec de grosses paroles, mais le parti modéré, on le croyait, l'avait emporté; il n'en était rien!

Voilà ce qui s'est passé : M. Delescluze, repoussé le jeudi, est revenu le lendemain à la charge, et avec de telles forces, que le gouvernement a reculé, puis, est entré en pourparlers, enfin, a accepté les conditions qui lui avaient été dictées et que voici : La Commune est constituée, elle se compose des maires et adjoints des vingt arrondissements de Paris; elle se réunit, au moins, une fois par semaine, pour traiter, non des affaires administratives, mais « de toutes les questions de politique générale, et notamment, assister à l'ouverture des lettres, dépêches et journaux de province, aux conseils de guerre, donner son avis sur les plans, examiner et noter les mesures qu'elle jugera nécessaires à la défense nationale, et les proposer au gouvernement »; en un mot, faire, vis-à-vis du gouvernement de l'Hôtel de Ville, ce que l'Opposition (devenue ce gouvernement) voulait faire vis-à-vis de l'Empire, lui imposer une tutelle, sous le nom de conseil de surveillance, et dans le même but, le renverser. Afin de faire honneur au gouvernement, il est convenu que l'Assemblée sera présidée par M. Jules Favre! On voit tout de suite ce que va être cette Assemblée de quatre-vingts membres, un corps délibérant, une véritable *chambre*, chambre unique, qui dictera ses ordres, et devant laquelle le gouvernement devra s'incliner !

Ainsi, le gouvernement qui, depuis quatre mois, refusait la Commune, qui, deux fois, a appelé la population à repousser la Commune, qui, après l'attentat commis en faveur de la Commune, a demandé à Paris un vote qui manifestât sa répulsion pour la Commune, ce gouvernement fonde lui-même la Commune, en ne lui en donnant pas le nom, mais avec tous les attributs, les pouvoirs et les privilèges que réclamait la Commune ; cette surveillance de ses actes, cette part dans la direction des affaires, il l'accepte et il s'y soumet ! C'est que ce gouvernement a peur : ces hommes qui le viennent trouver et qui s'imposent, il les connaît, pour s'en être servi, ce sont ses complices, ceux qui l'ont aidé à chasser le maître de la maison, et il sait ce dont ils sont capables ! Ils ne le respecteront pas plus qu'il n'a respecté l'Empire ; ils le chasseront à son tour. Valets insolents, ils lui disent effrontément : « C'est nous qui t'avons introduit dans cet hôtel ! Nous voulons y demeurer avec toi, comme toi, sur le pied de l'égalité, nous asseoir à ta table et commander comme toi ! » Et lui, après un moment d'hésitation, et de dédain qui lui a rougi la face, il a réfléchi : « Ces gens-là, ces valets, sont plus vigoureux que moi, ils ont de forts bras et des muscles solides! » il leur a dit : « Soit! mettez-vous là! et soyons tous maîtres, tous égaux! »

Egaux! pour un moment, pour un jour! Mais sa concession ne lui servira à rien, comme toutes les concessions aux méchants; il vaut mieux se battre tout de suite avec eux, au risque d'être tué! Avant peu, ils lui parleront en maîtres, comme les seuls maîtres, et, s'il hésite à obéir, s'il manifeste quelque mécontentement, ils le prendront par le cou, et le jetteront dehors! Et peut-être, n'en sera-t-il pas fâché, il s'y prêtera, et enfilera la porte de grand cœur, pour ne plus être responsable du reste, et pour se sauver des mains des Communistes vrais, dont il entend l'approche dans l'ombre! Car, ce ne sera pas fini! Cette Commune, qui s'installe à l'Hôtel de Ville, n'est encore qu'une fausse Commune, une pseudo-Commune; celle de Belleville la considère déjà comme une réunion d'aristocrates. Elle viendra bientôt, celle-ci, aux portes de l'Hôtel de Ville et, sans le demander, elle entrera; et de son ton bourru, violent et péremptoire, elle dira : « Me voilà! c'est moi! » et dans les salons dorés elle étalera ses haillons, son ignominie et sa stupidité! Seulement, comme ces derniers venus connaîtront quelques-uns des valets installés là, qu'ils ont fait ensemble des coups de main et des opérations nocturnes, ils permettront à une demi-douzaine de rester, et ce seront nos maîtres définitifs, — pour quelques jours du moins.

Depuis trois ou quatre jours, le gouvernement fait abattre les arbres des anciens boulevards extérieurs, des quais, des promenades et des jardins publics ; il a fallu que les vols, les pillages et les déprédations des bandes populaires lui donnassent l'éveil, et lui fissent voir que les classes pauvres souffraient du froid, et que l'approvisionnement de combustibles était épuisé. Les avertissements ne lui avaient, cependant, pas manqué. Dès le commencement de novembre, les syndics des marchands de bois en gros, prévoyant la continuation du siège, avaient fait une démarche près du gouvernement et, en lui déclarant que la quantité de bois emmagasiné dans Paris était insuffisante, lui avaient proposé de se charger d'abattre une partie du bois de Boulogne et de Vincennes et des promenades publiques, en lui laissant le soin de désigner lui-même les arbres. Rien de plus raisonnable et de plus simple : le bois serait sec aujourd'hui, et on le distribuerait depuis longtemps. Le gouvernement ajourna la décision : « Il craignait d'effrayer la population qui, d'ailleurs, verrait avec peine dégarnir les boulevards et les promenades des arbres qui sont la parure de Paris. » Toujours le même défaut de caractère, la mollesse, l'irrésolution ! Je comprends que les Communistes soient mécontents : ce gouvernement n'a de la Révolution pas même la seule qualité qui la pouvait faire estimer, l'énergie ; il n'en a que l'orgueil et l'incapacité !

5. — Ce matin, à 8 heures, après avoir tonné toute la nuit, la canonnade est si rapprochée du faubourg Saint-Germain et si forte, que, pour la première fois, les vitres vibrent ; on dirait des portes qu'on frappe à coups redoublés pour les enfoncer. Il semble, à certains moments, que la canonnade est dans Paris même, dans les rues voisines, dans le quartier. — *Midi*, elle est encore plus forte, le roulement est continu, sans interruption. On frissonne d'horreur à l'entendre !

2 heures. — On apprend que cette canonnade, la plus forte que nous ayons encore entendue, est le bombardement de nos forts du sud, Vanves, Issy et Montrouge. Au Luxembourg, que je traverse, on croit entendre des roulements de tonnerre répercutés dans les gorges des montagnes ; seulement

ces roulements ne cessent pas un seul instant. De temps en temps, un coup plus éclatant ébranle l'air ; c'est le seul moyen de mesurer cette foudre ininterrompue. Les sons qui, parfois, viennent frapper les angles des bâtiments du palais, y éveillent de sourds et retentissants échos ; à d'autres moments, on dirait l'effondrement d'immenses constructions. On entend les gens qui passent s'exclamer épouvantés : « Quelle horreur ! O mon Dieu ! » — En avançant plus loin, une autre canonnade retentit plus éloignée ; c'est le bombardement des forts de l'Est, et qui semble l'écho de la première.

Telle est, cependant, la *badauderie* des Parisiens, qu'il est encore des gens qui s'abusent et s'obstinent à ne pas comprendre : voici un court dialogue que je saisis en passant, et que je sténographie aussitôt : « Quel est ce bruit ? — C'est un combat ! On attaque les Prussiens ; on les a laissé faire tous ces jours-ci, mais ils ne peuvent rien. Ils ont bien quelques canons, mais c'est insignifiant ! — Certes, s'ils font grand tapage aujourd'hui, *c'est pour couvrir leur retraite !* — Oui ! *Cela va très bien !...* »

6 heures. — La canonnade continue aussi violente : Dieu ne fait rouler si terriblement son tonnerre que quelques heures, les hommes

font plus; voici un jour et une nuit que, sans discontinuer, ils versent sur la terre le fer et le feu! Il paraîtrait que quelques obus inoffensifs sont tombés dans le cimetière Montparnasse.

En passant sur un quai, j'ai vu comment se fait l'abatis des arbres que le gouvernement doit distribuer aux pauvres : un bûcheron s'approche d'un arbre avec sa cognée; cinquante, cent, deux cents femmes et enfants se tiennent à l'affût, en demi-cercle, suivant tous les mouvements de l'arbre, attendant la chute, et dès qu'il tombe, fondent dessus comme des mouches, se prennent à chaque branche, chaque ramette, chaque brindille, tirent dessus, cassent, arrachent, dépècent et ne laissent bientôt que le tronc; en une minute, c'est fait; puis, tous se dispersent, emportant leur butin, et une nouvelle bande recommence sur un nouvel arbre la même opération.

6. — Toute la nuit, canonnade très forte, mais intermittente; ce matin, plus sourde et plus éloignée.

Les journaux publient une conversation qu'aurait eue l'Empereur à Willemshoë avec le correspondant du *New-York Herald*, un des organes les plus importants de la presse des *États-Unis*. On n'a pas de raison de croire ce récit apocryphe, et l'on ne peut ne pas admirer le bon sens de l'Empereur, la modération de ses jugements, la justesse de ses vues, l'aveu de ses fautes, sa connaissance de l'état des esprits, des causes de la révolution, son amour de la France. Quant au mot final où il semblerait quitter tout esprit de retour, outre qu'il a trop de finesse pour dévoiler sa pensée sur un point si délicat et engager l'avenir, je ne pense pas que ce soit le mot définitif : au moment nécessaire, il agira, il le doit, il n'est pas libre de ne pas chercher à nous sauver.

J'apprends, par les journaux de ce matin que j'ai eu, hier, plus de courage que je ne pensais : tandis que je traversais le Luxembourg, plusieurs obus sont tombés dans les rues voisines, notamment rues Gay-Lussac, d'Assas et même dans le jardin, et dans ma rue du Cherche-Midi, n° 82. Et ces obus n'ont pas été tous aussi inoffensifs que ceux tombés au cimetière Montparnasse, où ils n'avaient à ôter la vie à personne; ils ont blessé et tué plusieurs passants.

Aujourd'hui, à part quelques coups de canon isolés, le bombardement a cessé, c'est-à-dire, est interrompu. Un ancien officier d'artillerie m'en expliquait la raison : après une canonnade si continue, qui a duré tant d'heures, les pièces sont échauffées, les rayures ont besoin d'être réparées ; c'est à ce travail que s'occupent aujourd'hui les Prussiens ; mais, demain le bombardement recommencera, peut-être même avec plus de violence. On en doute si peu, d'ailleurs, que des troupes sont dirigées en grand nombre vers les portes d'Italie et de Châtillon, où le danger est le plus imminent. Le gouvernement a cru, cependant, devoir lancer une proclamation, pour faire appel à la *résolution* de la cité. On y trouve tous les mots qu'il nous a habitués à lire depuis quatre mois, et qui sont stéréotypés sur les affiches officielles : « La cité *veut* combattre et *vaincre;* les défenseurs des forts ne perdent rien de leur *calme;* Paris accepte *vaillamment* cette nouvelle épreuve, son élan n'en sera que plus *vigoureux*, etc. » Il y manque le mot *viril*, auquel on reconnaît tout de suite M. Favre, mais il n'y manque ni les étonnements, ni les mensonges : l'ennemi, dit M. J. Favre, « ne se contente pas de tirer sur nos forts, il lance ses projectiles sur nos maisons! » Ce gouvernement s'étonne de tout : il s'étonne qu'à la guerre on vole, on viole, on incendie, on pille; et il s'étonne que, dans le siège d'une ville, on bombarde la ville ! On dirait volontiers que jamais gouvernement ne fut plus naïf, si la naïveté ne supposait l'honnêteté. Or, c'est précisément la qualité qui lui manque; le mensonge est la forme, habituelle de son langage : « il ne se contente pas » de faire des phrases redondantes; il transfigure les faits, il suppose, il invente : aujourd'hui, il termine sa proclamation par cette phrase à effet : « Paris se montrera digne de l'armée de la Loire, *qui a fait reculer l'ennemi*, de l'armée du Nord, qui marche à notre secours. » C'est-à-dire, il parle de victoires et de succès, que jusqu'ici nous ignorions, et que le gouvernement, il y a trois jours, ignorait lui-même, puisqu'il nous avouait n'avoir reçu *aucune nouvelle* de province, depuis le 14 décembre. Si donc il y a des victoires de l'armée de la Loire, que ne nous le dit-il nettement, officiellement, que ne publie-t-il la dépêche qui indique où, quand, comment, sur qui, ces victoires ont été remportées ! Si l'armée du Nord marche vers Paris, que ne nous en donne-t-il la preuve ! Mais il ne le peut : il parle, ici, comme ces journalistes, qui amusent le public par des contes imaginés dans leurs bureaux, langage et conduite indignes dans un si grave moment. Mais je me trompe, et ce gouvernemant sait bien à qui il s'adresse : la plus grande partie du public se prend à cette glu, on ne rencontre que visages rayonnants : « Un obus vient de tomber, rue d'Assas ! me crie un médecin, en passant. Je suis ravi de voir cela ! C'est la fin des Prussiens ! » — « Ils sont menacés sur leurs derrières, vous dit-on ailleurs, Faidherbe arrive ! Ils préparent leur retraite. Cette canonnade est destinée à nous tromper; ils partent, ils ont peur ! ils s'enfuient ! *ils sont partis !* » Ce dernier mot est textuel, et montre tout ce qu'on peut faire d'un peuple ! Ajoutez que tout concourt à accroître cette confiance : M. l'abbé Moigno, qui est un vrai savant, s'avise-t-il (dans l'*Univers*) de calculer la quantité de vivres qui restent dans Paris, et de conclure qu'on a encore du blé et du vin *pour trois mois*, aussitôt cette assertion rassérène tout le monde. Or, il y a trois mois environ, une personne qui vit dans l'intimité des chefs du gouvernement affirmait que l'on n'avait plus de vivres que pour *vingt jours*, et aujourd'hui, un savant prétend qu'il en reste encore pour trois mois ! Qui donc le sait ? personne au juste, ni les savants, ni même le gouvernement.

7. — Le bombardement a repris ce matin : la canonnade, qui s'est fait entendre toute la nuit, retentit, depuis six heures surtout, avec une force et une intensité presque aussi grandes qu'avant-hier.

M. le général Trochu vient encore de lancer une proclamation tout à fait inexplicable. Sous prétexte de signaler les tentatives de désordre qui, depuis quelques jours, ont lieu à Belleville, il fait une déclaration inattendue : « *Le gouverneur de Paris*, s'écrie-t-il, ne capitulera pas ! » Chacun cherche le mot de cet énigme : pourquoi parler de capituler ? pourquoi dire : le *gouverneur* et non le *gouvernement?* Y aurait-il donc des membres du gouvernement disposés à capituler? Comment M. Trochu fera-t-il pour éviter une capitulation, si elle devient indispensable? se fera-t-il tuer? se démettra-t-il? Les questions se succèdent devant une déclaration que personne ne lui demandait, et qui n'était amenée par aucun fait nouveau, connu ; la proclamation d'hier suffisait. La seule impression qu'ait produite celle-ci, c'est l'étonnement.

Le premier jour du bombardement a eu différents effets moraux : comme il n'était tombé dans la ville qu'un petit nombre de bombes, et que la plupart ignoraient qu'elles avaient causé mort d'hommes, hier matin, on était assez disposé à peu s'en inquiéter : dans les queues, toujours persistantes, des cantines et des boucheries, beaucoup faisaient les fanfarons; on ricanait, on parlait avec plus d'animation que jamais de résistance à outrance, de refus de jamais capituler. Peu d'heures après, ces dispositions étaient sensiblement modifiées : la canonnade avait repris, par coups espacés, mais très forts, et quelques-uns aussi violents que la veille ; on commençait à craindre que le bombardement ne s'étendît et ne devînt incessant. Le soir, dans un salon du boulevard Saint-Germain, le bombardement est le seul sujet de conversation : on a lu les journaux, on sait que plusieurs personnes ont été atteintes ; on connaît les rues où sont tombés les obus, chacun en cite une, elles sont plus rapprochées du centre qu'on ne pensait, beaucoup des personnes présentes y sont exposées, et ont tout à redouter ; les boulets ont dépassé leurs maisons. Plusieurs parlent de déménager, et ceux qui habitent dans le cœur de la ville leur offrent un asile.

On affecte, parfois, de traiter encore ce sujet légèrement, on plaisante, on sourit, on se moque de son effroi ; mais, au milieu de la conversation, retentit un coup de canon, qui ébranle les vitres, — et on ne rit plus, on a peur !

8. — Horrible nuit ! le bombardement n'a pas cessé un instant, et dans notre quartier, tout autour de nous, dans les rues les plus proches. Accablés par les fatigues de la veille, l'agitation de l'esprit, l'inquiétude, l'anxiété des personnes qui nous étaient venues voir, et qui sont le plus exposées au bombardement, (notamment le malheureux M. March, qui est arrivé, tout effaré, à neuf heures et demie,

et qui, demeurant boulevard Montparnasse, recevra les premiers obus), nous nous étions couchés, espérant oublier dans le sommeil, et ignorer ! Dix fois dans la nuit, un son éclatant, tonnant, nous réveillait en sursaut. Mais, vers quatre heures, malgré tous nos efforts pour nous endormir, l'agitation fut telle, qu'elle nous tint tout à fait éveillés : la canonnade semblait redoubler de force, et le bombardement de fureur. Nous distinguions le bruit des obus qui tombaient probablement non loin de nous ; à un moment, au-dessus de notre tête, un son strident, rapide, comme un oiseau blessé qui crierait et fuirait en volant, et, à la suite, comme une fusée d'artifice, qui en montant déchire l'air ; puis, presque aussitôt, le bruit d'un corps lourd qui tombe ! C'était un obus qui venait de passer ! Nous en comptons six sifflant aussi près. A six heures et demie, il se fait un déchirement plus violent ; le frôlement de l'air semble toucher la maison, puis, un effroyable vacarme, un choc retentissant, et des clameurs d'épouvante. L'obus a dû éclater à quelques pas ; nous croyons même, un moment, que la maison voisine vient d'être frappée. On ne peut rester tranquille ; on voudrait savoir ce qui se passe, et l'on ignore si l'on peut sortir !

Voici notre dimanche ! Il n'a pas manqué le

malheur qu'a continué de nous apporter le dimanche ! Voilà le *dimanche des Rois !* Voilà le gâteau que te servent, les rois, ô Paris, ville du luxe et du plaisir ! Ah ! malheureux peuple ! tu n'as pas voulu supporter un Souverain doux et bienveillant ! Eh bien ! tu sers, tu souffres, et tu meurs pour des hommes aussi bas d'esprit que dépourvus de cœur.

En attendant que nous apprenions les détails de cette affreuse nuit, remontons de quelques heures dans le passé.

Les impressions d'hier ont été encore plus pénibles que la veille, l'anxiété devient générale ; on ne s'entretient que du bombardement, de la portée des boulets, de l'éloignement où l'on en est. Des voitures passent chargées de meubles, on n'entend parler que de gens qui déménagent. L'attitude du gouvernement est faite pour accroître l'inquiétude : il est, pour ainsi dire, muet sur les opérations, le bombardement, l'attaque des forts. Le *rapport* militaire sur les événements d'hier est insignifiant. Que s'est-il passé à l'Est, vers Nogent et Rosny ? L'ennemi, comme on a dit, a-t-il ouvert des tranchées, commencé ses parallèles et se prépare-t-il à faire le siège régulier de ces forts ? Quels effets ont produits les batteries Prussiennes de Châtillon sur le fort de Vanves, le plus exposé de tous ? A-t-il résisté ? Que faut-il craindre du bombardement de la ville? Jusqu'où portent les obus ennemis? Que compte faire le gouvernement, pour arrêter ou gêner ce bombardement? Va-t-il y avoir une sortie? Qu'attend-on? Quand? Pourquoi pas tout de suite? Ces questions et d'autres encore, tout le monde se les adresse. Le gouvernement reste silencieux sur tous ces points si importants, et nous laisse en proie aux plus atroces anxiétés.

Aussi le déchaînement est-il général ; les journaux s'élèvent presque unanimement contre lui : « Qu'il parle! qu'il s'explique! s'écrie-t-on ; qu'il dise s'il peut quelque chose; s'il espère, ou s'il n'a plus d'illusions ! » Et, « s'il ne peut rien, s'il n'espère rien, qu'il n'hésite pas davantage ! s'écrient quelques-uns, qu'il ne fasse pas brûler une partie de Paris et massacrer une partie de la population! qu'il traite! » D'autres, les Communistes, ont jugé le moment opportun et, par des affiches placardées la nuit, ont appelé le peuple à renverser le gouvernement, qu'ils peignent comme aussi incapable de prendre une résolution énergique pour la guerre que pour la paix, pour la capitulation que pour un coup de désespoir. Cette affiche a produit peu d'impression, et le gouvernement a pu, sans se compromettre, faire saisir quelques-uns de ceux qui l'avaient signée, d'autant plus qu'il se gardera de les traduire en jugement. Il les relâchera comme les auteurs de l'attentat du 31 octobre, dont l'instruction judiciaire vient d'être arrêtée.

2 heures. — La canonnade a continué toute la journée, avec beaucoup de force et d'intensité; on apprend, de tous côtés, des nouvelles de la nuit : les obus sont tombés dans toutes les rues qui nous avoisinent : rue d'Assas, où demeure une de mes cousines, rue Vanneau, où habite mon frère, rue de Rennes, rue du Bac, près du magasin du *Bon Marché*, où l'obus a ouvert un trou de plus d'un mètre; rues de Madame et Saint-Placide, où habitent plusieurs de mes parents, etc. Rue Madame, les obus ont frappé les maisons n°ˢ 30, 31, 33, 35; M. Victor Rendu, qui loge au n° 34, a passé la nuit dans sa cave; il déménage en ce moment. Un homme, qui m'apporte une dépêche télégraphique, m'annonce que la population de Montrouge déserte ses maisons et s'enfuit vers l'intérieur de la ville. On a dû fermer le Luxembourg, dans la journée, tant il était criblé de boulets.

Plus que jamais, pourtant, se répandent les bruits les plus ridicules : « Chanzy marche vers Paris, avec une armée formidable, il en est tout près, etc. » Certains journaux, évidemment soldés par le gouvernement, se font des échos de ces rumeurs absurdes, les propagent et les appuient. On s'étonne à la fois que ces journaux croient les Parisiens si crédules, et on le comprend, puisque le public les croit sur parole !

9. — 5 heures du matin. Dès hier soir, le bombardement, interrompu à peine deux heures, a repris avec une nouvelle violence : à 11 heures, nous entendons passer un obus, avec ce sifflement sinistre qui se reconnaît, dès qu'on l'a entendu une fois. Toute la nuit a ressemblé à celle d'hier : un tapage assourdissant, les coups répétés, les explosions comme à notre porte, tant elles sont formidables ; les chocs et les écroulements dans la nuit. Nous aussi, nous avons déménagé, sans quitter notre maison ; nos objets les plus précieux, enfermés dans des caisses, ont été descendus au rez-de-chaussée ; nous avons quitté notre chambre, qui n'est surmontée que d'un étage, et nous nous établissons dans un grand salon au-dessus duquel il y a trois étages : les bombes auraient, outre le toit, quatre planchers à enfoncer pour arriver au premier. Nous sommes donc aussi à l'abri que possible et nous aurions lieu de nous rassurer. Et, cependant, quand recommence cet épouvantable bombardement de nuit, nous ne pouvons réprimer notre frémissement. C'est surtout de 2 à 4 heures qu'il est acharné et furieux ;

à tout instant, passent et sifflent, comme se croisant, les obus, et aussitôt ils éclatent avec un bruit retentissant. A 5 heures, ne pouvant demeurer couché, je me lève ; la canonnade paraît s'apaiser. Mais à 5 heures et demie, elle reprend plus violente, les bombes font explosion, à droite et à gauche, dans le quartier qui résonne comme de coups de tonnerre. A 6 heures, on sonne précipitamment ; c'est mon frère, fuyant sa maison ; celle qui la touche vient d'être frappée, une bombe a percé le toit, tué une femme et fait, en un instant, un monceau de ruines ; la rue Vaneau, a été, toute la nuit, criblée de bombes ; mon frère a passé la nuit dans sa cave ; ce quartier est, désormais, inhabitable.

Midi. — Je viens de parcourir une partie des quartiers de la rive gauche, et j'ai pu juger de l'étendue des désastres et des pertes, résultat du bombardement de la nuit. Il y a tant de faits dont les journaux vont être remplis, que je me borne à dire, non ce que l'on m'a rapporté, mais ce que j'ai vu. Sur tout le long chemin que je viens de parcourir, les groupes sont nombreux ; chacun raconte ce qu'il a vu, ce qu'il a entendu ; on signale les points frappés, on s'attroupe devant les maisons atteintes. Place Saint-Sulpice, le télégraphe élevé sur la tour de gauche, est fortement incliné ; on m'assure que ce n'est pas l'effet des obus, mais au contraire, par précaution, pour ne leur pas donner prise; rue Garancière, la foule regarde un large trou ouvert au chevet de l'église; un boulet a percé le dôme de la chapelle de la sainte Vierge, brisé la statue et est ressorti par le mur de la rue : rue Clément, n° 12, derrière le marché Saint-Germain, un obus, passant entre les deux tours Saint-Sulpice, a franchi les bâtiments du marché et fracassé la boutique d'un emballeur ; boulevard Saint-Michel, au coin de la rue des Écoles, on examine et l'on compte les vitres et les glaces brisées dans un café ; quelques pas plus loin, au coin de la rue de la Sorbonne, une haute et belle maison neuve, de six étages, a son toit effondré; vis-à-vis la Sorbonne, est un vaste chantier de pierres (destinées, soit dit en passant, à l'achèvement de la Sorbonne, que l'on n'a pas achevée, par suite de conflit entre les facultés); des hommes du peuple se montrent ces blocs énormes de pierre dure, brisés en vingt morceaux et noirs comme de l'encre ; un obus les a ainsi morcelés et noircis. On rapporte que les dégâts sont aussi considérables, à l'École polytechnique. Mais, un peu plus loin, je suis plus vivement ému : l'hôpital de la *Pitié* a été atteint, une partie de la toiture, du côté de la rue Geoffroy-Saint-Hilaire, effondrée et mise à jour ; les vitres des fenêtres sont cassées ; un autre obus a percé d'un trou de plus d'un mètre le mur du jardin et, traversant la rue, brisé le volet du bâtiment de minéralogie du Jardin des Plantes, et pénétré à l'intérieur. Ainsi, rien n'est à l'abri de ces fureurs de la guerre ; ces formidables machines frappent aveuglément, sans se préoccuper si c'est sur de malheureux malades et des agonisants, dont elles font des morts ! Rue Daubenton, derrière la *Pitié* (dont ils n'ont pas pitié !), au détour d'une petite rue, la rue Fontaine, on aperçoit, au haut d'un mur, une large ouverture ; c'est un boulet, qui, à 6 heures ce matin, a passé par là, puis, n'ayant pas fini sa course, est entré dans la maison en face, où il a tué un pauvre homme dans son lit ; on me montre, à deux pas de là, dans le poste de la garde nationale, l'obus qui a fait ce ravage et ce meurtre ; il n'a pas éclaté, et on l'a mis dans un baquet d'eau, comme un de ces monstres de la nature que l'on conserve dans l'esprit-de-vin, à côté, au Muséum. Il est haut de 35 centimètres environ ; c'est un obus de moyenne grandeur ; il y en a de plus de 60 centimètres. A la gare d'Orléans, un obus, passant au-dessus de la toiture de verre de la grande halle, a laissé tomber un petit morceau de son enveloppe de fer, comme un oiseau de proie, en volant, une de ses plumes ;

la plume de fer a ouvert un trou dans le vitrage, puis l'obus s'est éloigné, allant éclater au bord de la Seine. Je n'ai pas parlé des morts, des jambes coupées, des hommes frappés dans la rue, d'une femme, entre autres, qui, passant sur le boulevard Saint-Michel, avec ses deux petits enfants, a été atteinte, à 10 heures du soir, par un obus qui les a tués roide tous les trois ! Point de Rachel qui pleurera ses enfants, point d'orphelins ! le boulet les a unis dans une même mort, effroyable égalité ! De tous les côtés, on apprend d'affreux détails. Il est évident que l'ennemi a embrassé tout le périmètre de la rive gauche, des Invalides à la gare d'Orléans. D'après ce que l'on sait déjà, considérable est le chiffre des dégâts, grand est le nombre des morts, et la canonnade qui continue en ce moment (3 heures), va l'accroître encore ! Aussi, malgré l'assertion de quelques journaux, la population est très vivement impressionnée ; la plupart des habitants de ces quartiers ont passé la nuit dans les caves ; une grande quantité fuient vers l'intérieur de Paris et, tout le monde le dit, la nuit prochaine va être plus horrible que les deux précédentes.

Le gouvernement vient, au milieu de ce désastre, de faire afficher des dépêches de province qui, dit-il, annoncent des *victoires*.

Le pluriel est ici de trop, il y en a *une*, et dont on ignore encore l'importance. Les nouvelles se divisent en trois parties : 1° dépêche de M. Gambetta ; 2° du général Faidherbe ; 3° de l'agence Havas. Quant à cette dernière, il ne faut y accorder aucune foi : c'est une série de nouvelles adressées par une correspondance de journaux et, circonstance digne de remarque, sans date ni signature ; les quelques succès quelle signale ont besoin d'être contrôlés et vérifiés. La dépêche de M. Gambetta ne contient qu'une affirmation précise : « Les Prussiens n'ont rien éprouvé qui ressemble à une défaite » ; le reste n'est que phrase. Seule, celle du général Faidherbe est nette, sans ambiguïté, certaine : le général Faidherbe « s'est battu dix heures, a chassé les Prussiens de toutes leurs positions, à Bapaume, et leur a fait subir des pertes énormes ». Les nôtres sont sérieuses, ajoute-t-il ; mais c'est la condition de presque tous les succès. Le résultat n'en est pas moins incontestable : c'est là ce qu'on appelle partout une *victoire*, et nous sommes en droit de nous en réjouir. Il ne faudrait, pourtant, pas nous illusionner ; les détails les plus graves manquent : quelle a été l'importance de la bataille ? Combien d'hommes y étaient engagés ? Quelles en ont été les suites ? L'ennemi s'est-il retiré, ou n'est-il pas revenu en forces, comme après la reprise d'Orléans, et ce succès, chèrement acheté, ne sera-t-il pas payé plus chèrement encore par une défaite ? Ces questions se présentent naturellement à l'esprit ; on ne saurait trop se méfier quand parle ce gouvernement ; on a bien tout dit, et l'on attend les réponses, avant de se livrer à des espérances aussi chimériques qu'exagérées.

Hélas ! nous sommes rappelés immédiatement à une dure réalité : depuis le début de la guerre, tout le monde suivait sur des cartes les opérations des armées. Or, voici un court tableau, qui a une éloquence sinistre et irréfutable. Il y a six mois, à la fin de juillet, on achetait la carte des *bords du Rhin*, de la *Prusse*, d'une *partie de l'Allemagne*; c'était ces pays qu'allaient *envahir* nos armées ; le 15 août, la *carte des départements du N.-E.* de la France ; nous reculions devant les Allemands, qui menaçaient, qui, déjà, *occupaient* l'Alsace et la Lorraine ; le 4 septembre, la carte des *départements voisins de Paris*, dans un rayon de vingt-cinq lieues ; l'ennemi *marchait* sur la capitale ; le 16 septembre, la carte des *forts entourant Paris*; Paris était *assiégé*; aujourd'hui, dans les premiers jours de janvier, c'est le *plan de Paris* que l'on a devant les yeux ; c'est sur ses rues, ses monuments, les quartiers que l'on habite, où l'on passe chaque jour, dont on connaît toutes les maisons et les pavés, que l'on suit les effets des boulets et des obus ; Paris est *bombardé !*

Et, cependant, il y a encore des gens à Paris, — que dis-je, c'est le plus grand nombre, — qui, non seulement ont pleine confiance, mais affirment et croient que nous devons plus que jamais compter sur le succès et que la situation des Allemands est désespérée !

10. — Continuation du bombardement, avec la même violence : cette nuit, c'est particulièrement le Panthéon que l'ennemi a pris pour but (pour *objectif*, mot spécial, qu'on applique, depuis quelques jours, à tous les sujets). Toute la rive gauche a été couverte d'obus, mais c'est surtout du côté du Panthéon qu'il a dirigé son tir : en parcourant ce quartier, je vois les trous énormes qu'il a ouverts, rue Soufflot, rue Monge, près la rue Lacépède, (dans une maison à peine achevée) et la blessure dont est atteint le haut du pignon de Saint-Étienne du Mont (vis-à-vis le lycée), fortement écorné par un obus qui a dû passer à quelques mètres du dôme du Panthéon. Aussi, la population épouvantée abandonne-t-elle en masse ces rues dévastées par un bombardement qui dure depuis trois jours et

qui va évidemment continuer. En vain, quelques journaux, rédigés de l'autre côté de l'eau, et pour qui la rive gauche sans doute est une autre ville, une sorte de province, affectent de traiter légèrement le bombardement, en indiquent à peine les horribles effets, les maisons effondrées, les morts et les blessés, et célèbrent avec un feint enthousiasme, « ce peuple stoïque », qui n'en est pas ébranlé ; ce stoïcisme est démenti par la terreur des citoyens qui fuient devant la ruine et la mort, et par le gouvernement lui-même. Ce matin, en effet, la mairie du VIe arrondissement a fait afficher un avis, pour « engager les habitants que les nécesssités de leur position n'obligent pas à demeurer dans les quartiers bombardés, à quitter leurs habitations et à s'établir provisoirement sur la rive opposée de la Seine ». Ainsi, l'émigration était officiellement conseillée ; aussitôt, elle est devenue plus considérable que la veille : des maisons entières de six étages sont vides, on ne rencontre dans les rues que des voitures de toute espèce, chargées de meubles ; on voit même des charrettes à bras, poussées par des *messieurs* et des *dames* qui, faute de commissionnaires, traînent leurs objets les plus précieux. Nous-mêmes, dont la maison est exposée, depuis soixante heures, aux obus qui sifflent et frappent à l'entour, nous abandonnons la rue du Cherche-Midi, nous entassons dans la cave une partie de notre mobilier et nous allons nous installer chez nos cousins absents, M. et Mme ***, rue Aubor, 15. Là, nous espérons, pour un temps, du moins, être à l'abri des bombes. Nous sommes accompagnés de mon frère et de nos cousins, M. et Mme de C... dont la rue (Saint-Placide) a été atteinte, la nuit dernière, par plusieurs obus. Avant de quitter le quartier, je vais, conformément à l'avis de la municipalité, déclarer mon changement de domicile à la mairie. Détail significatif, un employé est uniquement occupé à recevoir ces déclarations et ne cesse pas un instant d'écrire le nom des émigrants, tant la désertion est générale !

Dans ces graves circonstances, le gouvernement a jugé opportun de nous donner connaissance des nouvelles qu'il a reçues de province. Il y avait plus de trois semaines qu'il n'en avait reçu, disait-il. Tout à coup, il est arrivé trois dépêches de M. Gambetta; l'une, dont j'ai parlé hier, une autre où sont résumées des nouvelles de deux ou trois semaines, et un discours prononcé par M. Gambetta : le 1er janvier, à Bordeaux. En laissant de côté les phrases, les déclamations et les insultes prodiguées à l'Empire et à la Chambre, dans cette dépêche et cette harangue démagogique, de ces pièces il ressort quelques faits nets et précis : 1° que M. Gambetta est, avant tout, préoccupé du sort de sa République, et que son principal souci est de la maintenir, de la fonder, de la rendre inébranlable, *immortelle;* 2° que la France est dans un état d'anarchie au moins aussi déplorable que Paris : les conseils généraux sont dissous, parce qu'évidemment ils étaient opposés à une république qu'on veut imposer à la nation. Des idées de décentralisation (que M. Gambetta qualifie de *séparatistes* et *fédéralistes*) se manifestent ouvertement; les dénégations de M. Gambetta l'attestent, car on ne parle pas de ce qui n'existe pas. L'indiscipline et le découragement de l'armée sont également démontrés par le décret qui mobilise la gendarmerie, *pour arrêter les fuyards*, et par la déportation de 300 mobiles du Nord, qui se sont révoltés. La démagogie, à Lyon particulièrement, est déchaînée avec une violence qui ne se peut comparer qu'à 93. M. Gambetta l'avoue, en rapportant ce trait « lugubre » d'un chef de bataillon arrêté, *jugé* et fusillé « en plein midi » et en présence d'une population qui assiste, impassible, à cette exécution, « ignorant sans doute, ajoute-t-il, ce qui se passait ». Ce qui signifie qu'il existe à Lyon un pouvoir en dehors du gouvernement, une *Commune*, et une population qui l'appuie; 3° que l'on doit peu espérer un prompt secours des armées extérieures ; car M. Gambetta a beau nous parler du *découragement* des Allemands, et affirmer, avec une exagération digne du pays d'où il date sa dépêche, qu'ils ont perdu *un demi-million* d'hommes, il n'est pas moins prouvé, par son propre récit, que le général Chanzy est acculé au Mans. Quant à Bourbaki, il a quitté Bourges, et M. Gambetta ne veut pas indiquer le lieu précis vers lequel il marche, « de peur, dit-il, d'éclairer l'ennemi, » qui doit le savoir certainement. Les deux armées sont en nombre égal, ajoute M. Gambetta, 150,000 hommes; mais qui ne voit la différence qu'il y a entre l'une et l'autre, celle-ci victorieuse, celle-là défaite et désorganisée, celle-ci composée de troupes aguerries, celle-là de jeunes recrues, sans cohésion et dépourvue d'officiers ! Tous ces faits, et d'autres qu'on nous cache très probablement, n'empêchent pas M. Gambetta de se féliciter de la situation, d'assurer qu'elle est excellente, que la concorde est universelle, que l'on n'a partout qu'une pensée, un sentiment, une passion, établir la République : la France a entièrement oublié son passé, abjuré ses traditions, transformé ses mœurs : « Elle est complètement changée... elle s'attache de plus en plus à la République... ces républicains, tant calomniés, la masse, la campagne même, comprend qu'ils sont les vrais défenseurs des droits de l'homme ! » Encore un peu de temps, et « la République n'est plus en question, elle est définitivement assise en France ! »

Il semble, au contraire, que rien n'est moins propre à nous rassurer, à nous consoler et à nous inspirer confiance et espoir que ce que nous apprenons, tant par les dépêches officielles que par les extraits des journaux étrangers qui nous parviennent. Nous savons, en effet, par ces journaux, que l'état de la France n'a jamais été plus déplorable : la famine y fait d'affreux ravages, — la misère est générale, — des bandes de mendiants parcourent le pays, comme au xiv° siècle, pendant la guerre de Cent Ans contre les Anglais. « La France aspire à la paix », dit le journal Anglais *le Times;* qui en douterait! et loin de croire, comme M. Gambetta, qu'elle est enflammée d'admiration, d'enthousiasme et d'amour pour la République, quand le *Times* ajoute que, si elle était consultée, elle donnerait, dans un plébiscite, une forte majorité à l'Empire, comment une telle supposition ne semble-t-elle pas probable et fondée !

La mortalité a encore augmenté : le chiffre des morts de la semaine dernière s'élève à 3,680, quatre cents de plus que la semaine précédente. Ajoutez la désunion des généraux aujourd'hui connue de tout Paris, leur découragement, leur déclaration presque publique de l'inutilité d'une sortie, l'indiscipline, l'abattement des troupes, qui nous est révélée par cette désertion de gardes mobiles passant à l'ennemi avec 3 officiers, et que *flétrit* dans un *ordre* du jour le général Trochu, les menaces et l'attente d'une insurrection Communiste ; et qu'on juge si nous sommes disposés à nous réjouir et à chanter par avance, comme le veut M. Gambetta, un *Hosannah* à la République inaugurée par la Révolution du quatre septembre ! Aussi, prétend-on, et qui ne le croirait, que le général Trochu, qui a ouvert enfin les yeux, se montre désespéré ; s'il n'était pas chrétien, aurait-il dit, il se brûlerait la cervelle. C'est la punition qui commence : sa défaillance morale, les tourments de sa conscience ! Cet homme n'a pas hésité à trahir son Souverain, au moment où il était malheureux, à lui arracher le pouvoir et à s'en saisir ; ce pouvoir s'enfonce maintenant, peu à peu, comme un poignard, dans son cœur !

11. — Le bombardement de cette nuit s'est étendu sur tout le périmètre de la rive gauche, mais il a eu encore plus de force et de portée : il a atteint jusqu'à la gare d'Ivry et jusqu'à la Seine, au quai Malaquais et à l'île

Saint-Louis. Le centre du faubourg Saint-Germain a été partout éprouvé : les rues de Rennes et Bonaparte ont été criblées d'obus, l'église Notre-Dame des Champs, atteinte par les obus, a été en feu un instant. L'émigration prend une plus grande extension; ce sont maintenant des rues entières qui deviennent désertes; les propriétaires engagent leurs locataires à déménager. Ainsi qu'il arrive en de telles calamités, l'esprit public, agité et excité, devient soupçonneux ; des bruits sinistres courent, facilement accueillis : comme, depuis plus de huit jours, une sortie est annoncée, projetée, préparée, et qu'elle ne se fait pas, que les compagnies de marche reçoivent, coup sur coup, ordre de partir, de rentrer, de se tenir prêtes de nouveau, etc., la population ne consent pas à expliquer ces contretemps et ces hésitations par des motifs raisonnables. Elle ne se fait pas à l'idée que les troupes sont mal disposées, et les généraux désillusionnés; elle croit, comme toujours, comme partout, que l'on est *trahi*, et fait remonter la trahison presque aux plus hautes têtes, c'est-à-dire, jusqu'aux généraux, au général Schmidt même, chef d'état-major du gouverneur de Paris. Le bruit s'est répandu aujourd'hui que sa trahison avait été découverte et qu'il était arrêté. Il n'en était rien, mais ces rumeurs avaient pris une telle consistance, que le général Trochu a cru devoir les démentir formellement, dans le *Journal officiel*, bien entendu sans nommer le général Schmidt. Son indignation l'a même entraîné à des incorrections de langage assez singulières : il ne se contente pas de « signaler ces manœuvres »; il déclare qu'il « en flétrit les auteurs » ! ignorant, sans doute, qu'il n'appartient à personne de *flétrir* quelqu'un, mais que c'est la mission, le rôle et le devoir de la justice ou de l'histoire. Bientôt, d'ailleurs, ce ne sera plus le chef d'état-major que l'on accusera de trahison, ce sera le général Trochu lui-même !

Le gouvernement, à bout de voie, emploie tous les moyens pour rassurer l'opinion ; il s'ingénie, il invente, il affirme les faits les plus incertains : il prétend, par exemple, que la délégation de Bordeaux tient tout prêts des approvisionnements considérables, « en vue du ravitaillement de Paris », et il nous en donne le détail : tant de milliers de bœufs, tant de moutons, tant d'autres denrées. C'est fort bien ! mais à quel propos ce ravitaillement ? est-ce quand nous serons débloqués, ou quand nous aurons capitulé ? Les optimistes n'ont aucun doute à ce sujet : comment ne s'agirait-il pas d'un succès complet et prochain ? En outre, M. Jules Favre, saisissant l'occasion des funérailles de pauvres enfants tués par le bombardement, s'écrie, sur leur tombe, que « nos maux touchent à leur fin ! » Il est vrai qu'il ajoute : « *je l'espère!* » ; mais, dans cette population de Paris, si disposée à croire ceux qui parlent avec assurance, ce mot, *je l'espère*, passe inaperçu, et l'on entend partout dire : « Le triomphe ne va pas tarder, M. Jules Favre l'a annoncé ! »

Pendant ce temps, il se passe à l'Hôtel de Ville des scènes dignes d'être mises sur le théâtre par Aristophane, si elles n'étaient pas plus odieuses encore que ridicules. La Commission de l'enseignement, établie dès les premiers jours de la Révolution, fonctionne avec activité, et, pour avancer plus vite, s'est divisée en sous-commissions. Une de ces sous-commissions est composée d'hommes et de dames, sous la présidence de M. Carnot ; mais, quand M. Carnot est absent, c'est M⁽ᵐᵉ⁾ Jules Simon qui préside et, hommes et femmes écoutent gravement ses allocutions. Ces messieurs et ces dames[1] parlent, dis-

---

[1] Les principaux membres sont : MM⁽ᵐᵉˢ⁾ Jules Simon, Goudchaux (juive), Carnot, Millard, Coignet, Rocquain, la Cécilia, Marchef-Girard, Bachellery, Béquet ; M⁽ˡˡᵉˢ⁾ Chenu, Daubié, Toussaint-Gaudon. Parmi les hommes on remarque : MM. Pelletan, Vacherot, Carnot, Laugier, Brisson, Clémenceau, Taxile-Delort, Despois, Beaumetz, Durier, Hérisson, Favre, Herold, Lavertujon, Leblond, Le Roy, Mahias, Marguerin, Henri Martin, Mottu, Pouchet, Rousselle, Sauvestre, de Fonvielle, Chandos, Gréard, Corbon, Claretie.

courent, discutent, comme à la Chambre, posent des principes, comme à la Sorbonne, réglementent, comme au conseil d'Etat; bien plus, décrètent, comme s'ils devaient durer, comme si Paris n'était pas bombardé, menacé de la ruine et du feu, sur le point d'être pris de force ou obligé de capituler; comme si la République était fondée, comme s'ils avaient l'avenir à eux et que Dieu le leur eût donné pour en disposer selon leurs caprices, leurs préjugés et leurs passions. Mais que dis-je ! Dieu ! Ces législateurs en robe et en paletot ne croient pas à Dieu, ne veulent pas qu'on parle de Dieu, exigent que les générations nouvelles ignorent son existence, n'entendent pas prononcer son nom. Dès le début et, sans discussion, sans examen, ils avaient posé en principe que l'enseignement serait *obligatoire*, puis que les écoles de l'État seraient confiées exclusivement à des laïques, enfin qu'aucune subvention ne serait accordée aux écoles *congréganistes*, c'est-à-dire, dirigées par les *Sœurs* et les *Frères* des écoles chrétiennes. On est bientôt entré dans les détails, les matières de l'enseignement, l'inspection, les examens, etc., et c'est alors que se sont manifestées les prétentions d'un athéisme qui ne dissimule pas son dessein de s'imposer en tyran. On avait posé en principe la *liberté* de l'enseignement, mais, dès qu'il s'est agi de l'application de ce principe, il a été renié et énergiquement réprouvé. Les femmes, surtout, se sont montrées intraitables ; en vain, une ou deux voix timides ont cherché à obtenir quelques concessions : « Nous n'accorderons rien ! s'est écrié l'orateur féminin le plus écouté et le plus acharné, Mme Coignet (femme de l'inventeur d'un béton qui porte son nom) ; la liberté est bonne en principe et détestable en pratique ! Si nous n'excluons pas absolument nos concurrents, il ne nous sera pas possible de lutter, nous serons vaincus, et ce sera comme si rien n'avait été fait ! Commençons par former des générations selon nos idées ; à celles-là nous pourrons accorder la liberté ! Nous avons en main la puissance de faire prévaloir nos opinions ; gardons-nous de ne pas nous en servir en réduisant nos adversaires au silence et à l'immobilité ! » Toutes les décisions ont été prises dans cet esprit. On avait admis que le *conseil d'examen* de capacité et des conditions d'enseignement, serait composé de trois éléments : les représentants de l'*État* (Université), de la *Commune* (Ecoles municipales) et des *écoles libres ;* quant à ceux-ci, on a arrêté qu'ils seraient, *non pas élus par les écoles*, mais *nommés par l'État* : « Si nous admettons des représentants élus d'écoles libres, s'est encore écriée Mme Coignet, appuyée par Mme Jules Simon, nous aurons des *congréganistes*, et c'est ce que nous ne voulons pas; tout serait perdu!»

De même, dans la séance de lundi, 9, la question de l'enseignement purement *laïque* a été immédiatement résolue : non seulement, il ne sera donné aux enfants aucune instruction religieuse, mais on ne devra même pas leur enseigner l'existence de Dieu. M. Carnot, un moment dérouté par tant de vivacité, a tenté de faire observer qu'il n'y aurait pas grand inconvénient à ce que les enfants reçussent un enseignement simplement *philosophique*, lequel suppose et reconnaît Dieu. Il a été vigoureusement repoussé par les mêmes dames, qui ont déclaré que cette première concession en entraînerait d'autres déplorables, qu'après *Dieu*, il faudrait parler de l'*âme*, de l'*immortalité*, etc., que de ces idées à une religion, à un culte, il n'y avait qu'un pas, et que l'on n'entendait pas assumer la responsabilité de conséquences aussi fâcheuses. Il a donc été décrété que l'on n'apprendrait pas aux enfants qu'il pouvait y avoir un Dieu, et que l'on s'abstiendrait même d'en prononcer le nom.

Combien remplissent mieux leur devoir et leur office de femmes, ces dames qui, dans les ambulances, se consacrent à soigner les malades et à panser les blessés, leur lavant les pieds, leur posant des cataplasmes, leur préparant les tisanes, apportant des remèdes, des vivres, du vin, du chocolat, de la viande, du bouillon, qu'ils n'ont pas toujours, de l'argent, et enfin, sans discours, sans se faire valoir, leur donnent leur temps, leur esprit et leur cœur! Elles viennent (à la Trinité), pour subvenir aux frais énormes de l'ambulance (500 francs par jour), d'organiser un concert, auquel elles ont déclaré, en prenant des billets, qu'elles n'assisteraient pas. Et telle est l'ardeur avec laquelle elle se sont occupées de placer ces billets, qu'il a fallu en doubler le prix et l'élever de 5 à 10 francs, ce qui a porté le chiffre des bénéfices, tous frais faits, à 4,900 francs. Voilà la différence entre les femmes chrétiennes et les libres-penseuses; celles-ci parlementent, font assaut d'éloquence; les autres consolent les malades, les soulagent, leur donnent courage et espoir, les aident à guérir, ou à mourir en pensant à Dieu.

12. — Le bombardement a continué avec les dévastations et les meurtres qu'on est obligé d'appeler *ordinaires;* on cite particulièrement la rue d'Assas, la rue de l'Ouest, etc., dont les habitants, sous une pluie d'obus, se sont sauvés, cette nuit, n'emportant que ce qu'ils avaient sous la main. Tous les moyens sont employés pour se mettre à l'abri;

un ingénieur, qui habite au-dessus des Catacombes, a pratiqué une ouverture dans son jardin, y a fait un escalier, et s'est établi avec sa famille, au milieu des *tibias*, des *fémurs* et des *humérus* en croix surmontés de crânes aux yeux vides. Dans cette cité des morts, il espère éviter la mort.

13. — Bombardement très fort, cette nuit, surtout du côté du Jardin des Plantes, de la Salpêtrière, et au centre du faubourg Saint-Germain; rue Saint-Placide, il est tombé un obus au n° 31.

Le gouvernement vient de jouer une jolie petite comédie, avec la plus grande gravité, et un sérieux qui serait fort amusant, en un autre moment. Il a annoncé, il y a quelques jours, que M. Jules Favre avait été invité à prendre part, comme représentant de la France, à la conférence qui se réunit à Londres. En quelle forme cette invitation est-elle rédigée, et est-elle officielle? C'est ce qu'on ne nous dit pas. Quoi qu'il en soit, on s'est réuni en conseil, pour délibérer sur ce qu'il y avait à faire : M. Jules Favre doit-il aller à Londres? Doit-il rester ici? Des deux côtés, il y a des inconvénients : s'il reste, on perd l'occasion de se faire entendre, d'agir sur l'esprit des diplomates, d'influencer les puissances, de voir de près et de connaître les intentions, de profiter des incidents à venir, de tenir un rang, de faire valoir son importance. S'il va à Londres, il peut être traité avec dérision, mépris, et comment le supporter? Et comment l'empêcher? Et quelle sera son attitude vis-à-vis de la Prusse, qui, là, nous insultera, tandis qu'elle bombardera, qu'elle prendra peut-être Paris? Après plusieurs délibérations, cependant, une raison importante décide à accepter : aller à Londres, être admis au conseil des grandes Puissances, quel que soit le titre qu'on y porte, c'est être presque reconnu, on compte avec nous! Or, ces hommes de vanité sont touchés surtout par un succès de vanité, comme tous les comédiens. Oui! il faut y aller! M. Jules Favre ira! Mais ici se présente une autre difficulté : Comment partir? Comment quitter Paris? On s'adresse alors à M. de Bismarck : « On me demande de me rendre à Londres pour la conférence; il me faudrait un sauf-conduit. — Qu'entendez-vous par là? dit M. de Bismarck. — L'assurance de sortir de Paris, sans que l'on tire sur moi. — Je vous le promets, on ne tirera pas sur votre ballon. — Comment! mais je ne veux pas partir en ballon! — C'est la seule voie que je puisse laisser libre. — Je ne trouve pas ce moyen de locomotion parlementaire. — M. Gambetta l'a bien employé. —

Oui, mais un diplomate! — Restez alors! — C'est comme si l'on ne m'invitait pas. — Cela ne me regarde pas, je vous assiège ; c'est déjà une politesse, de ma part, de vous permettre de partir en ballon ; je pourrais tirer sur votre voiture aérienne, vous faire descendre plus vite qu'il ne vous conviendrait, et vous faire mon prisonnier. » Tout ceci est contenu dans les lignes suivantes de l'*Électeur libre*, journal de M. Picard, membre du gouvernement : « Si l'invitation a été envoyée, le *sauf-conduit n'a pas été donné par M. de Bismarck* dans une forme acceptable : il est, en effet, bien naturel que le représentant de la France aille, avec tous les honneurs qui lui sont dus, rejoindre les représentants de l'Europe, et notre ministre des affaires étrangères ne partira jamais *en ballon* » (n° du 13 janvier).

Sur cette réponse péremptoire de M. de Bismarck, nouveau conseil, nouvelle délibération. On n'a plus hésité, on s'est décidé à être héroïque, et par une longue tirade insérée ce matin au *Journal officiel*, M. Jules Favre, sans parler des pourparlers avec M. de Bismarck et des conditions mises à son départ, nous a annoncé fièrement qu'il avait pris une résolution généreuse, que, Paris étant bombardé, il tenait à partager nos dangers, et que, dans une telle crise, « il ne se séparerait pas de nous! » M. Jules Favre nous reste donc, au risque de partager le sort du général Trochu, à qui l'on attribue ce nouveau mot, plus que sinistre : « Je me regarde comme un condamné à mort, destiné à être frappé par une balle Prussienne dans la poitrine, ou par une balle de Belleville dans le dos ! »

Sans que le pain soit régulièrement rationné, il est cependant fabriqué en quantité si restreinte, que l'on fait queue de grand matin, à la porte des boulangeries, qui, dès 8 heures, sont fermées. Le bombardement a maintenant un tout autre caractère : déjà, quelques incendies ont éclaté par l'effet des obus ; cette nuit, le dépôt des *voitures de Paris*, près des Invalides, a pris feu, et la provision de fourrages a été brûlée; mais bientôt ces incendies vont se propager sur une vaste échelle : après les obus, les Prussiens, dit-on, vont lancer sur Paris plusieurs milliers de bombes *incendiaires*, et l'on se figure l'épouvante de cette immense capitale, la terreur de la population, quand, sur vingt ou trente points de Paris, monteront les flammes qui dévoreront des maisons, des quartiers entiers !...

Prix de quelques objets de consommation : Une gousse d'*ail* 80 centimes, une livre de bœuf 10 francs, un poulet 50 francs. En traversant le Palais-Royal, je viens de compter

10 boutiques à la suite l'une de l'autre fermées (galerie de Valois). En revanche, on entend des mots tels que ceux-ci : « Je vais acheter un morceau de cheval *chez ma marchande à la toilette;* je sais qu'elle peut s'en procurer. »

14. — Les séances de la sous-commission d'enseignement continuent à présenter le même intérêt, par les excentricités qui y sont sérieusement soutenues. Dans la séance du 12, la question à examiner était le mélange des enfants des deux sexes, ce qu'on appelle les écoles mixtes. Les écoles mixtes ont été aussitôt adoptées avec enthousiasme par les dames législateurs, par Mme Jules Simon, en première ligne, dont Mme Coignet s'est contentée, cette fois, d'être le lieutenant. Les hommes, par l'organe surtout de M. Gréard, inspecteur de l'Académie de Paris, homme d'expérience et de sens, ont tenté de résister. Mais les femmes les ont chargés et poussés, en les accablant d'une grêle d'arguments : « Les Etats-Unis ont des écoles mixtes; or les Etats-Unis sont une république; donc, la France républicaine doit avoir des écoles mixtes ! On objecte l'Angleterre, où des essais de ce genre n'ont pas réussi : l'Angleterre est aristocratique ; la France est une république démocratique !
— Prenez garde! les aptitudes des deux sexes sont différentes; l'enseignement qu'on leur

donne doit être différent. N'est-il pas à craindre, s'il est le même, que, par égard pour le plus faible, on ne soit obligé d'abaisser le niveau des études? — Nullement! aux Etats-Unis, le même enseignement est donné aux filles et aux garçons. Voyez le livre de M. Hippeau, lisez M. Hippeau! — M. Hippeau n'a passé que trois mois aux Etats-Unis; chargé d'une mission officielle, il n'a vu que ce qu'on s'est attaché à lui faire voir, et il ne parle, d'ailleurs, que de deux ou trois maisons de ce genre. — Les femmes Américaines sont fort instruites, fort supérieures aux nôtres! on trouve aux Etats-Unis des femmes médecins, docteurs, avocats, professeurs, même ministres du culte, et nous n'en sommes pas encore là! M. Hippeau a très bien vu, et son livre prouve que ces écoles marchent très bien! — Il n'y a, il est vrai, aucun inconvénient à élever ensemble de tous petits enfants, jusqu'à 5 ou 6 ans, comme dans les salles d'asile, (ou exceptionnellement dans les communes écartées qui n'ont qu'un seul maître); mais, à un âge plus avancé, ces dames ne redoutent-elles pas que ce mélange de filles et de garçons ne présente des dangers? — Du tout! Nous ne craignons rien! aux Etats-Unis, on n'a trouvé aucun danger! Cela se passe très bien! Il y a plus, non seulement nous voulons des écoles mixtes dans l'enseignement primaire, mais dans l'enseignement secondaire. — Quoi ! dans les collèges et les lycées ! Vous réunirez dans les mêmes classes des jeunes gens et des jeunes filles de quatorze à dix-huit ans, pour leur enseigner le latin, le grec et les mathématiques ! — Certainement ! comme aux Etats-Unis, dans le fameux établissement de ***. —Mais, madame, avec notre caractère et notre légèreté, la morale... — La morale n'a rien à faire ici ! on en est quitte pour se marier ! Aux Etats-Unis on n'agit pas autrement ! C'est entendu ! le principe est adopté, mais nous n'entendons pas le laisser appliquer par tout le monde : les écoles libres (congréganistes) s'arrangeraient pour faire échouer les premiers essais. C'est l'Etat seul qui aura le privilège des écoles mixtes. —Mais si la tentative ne réussit pas? —Elle réussira ! alors, nous autoriserons les écoles libres à nous imiter. Nous ne l'avons pas dissimulé, d'ailleurs : nous voulons surveiller les écoles libres, les contrôler, les réprimer ! Il faut qu'elles cèdent, qu'elles succombent, qu'elles disparaissent : accorder la liberté aux écoles libres, ce serait nous tuer ! ce serait insensé ! » Voilà les résultats que Mme J. Simon a retirés du livre de son mari sur la *liberté !*

Le bombardement n'a pas seulement lieu la nuit ; il continue le jour, et dan tous les quartiers de la rive gauche, des Invalides à Ivry. Dans le faubourg Saint-Germain, rue de Varenne, à deux heures, on entendait siffler et passer les boulets au-dessus de sa tête, et l'on pouvait suivre, à quelques pas, la détonation des obus. On suit ainsi, heure par heure, les sinistres qui se produisent : ici, les incendies, là, les maisons éventrées, les monuments écornés, les jardins dévastés, et les passants tués sur place, et les bombes qui crèvent les toits, les planchers, et frappent les habitants imprudemment demeurés dans leurs maisons. Beaucoup passent leur vie dans les caves, jour et nuit, sans air, sans feu, écoutant la canonnade qui gronde, et redoutant qu'un de ces puissants cônes de fonte à calotte d'acier qui pèse plus de 100 kilos, après avoir traversé 6 étages, ne défonce encore la voûte, et, jusque dans ces profondeurs, ne vienne coucher morts les malheureux qui trouveront là leur caveau funéraire.

Aujourd'hui, Saint-Sulpice a encore été atteint à la toiture : un obus a volé jusqu'à la rue Hautefeuille, point le plus éloigné qu'ait atteint l'ennemi, et un autre, à la caserne de Babylone, a tué deux soldats. Le gouvernement avoue près de deux cents morts ou blessés. On peut être sûr qu'il n'exagère pas.

15, *dimanche*. — Jamais le dimanche, de-

puis le 4 septembre, n'a été aussi lugubre :
je l'ai peut-être déjà dit, hélas! mais les
formules se ressemblent, quand les événements sont les mêmes! Toute la nuit, formidable canonnade : le bombardement s'entendait distinctement de tous les quartiers de la
ville ; au centre, où nous sommes depuis
mardi, rue Auber, on en suivait tous les
coups. Ce matin, il devient encore plus fort,
et il semble qu'il s'étend tout autour de la
ville. Je sors et parcours plusieurs quartiers :
partout les troupes en marche, équipées en
guerre, qui se dirigent vers des points contraires, le boulevard des Italiens, le boulevard de l'Hôpital, la rue de Rivoli. Y aurait-il
donc enfin un combat, cette attaque si souvent
annoncée, ou la prépare-t-on pour demain ?
A huit heures et demie, quoique la matinée
soit peu avancée, la plupart des boulangeries
sont déjà fermées : il n'y a plus rien. Çà et là,
quelques-unes débitent le reste de leur provision du jour aux gourmets qui ne veulent pas
manger du pain ordinaire : cette réserve, la
fleur du panier, se compose de petits pains
brûlés, noirs, et durs comme de la fonte de
fer. Trop heureux qui en obtient un ou deux!
Le quai de la Tournelle est encombré de longues charrettes chargées de barriques : leur
interminable file donne une nouvelle animation à ce quartier depuis trois mois si désert

et abandonné. C'est l'entrepôt des vins qui déménage; des obus sont déjà tombés dans son enceinte. A la Halle, sur les trottoirs, quelques marchands étalent trois ou quatre paquets d'oignon, de céleri, de poireaux, etc., qui se vendent à des prix exorbitants. Les seules voitures que l'on rencontre sont des charriots de déménagement, remplis de meubles, et des fiacres sur lesquels sont empilés des matelas : la population de la rive gauche continue à émigrer : partout les témoignages de la désolation, de l'épouvante et de la ruine !

A une heure, à la messe, le curé de Saint-Roch est monté en chaire après l'Evangile et, à l'occasion de la fête du jour, a commencé un sermon sur l'Incarnation et l'Eucharistie : je l'ai, d'abord, écouté, je remarquais l'élévation et la componction de ses paroles; mais, au bout de quelques minutes, ma pensée était ailleurs : le canon, qui ne cesse de retentir, tonnait avec plus de force que jamais; l'attaque semblait être devenue plus énergique, et à ce moment devait être dans toute son intensité : chaque phrase du prédicateur était accompagnée d'une détonation violente, qui résonnait sous les voûtes de l'Eglise avec un bruit profond et terrible; à certains instants, le canon frappait comme aux portes du temple, et les ébranlait, comme s'il voulait les ouvrir en les enfonçant.

Et je n'étais pas le seul aussi distrait et inattentif; bien des têtes se penchaient pour écouter, bien des regards se tournaient l'un vers l'autre, pour se communiquer les impressions qui, pour tous, étaient les mêmes. Le curé s'arrêta tout à coup, comprenant et partageant sans doute les émotions de son auditoire; puis, prenant un autre ton, aussi élevé, mais plus familier et plus tendre, il fit appel à la charité, en faveur des pauvres, de ces pauvres qui souffrent véritablement, les petits employés sans emploi, les commerçants sans commerce, les industriels sans industrie, les petits rentiers qui ne touchent pas leur rente, ruinés, sans ressources et qui, cependant, ne reçoivent pas les secours que la bienfaisance officielle distribue largement aux basses classes. Et le tableau qu'il traça de cette misère ignorée, silencieuse, profonde, et qui s'aggrave chaque jour, était si navrant, chacun en sentait, en connaissait si bien la réalité, que, lorsqu'il annonça qu'une quête serait faite, à la sortie, par les dames à chaque porte, et que, bien plus, lui, le pasteur de cette église, il allait parcourir les rangs, « pour demander encore, une double aumône », il n'y eut qu'un seul mouvement dans cette grande assemblée : tout le monde ouvrit sa bourse, tout le monde donna; la sébille du prêtre fut plusieurs fois remplie, et l'on trouva encore de l'argent pour les bourses des quêteuses.

Devant de tels spectacles, je l'avoue, je me sens parfois si touché, que je conçois quelque espérance que Dieu accordera un adoucissement au châtiment de la coupable cité, en récompense des nobles et généreuses et tendres âmes qui l'y servent et l'honorent par la première des vertus, la charité !

Notre gouvernement a beau affecter la sécurité la plus parfaite, et les journaux qui obéissent à sa consigne annoncer chaque jour de nouveaux succès, tour à tour l'approche de nos armées à 20 lieues, à 10 lieues de Paris, au Nord, à l'Est, à l'Ouest, la prochaine arrivée de Faidherbe, de Chanzy, de Bourbaki, il est à bout, et nous le voyons par le trait le plus sensible, le *pain* ! Ils prétendent avoir encore beaucoup de provisions, et la première, surtout, le pain : mais, c'est une dérision, un outrage de plus qu'ils font subir à ce peuple qui, du reste, l'a mérité, puisqu'il s'est confié à eux! La vérité, c'est qu'il n'y a plus de pain : ce qui s'appelle de ce nom, et que l'on nous distribue, particulièrement depuis trois jours, est un affreux mélange de toutes sortes de graines, fécules et farineux : son, maïs, avoine, riz, graine de lin, pois, seigle, vesce même, mélange saupoudré peut-être d'un nuage de farine, comme on secoue du sucre en poudre sur un plat, et le tout, cuit ensemble, compose une pâte noire, compacte, humide, gluante, lourde, âpre et hideuse à voir. N'ayant pu *lever*, ce prétendu pain s'émiette entre les doigts, il s'attache au gosier, on ne l'avale qu'avec de pénibles efforts ; à peine ingurgité, il pèse dans l'estomac, comme des balles de métal qu'on y eût introduites. Il n'y a rien là de ce qui constitue la nourriture habituelle de l'homme ; c'est, sans hyperbole, au-dessous du pain dont les chasseurs nourrissent leurs limiers et qu'ils appellent du *pain de chien*. Nombre de gens en sont incommodés ; personne qui ne le trouve repoussant. On voit approcher l'heure du repas, non avec la joie de l'appétit qui se va satisfaire, mais avec l'horreur d'être condamné à apaiser sa faim par un aliment qui n'inspire que le dégoût. Il faut manger cependant, et plus souvent que d'habitude, ce qu'on mange étant peu nourrissant, et le rude froid de cet hiver exigeant plus d'aliments pour se soutenir ; et l'on est réduit à cette alternative, ou souffrir de la faim, ou se nourrir de substances qui vous répugnent, ne se digèrent pas, et vous rendent malade. Je ne doute pas, que, sous l'influence de cette abominable alimentation, le nombre des malades n'augmente, et que cette semaine le chiffre des morts ne soit beaucoup plus élevé. J'apprends, en effet, ce soir, que ce chiffre est de près de 4,000 (3982), 400 de plus que la semaine dernière. Ajoutez que cet effroyable pain n'est livré que sur le vu d'une carte de boucherie, et que, par conséquent, il se forme, à la porte des boulangers, de longues queues de pauvres femmes, dès six heures du matin, et par un froid de 10 degrés !

Rien de plus aisé, certes, que de nous fournir un tel pain ! Ils peuvent continuer longtemps ainsi, y ajouter même des substances moins nutritives encore, de la sciure de bois, ou des écorces d'arbres broyées et, parce qu'il en aura la forme, ils affirmeront que le pain ne manque pas à Paris !

Ils viennent, pourtant, de réquisitionner à peu près les derniers chevaux, en mettant à pied la cavalerie de la garde nationale, et ne conservant que ceux qui sont strictement nécessaires pour l'armée et les services de la ville. En outre, ils reçoivent des avertissements sérieux de plusieurs côtés : quelques fanfarons parlent très haut, pour s'étourdir ; mais le mot de *capitulation* est dans toutes les bouches : des personnes considérables, en position d'être écoutées, ont songé aux mesures à prendre pour le moment qui suivra immédiatement la reddition de la ville : les directeurs des chemins de fer ont déclaré au gouvernement que, si l'on était obligé de se rendre, il faudrait, plusieurs jours avant, que les voies ferrées pussent utilement contribuer au ravitaillement; qu'il y avait donc nécessité de ne pas attendre que les vivres fussent complètement épuisées, afin de ne pas laisser mourir de faim, après, cette population qu'on fait si cruellement, souffrir avant! D'autres ont présenté des observations analogues, rien n'y fait : nos maîtres ne sont préoccupés que d'une pensée, paraître avoir héroïquement résisté. Que leur importent les souffrances d'un peuple immense! Une partie de ce peuple, d'ailleurs, est fanatisée, abrutie, et se croira près de la victoire, jusqu'au dernier instant; l'autre, molle et timide, n'ose élever la voix. Ce qu'ils veulent, c'est se glorifier devant la République, exciter l'admiration des démocrates de l'univers, et aussi ne pas s'attirer les foudres de M. Gambetta, qui n'admettrait pas qu'ils se soient rendus avant que des rangées de fosses aient été remplies de cadavres, et qui leur jetterait à la face, comme à Bazaine et à Ulrich, l'infâme mot de trahison! Toutes ces souffrances, il les faudrait supporter, et il ne serait ni patriotique, ni juste de se plaindre, si l'on avait espoir d'être secouru. Mais cet espoir est absolument perdu, et ne peut abuser que des esprits candides : ces privations que l'on impose à la population ne sont pas seulement inutiles; ce sont de cruelles immolations, des sacrifices criminels, car ils ne servent qu'à la méprisable et détestable gloriole de ces hommes que pousse uniquement un féroce orgueil !

16. — Le bombardement d'hier, de l'aveu de tout le monde, et le *rapport militaire* le constate, a été plus fort que tous les précédents : un obus a troué le dôme du Panthéon. L'ennemi visait depuis longtemps le Panthéon, parce qu'on y avait déposé des poudres; mais, il y a quelques semaines, elles en avaient été enlevées. Le boulet qui a pénétré le plus avant dans le faubourg Saint-Germain, hier, est tombé rue Taranne. Les forts et les canons du rempart répondaient aux batteries ennemies et, par l'effet de cet échange incessant de coups l'un sur l'autre, le vacarme était tel, à certains moments, qu'on eût dit de l'effondrement de plusieurs quartiers à la fois. Toute cette nuit, le canon a encore tonné, de distance en distance ; mais, depuis 4 heures du matin, il ne cesse pas, et avec une force aussi grande au moins qu'hier. L'ennemi concentre-t-il un plus grand nombre de ses feux sur deux ou trois de nos forts, pour les anéantir, puis, étant plus rapproché, atteindre l'intérieur même de Paris ? N'est-ce pas, aussi, une attaque de notre part, et au bombardement ne se joint-il pas un combat ?

On nous communique, de temps en temps,

des extraits de journaux étrangers, Prussiens, Autrichiens, Belges, Anglais, Américains. Je ne relève, dans les derniers extraits, que deux ou trois faits qui donnent lieu à des observations instructives : 1° Les journaux Prussiens nous apprennent, qu'il y a quinze jours environ, la Seine charriait de si gros glaçons, que le pont de Villeneuve-Saint-Georges fut rompu et, par suite, les communications coupées entre les deux parties de l'armée ennemie. Les asssiégeants pouvaient être gravement compromis; on l'ignora, faute d'espions ; on ne profita pas de cet accident, et ils eurent le temps de rétablir leur pont. 2° La vraie situation de nos armées de province est révélée par ce seul trait : une quantité d'ingénieurs civils sont devenus officiers, même officiers supérieurs, c'est-à-dire que l'on manque d'officiers. Nos jeunes soldats sont aussi braves, se battent aussi bien qu'il y a six mois, seulement ils ne sont pas commandés. Comment auraient-ils confiance? Comment leurs chefs improvisés croiraient-ils en eux-mêmes ? Comment les généraux peuvent-ils compter sur une armée ainsi organisée? M. Gambetta le sait; en continuant la lutte, il ne fait donc que perpétuer les désastres, les échecs, les défaites et les massacres de notre vaillante jeunesse. Mais M. Gambetta est un élève des hommes de la

Terreur, élèves eux-mêmes des païens de l'Antiquité, et qui ne connurent jamais cette vertu, dont ils ont déshonoré le nom, la *fraternité*. 3° Des dépêches françaises et prussiennes, il résulte que les deux partis s'attribuent la victoire de Bapaume; elle a donc été indécise; on ne peut s'empêcher de penser au mot de J. de Maistre : « En beaucoup de cas, le vainqueur est celui qui *croit* l'être. » Ce qu'il y a d'incontestable, c'est que Manteuffel et Faidherbe ont fait des pertes considérables; beaucoup d'hommes ont péri. 4° M. Gambetta nous a informés, par dépêche officielle, que le 23 décembre, les Prussiens avaient évacué la ville de Rouen. Or, M. Cérutti, consul général d'Italie, vient de recevoir, de sa femme réfugiée à Rouen, une longue lettre, datée du 29 décembre, dans laquelle elle lui parle des *Prussiens en ce moment à Rouen*. Cette lettre a été apportée par un officier prussien, de Rouen à Versailles, à M. de Bismarck qui, connaissant personnellement M. Cérutti, et voulant lui être agréable, la lui a fait remettre par M. Washburne, ministre des Etats-Unis. Quelle foi devons-nous donc avoir dans les *rapports officiels* de M. Gambetta? Quand il nous annonce des victoires ou des défaites, le plus sage serait de croire absolument le contraire. Nos gouvernants n'ignoraient pas ce mensonge, et ils l'ont propagé; ils ont l'habitude de dire continuellement l'opposé de la vérité : ils n'ont pas, un seul instant, hésité.

17. — La canonnade d'hier et d'avant-hier avait été si violente que l'on attendait avec anxiété le *rapport militaire*, pour savoir ce qui s'était passé; mais, grand a été le désappointement : le *rapport*, comme à l'ordinaire, ne nous a rien appris, pas un détail, pas un fait. Si l'on en croit, cependant, les bruits qui se répandent, trois forts, Montrouge, Vanves et Issy, ont leurs bâtiments de service et d'habitation ruinés, vont bientôt être intenables, et sont menacés de tomber au pouvoir des Prussiens. Une fois là, leurs obus pourront atteindre jusqu'aux boulevards. Déjà, avant-hier, il en est tombé un, rue du Pont-de-Lodi, *près du Pont-Neuf*. Jusqu'ici, comme la population des quartiers bombardés est peu compacte, les victimes sont en petit nombre : le gouvernement en évalue le chiffre à 90 en trois jours, tués ou blessés. Aussi, ceux qui vous parlent du bombardement, le font-ils, en général, d'un ton dégagé ; ils n'ont pas l'air de s'en émouvoir : 30 personnes par jour! qu'est-ce que cela? On n'est pas atteint, on espère bien ne pas l'être, on y fait donc peu d'attention, et on lit avec une sorte d'indifférence la liste des morts que

publient chaque matin les journaux. Cette placidité, cette irréflexion de gens qui ne veulent pas s'arrêter à un sujet pénible, font comprendre l'attitude de Paris, en 93-94, quand la guillotine abattait 70 à 80 têtes par jour. Alors, comme aujourd'hui, l'espoir d'être épargné, et un égoïsme secret glaçaient les esprits et retenaient l'expression des sentiments ; les choses continuaient à aller à peu près comme par le passé ; l'aspect général de la ville était à peine modifié ; les voitures roulaient dans les rues ; on vendait, on achetait, on se rendait à sa section, au club, on lisait la séance de la Convention, la liste des guillotinés de la veille ; il semblait que Paris fût indifférent, et qu'il ne se jouât pas, chaque jour à 3 heures, sur la place de la Révolution, une tragédie ignoble et sanglante ! Malgré cette apparente indifférence, cette période de vie de la France n'en était pas moins la plus horrible et la plus détestable, et elle est marquée dans l'histoire d'un nom qui nous fait frissonner encore : la *Terreur!*

De même, pour ne faire, selon le calcul de certains journaux, qu'une victime sur 10,000 habitants, le bombardement de Paris, en 1871, n'en est pas moins effroyable.

18. — Tout Paris s'attend, pour la quatrième ou cinquième fois depuis quinze jours,

à une action, qui aurait lieu aujourd'hui ou demain : hier, toute la journée, on a vu défiler des troupes, des canons, des voitures d'ambulance, des cacolets, etc. Ce grand déploiement de forces ne permet pas de douter qu'il ne se prépare un coup énergique. Malheureusement, si les canons étaient beaux, l'attitude des troupes n'était pas aussi satisfaisante et, dans plusieurs endroits, elles ont même présenté un spectacle aussi peu rassurant que scandaleux. Rue de Rivoli, nombre de traînards se détachaient des rangs et n'hésitaient pas à s'adresser à la foule amassée sur les trottoirs, se plaignaient qu'on ne leur donnait presque rien à manger, de mauvais pain, presque pas de vin, etc., ne rougissaient même pas de demander, et acceptaient sans vergogne. Quelques-uns furent assez malmenés par des passants indignés, d'autant plus qu'à ces plaintes ils ajoutaient des paroles de découragement, et ne dissimulaient ni leur peu d'espoir, ni leur peu d'envie de se battre. A la porte Saint-Denis, à 3 heures, des groupes nombreux s'entretenaient de la situation, et ces groupes étaient assez peu confiants dans l'avenir. A chaque instant, se décèlent de nouveaux signes de l'approche de la fin.

Le pain est la grande préoccupation du gouvernement; quelque mauvais et horrible qu'il nous le fournisse, il prévoit le moment prochain où il n'y en aura plus; il a bien songé, et l'on en a parlé, ces jours-ci, à le rationner, mais on ne sait comment faire; on eût dû le rationner dès les premiers temps, on a craint d'effrayer; aujourd'hui, ce serait bien pis, il y aurait une panique; on n'ose plus, et on laisse aller. Les mairies, il le faut avouer, font, en cet instant critique, tout ce qu'elles peuvent pour soulager la population. La nécessité et les besoins si impérieux ont forcé les maires à ajourner leurs desseins politiques et à s'occuper seulement de leurs administrés. Dans le VI° arrondissement, dont j'ai des nouvelles, quoique absent, on s'est mis activement à l'œuvre : ainsi, les vaches étaient depuis longtemps réquisitionnées (il en reste 80), mais le lait, exclusivement destiné aux enfants nouveau-nés, était, par un grave abus, souvent détourné en faveur de riches et impudents privilégiés. On vient d'appliquer à ce service une surveillance spéciale ; on laisse aux propriétaires de la vache une moitié du produit, pour l'intéresser à la bien nourrir, et l'autre moitié est réservée aux petits enfants. De même, pour les chevaux : on s'est douté que, malgré les réquisitions, il devait y en avoir quelques-uns non déclarés; on les a recherchés, et l'on en a trouvé plus qu'on ne croyait

(200 dans l'arrondissement), et en des lieux dont on ne se serait jamais douté, dans un grenier au sixième étage ! Si l'on fait partout les mêmes perquisitions, et si l'on en découvrait autant dans chaque quartier, on aurait 4,000 chevaux, c'est-à-dire, huit jours de nourriture, à 500 par jour. On prétend, en effet, qu'il y aura plus longtemps de la viande de cheval que du pain. Les particuliers rivalisent, de leur côté, de zèle, de charité et de générosité. Le nom d'un Anglais, M. Richard Wallace, demeurera légendaire à Paris, pour la munificence, la grandeur d'âme et la vivacité avec lesquelles, à plusieurs reprises, il a secouru la population pauvre; c'est par centaines de mille francs qu'il fait ses larges aumônes : il a déjà donné de 500,000 à 600,000 francs, il vient d'en offrir 100,000 autres. M. de Rotschild a consacré aussi une somme importante à l'achat de vêtements de laine pour les pauvres gens de Paris; et il fallait voir, hier, la queue immense, les milliers de femmes sur quatre rangs, qui se pressaient à la porte des magasins de blanc (près du Vaudeville, sur le boulevard des Italiens), où se distribuaient tous ces objets, et ce n'était pas seulement des pauvres, du moins ce qu'on appelle d'ordinaire ainsi, c'étaient des ouvriers, de petites marchandes, des femmes même de la classe moyenne, plus

misérables encore que les pauvres reconnus et secourus officiellement.

Le gouvernement ne peut ignorer cet état de choses : de tous côtés, on l'informe de la situation du malade ; il en reçoit le bulletin chaque jour; à lui d'aviser et de préparer les mesures qui suivront le dernier moment, pour que les héritiers ne mettent pas la maison à sac et ne le poussent pas lui-même dehors, non pas seulement par les épaules, mais avec des formes plus énergiques et moins polies ! J'apprends, du reste, qu'il calcule à peu près l'instant fatal : « Il y en a pour quinze jours environ, aurait dit M. Hendlé, un des secrétaires de M. Jules Favre; après cela, il faudra en finir, d'une façon ou d'une autre. »

Les nouvelles changent d'heure en heure, ainsi que les résolutions de nos gouvernants : ce matin, je croyais, d'après ce que m'avait assuré un des administrateurs de la mairie du VIe arrondissement, que l'idée de rationner le pain était abandonnée. A midi, il n'en est plus ainsi : le pain va être décidément rationné, les cartes sont déjà imprimées, une partie a été expédiée à l'Hôtel de Ville, qui les distribuera aux mairies ; avant deux jours, nous saurons, par ces bulletins de disette, la quantité de pain que nos docteurs nous permettent de manger. Sera-t-elle suffisante ? Il est si mauvais qu'on ne désirera guère en avoir davantage.

La canonnade, plus intermittente que d'ordinaire, semble mêlée de tir d'artillerie de campagne et de bombardement. Nous ne saurons rien que ce soir ou demain, si tant est qu'il y ait eu combat. Des bataillons de la garde nationale continuent à défiler, équipés en guerre, et se rendent dans la plaine sous Paris.

19. — Le pain est rationné : dès hier soir, le bruit s'en est répandu et, aussitôt, toutes les boulangeries de *pain conservé* ont été envahies; les biscuits, le *pain russe*, ont été enlevés par piles; on voyait des dames et des messieurs chargés de *miches*, comme des commissionnaires. Nous avons fait comme tout le monde, et mon frère, M. de C*** et moi, nous sommes allés à la boulangerie de la rue Saint-Honoré, et avons acheté 25 à 30 livres de pain russe, qui se conserve presque indéfiniment. Cette hâte à se munir de pain pour l'avenir vient de la déclaration des boulangers que, dès aujourd'hui, commencera le rationnement, et que ce rationnement sera de 300 *grammes* par jour. On conçoit la terreur : quelque détestable que soit le

pain, cette quantité est tout à fait insuffisante, puisque la nourriture ordinaire de l'homme doit être de 750 à 800 grammes, et encore plus pour des hommes qui travaillent, qui veillent sur les remparts, font des marches dans la plaine, passent plusieurs heures à l'exercice, manient le fer et le marteau dans les usines, etc. On se demande si la mesure s'appliquera à tout le monde : une exception pour le peuple, l'armée, certaines corporations d'ouvriers, etc., semble d'abord raisonnable; elle est, cependant, souverainement injuste : outre l'inégalité, le rationnement pèserait principalement sur cette classe moyenne qui n'est ni riche ni pauvre, qui ne reçoit aucun secours, et se trouverait dans l'impossibilité absolue de vivre. C'est alors que s'accroîtrait le nombre de maladies mortelles, auxquelles les médecins donneraient des noms scientifiques, mais qui n'auraient d'autre cause que la faim. Qu'importe! ce ne sont pas ces petits bourgeois, employés et rentiers, qui feront des émeutes et renverseront le gouvernement! D'autres, au contraire, ne doutent pas que la mesure ne soit générale et, dans ce cas, nous sommes à la veille des plus grands périls : comment tenir longtemps, j'entends plusieurs jours, avec une alimentation aussi incomplète! D'après les journaux étrangers, une des raisons qui obligèrent Bazaine à capituler, c'est que la population était réduite à 200 grammes de pain par jour. Or, nous ne sommes déjà pas loin de ce chiffre. Il est donc à croire que le peuple s'ameutera, les femmes crieront, les chefs des partis violents profiteront de l'agitation, et qui ne sait ce dont ils sont capables ! On doit prévoir une émeute, ou une insurrection, ou un changement de gouvernement, ou la capitulation, ou l'un et l'autre à la fois. Et ce ne sont pas des suppositions; personne ne s'abuse plus : les yeux de tout le monde se sont tout d'un coup ouverts; en quelques jours, en quelques heures, cela a été fait : le gouvernement, l'armée, le peuple, la bourgeoisie, les modérés, les fanatiques, tous y ont vu clair subitement. Ce qui ne s'était jamais vu, ce qu'on n'eût osé penser il y a huit jours, a été dit en plein club, dans le club Favié, un des plus violents de Belleville : « *Il n'y a plus d'espoir !* tout est fini ! la *Commune* même ne nous sauverait pas ! il n'y a plus lieu de songer à l'établir ! nous sommes perdus ! » Et, dans ce club si violent, nul n'a osé affirmer le contraire : on n'a plus parlé que du moyen de mourir, du moyen le plus beau, le plus théorique, le plus républicain. Les uns, comme M. Briosne, le seul de ces tribuns qui ait de l'éloquence, nous ont proposé de sortir tous de Paris, deux millions d'hommes, femmes, vieillards, enfants, et d'aller nous jeter sur les lignes Prussiennes, pour nous y faire tuer jusqu'au dernier, après avoir détruit Paris (par l'incendie, je pense)! Nous léguerions ainsi à la postérité ce prodigieux exemple : Paris, par cette grande ruine, mériterait d'être comparée à Babylone, à Ninive, à Jérusalem et à Palmyre! D'autres, jugeant ce moyen impraticable, ont mis en avant un projet d'une exécution plus facile : tout simplement de se soulever en masse (c'est-à-dire, le *peuple*), de descendre dans les quartiers opulents et, puisqu'il faut périr, de ne pas quitter la vie sans s'être vengé des riches. Là, il y a eu division, ceux-ci faisant entendre qu'il faudrait punir les riches, en les massacrant, ceux-là proposant seulement de les piller, de visiter leurs maisons et de descendre dans leurs caves, pour y prendre leurs provisions entassées, *leurs conserves et leurs jambons*, allusion sans doute à un fameux article paru, il y a 3 ou 4 jours, dans le journal de M. F. Pyat, *le Combat,* et où il était question des « succulentes agapes qui font tressauter sous la triple flanelle les ventres » de ces misérables riches[1]. D'autres, enfin, ont déclaré qu'il fallait prendre partout où on le trouverait ce dont on aurait

---

[1] Le *Combat,* 15 janvier 1871, article de M. Capdevielle.

besoin, et qu'il était « honnête de voler »! En quelque minorité que soient ces tribuns populaires, nul doute qu'ils n'aient un public pour exécuter leurs projets, comme ils en ont un pour les écouter. On s'attend à une tentative de la partie la plus vile de la populace, au moment des préliminaires de la capitulation; déjà beaucoup de personnes prennent des précautions et, comme aux premiers jours de septembre, songent à s'armer, à se barricader et à se défendre dans leurs maisons.

2 heures. — Au moment où j'écris, une grande bataille se livre aux portes de Paris, sur plusieurs points; la principale attaque est, du côté de Montretout, contre les positions ennemies qui inquiètent le plus nos forts du Sud, et les troupes, sous le commandement du général Ducrot et du général Vinoy, opèrent vers Garches et Buzenval. Les forces dont nous disposons sont considérables; on les estime à 100,000 hommes, y compris la garde nationale mobilisée, dont tous les bataillons ont été requis. Dans Paris, on n'entend que très peu les coups sourds d'une canonnade éloignée; toute la ville est dans l'attente d'un résultat si important et probablement décisif.

4 heures.— Je suis allé au ministère de l'Intérieur; j'y apprends la nouvelle officielle d'un premier succès de notre armée : à 10 heures,

nous nous sommes emparés de Montretout, le général Ducrot est entré dans le parc de Buzenval, et l'on marche sur Garches. Ce succès est de bon augure; reste à savoir si nous pourrons nous maintenir dans les positions conquises. Un détail singulier, en effet, m'inquiète : le fort du Mont-Valérien donne avis que le combat est fort acharné, « que l'on entend la fusillade des Prussiens, mais *que l'on n'entend pas leurs canons* ». Je crains que les Prussiens ne nous réservent une de ces surprises qui leur sont familières, et qu'ils n'attendent que nous soyons plus près, pour nous écraser de leur artillerie éloignée à dessein, et formidablement concentrée. En rentrant, je rencontre de nombreuses voitures d'ambulance qui ramènent des blessés.

5 heures.—On entend plus distinctement des coups de canon plus rapprochés, qui semblent tirés de nos remparts.

Le général Trochu est parti, hier soir, pour diriger les opérations : ce départ a eu lieu sans avis préalable, et nous ne l'avons connu que ce matin, par un *ordre* du général Le Flô, qui le remplace par *intérim*, et prend, dit-il, le commandement supérieur des troupes qui défendent Paris. On commente diversement la démarche du général Trochu : les uns prétendent qu'il a quitté, non seulement le commandement, mais Paris même, qu'il s'est envolé en ballon, qu'il a passé les lignes, qu'il va prendre la direction des armées de province, etc. Ceci est de la fantaisie ; le plus grand nombre pense raisonnablement que le général Trochu s'est mis à la tête de la grande opération, avec l'intention de tout risquer pour passer, même sa vie. Il a déclaré qu'il ne capitulerait pas, il n'a pas d'autre moyen de tenir sa parole que de se faire tuer. Déjà, dans ses dernières inspections des avant-postes, on a remarqué qu'il ne prenait aucune précaution, pour se mettre à l'abri des projectiles qui pleuvaient autour de lui ; il semblait plutôt rechercher que fuir le danger. Il y a du désespoir dans ce courage, qu'il serait injuste de méconnaître; la déclaration du général Trochu ressemble assez à celle du général Ducrot qui, le 29 novembre, avait déclaré qu'il ne rentrerait que mort ou victorieux. C'est cette parole inconsidérée qui le poussa à affronter la mort avec une si téméraire vaillance : dans cette charge aussi brillante que déraisonnable, il eut son cheval tué sous lui, mais il revint sain et sauf. Ceux qui le virent, en cet instant, furent remplis d'une admiration douloureuse; cet homme voulait mourir ! Le général Trochu songe peut-être à l'imiter.

Ce matin, avait été affichée une proclamation du gouvernement, dont on ne peut parler que pour en relever le ridicule : on y reconnaissait la rédaction de M. Jules Favre, son style prétentieux, son emphase, son obscurité, son charlatanisme. « Souffrir et mourir, s'il le faut, s'écriait-il, mais vaincre ! » Variante moins nette et moins claire du fameux *vaincre ou mourir !* Il déplorait que le bombardement tuât des innocents, comme si ce n'était pas le propre de tous les bombardements, et en conséquence, il appelait *aux armes !* comme si tout le monde ne lui criait pas, depuis trois semaines, à lui, gouvernement : *aux armes !* Mais ces hommes-là seront les mêmes jusqu'à leur dernier moment, des parleurs, irréfléchis, comme tous les avocats qui font autre chose que leur métier d'avocat.

10 heures. — Ce soir, les *rapports militaires* s'arrêtaient à 3 heures ; chacun demandait des nouvelles ; on espérait en avoir à la mairie du VIII° arrondissement, et une foule considérable s'est portée, de 8 à 9 heures, vers la rue Drouot. Mais là, les seules dépêches affichées étaient celles que l'on connaissait : on les répétait tout haut aux survenants, qui demeuraient sur place pour les commenter, et la rue fut bientôt encombrée. Mais, signe très caractéristique, cette foule ne ressemblait pas aux foules d'il y a un mois, agitées,

légères, bavardes, crédules, accueillant et propageant les bruits les plus absurdes; le moment est tellement grave, que tout le monde était sérieux; peu de cancans, et le plus souvent, écoutés froidement; peu d'espérances exagérées ; le sentiment général était l'inquiétude. On savait que les premiers pas avaient été heureux, qu'on avait emporté quelques positions de l'ennemi, on estimait ces succès à leur juste valeur : Montretout était peu important, il était difficile d'y rester, tant nous que les Prussiens; Buzenval avait plus de prix ; là s'était livré un combat qui nous faisait honneur : on racontait que le parc était crénelé, et que les mobiles et les gardes nationaux qui le devaient assaillir avaient été reçus par une fusillade nourrie; prévenus, ils s'étaient jetés à terre, puis la décharge faite, s'étaient relevés et élancés à la baïonnette contre le mur que balayaient en même temps deux mitrailleuses, et l'avaient ainsi emporté d'assaut: Ces mobiles s'étaient souvenus des Vendéens de la grande guerre, qui, n'ayant pas de fusil, se couchaient par terre quand on tirait le canon, puis couraient dessus, leurs bâtons à la main, et s'en emparaient, en assommant les artilleurs sur leurs pièces. Mais, tout en rapportant ces héroïques exploits, on n'était pas moins anxieux du résultat de la journée; on croyait savoir que, vers 5 heures, le combat continuait, malgré la nuit, vers Garches, avec acharnement. Quel en était le but, la fin ce soir, la suite demain? Un des motifs d'inquiétude les plus graves, c'était la part très considérable que devait avoir pris, que prenait certainement à la bataille la garde nationale. Elle avait donné, disait-on, au moins autant que la mobile et la ligne; et dans cette foule, il n'y avait, pour ainsi dire, pas une seule personne qui n'eût un fils, un frère, un parent, un ami. Bien des fois, depuis quatre mois, l'anxiété de la ville avait été vive, mais jamais aussi sincère, aussi grave et aussi profonde : tous étaient touchés dans ce qu'ils avaient de plus intime, comme citoyens, comme particuliers, comme hommes.

20. — Le bombardement n'avait pas cessé, dans la journée, pendant la bataille. Cette nuit, peu de bruit. Ce matin, à 4 heures et demie, coups de canon éloignés.

Tandis que se passaient ces grands événements, et que les corps tombaient morts sur la terre, que les voitures d'ambulances rentraient, remplies de blessés, la Commission d'enseignement tenait séance, à l'Hôtel de Ville. Les hommes étaient moins nombreux que d'habitude, mais les femmes au grand complet. Les séances d'hier et de mardi avaient pour objet la composition des conseils d'enseignement; il doit y en avoir trois : un conseil supérieur, un conseil académique (par circonscription de province), et un conseil par département. La composition des deux premiers n'avait souffert aucune difficulté : pour ces républicains qui, ainsi que les républicains à esclaves de l'Antiquité, sacrifient tout à l'Etat, l'Etat doit avoir la priorité et la suprématie sur tout : le conseil supérieur est donc formé par le ministre, un des chefs de l'Etat, présidé, dirigé par lui ; les conseils académiques par le recteur, représentant du ministre, homme de l'Etat. Cela semblait tout simple à la Commission; nul n'avait hésité. Il y eut seulement quelques doutes, quand il s'agit des conseils départementaux, parce qu'alors apparut la Commune, qui évidemment, ferait valoir ses droits. Mme Coignet, imbue des idées du *Self government* Américain, se détacha absolument de l'opinion générale : elle voudrait le moins de gouvernement possible, pas du tout même; chacun agirait à sa guise, ferait ses affaires, se conduirait selon ses inspirations : point de fonctionnaires, d'administration, partout l'individu. C'est à ce naïf égoïsme qu'aboutit la logique impitoyable d'une femme, qui ne saurait embrasser des vues d'ensemble. Le reste de la Commission s'est prononcé pour l'Etat : l'Etat nommera même les membres du conseil départemental. Seulement, comme il y a trop d'écoles libres pour qu'on n'en tienne pas compte, on a bien voulu accorder à l'enseignement libre *deux* places ; ce chiffre est dérisoire ; il n'en a pas moins été voté à l'unanimité, moins M. Albert Le Roy, qui a continué à se montrer, seul, libéral en principe et en pratique, et qui, avec beaucoup de force, de verve et de bons sens, a vivement reproché à la Commission son esprit tyrannique : « Quelle influence deux ecclésiastiques pourront-ils avoir, a-t-il dit, dans une assemblée qui comptera 25 à 30 membres? Si vous voulez détruire tout enseignement libre, déclarez-le! Si vous lui permettez de vivre, laissez-lui les conditions de l'existence! Mais je le vois, a-t-il ajouté, après une très énergique harangue, je ne suis pas compris ici, on n'y aime pas, on ne veut pas la liberté ; personne ne me soutient, il est inutile que je parle, et même que je vienne! » Sur ces paroles, dites d'un ton très vif, il a pris son chapeau et est sorti. Les dames, toutes plus illibérales que les hommes, ont fait alors décider tout ce qui leur a plu. Mᵐᵉ J. Simon, avec plus de vigueur que jamais, a répété son grand mot : « Vous ne savez pas contre quelles forces vous auriez à lutter! C'est une bataille que nous aurions à livrer et nous serions vaincus! Ne leur permettons donc pas de combattre! Obligeons-les à obéir et à se taire! Plus tard, nous verrons à appliquer l'idéal de la liberté! » Voilà ce que c'est que d'avoir été formée par un philosophe libéral !

On s'est ensuite occupé de l'enseignement qui sera donné dans les écoles; car la Commission prévoit tout, et aussi livre tout à l'Etat. L'Etat décidera de l'emplacement de l'école, de la construction, de la grandeur, du choix et de la nomination de l'instituteur, des sujets qu'il devra enseigner, de la méthode qu'il suivra, du programme des études, etc. Tout sera élaboré, préparé par l'Etat, et expédié aux communes, qui n'auront qu'à s'incliner et à obéir. Jamais les communes n'auront été soumises à une sujétion plus complète, considérées plus insolemment comme des mineures incapables de réfléchir, de raisonner, de faire sans guide un seul pas! A ce propos, a été traitée incidemment, la question de l'enseignement de l'*Histoire sainte :* on s'est demandé si cet enseignement serait permis dans les écoles : avec la même libéralité, la majorité penche pour la prohibition absolue, dans la crainte qu'en racontant l'histoire de Moïse, on ne soit obligé de parler de miracles; en racontant les miracles, de parler de Dieu, et que, par suite, la religion n'entre tout droit dans l'enseignement, auquel cas, tout est compromis. On reviendra, avant peu, sur ce sujet. Une faible minorité, cependant, M. Gréard et Mme Chenu, entre autres, acceptaient l'enseignement de l'*Histoire sainte*, mais donné par des professeurs prudents, impartiaux, qui élimineraient tout élément surnaturel, expliqueraient les faits miraculeux par la science et les causes naturelles, et rendraient cette histoire exclusivement *humaine*, comme celle de tous les autres peuples. Ainsi exposée, l'*Histoire sainte* n'aurait pas d'inconvénients, et présenterait même un grand avantage : on détruirait d'avance les préjugés religieux jusque dans leurs germes. Du reste, depuis que les hommes sont moins assidus aux réunions de la Commission, et que les dames y dominent, les discussions n'avancent pas ; on se traîne, on piétine sur place, on parlotte, on répète les mêmes arguments à toute occasion ; bref, on donne un éclatant exemple de ce que serait un parlement féminin.

A 9 heures du matin, les journaux nous communiquent les dernières dépêches d'hier soir. Hélas ! hélas ! défaite complète ! Mêmes effets, mêmes résultats qu'aux précédentes sorties : l'ennemi nous a laissé prendre les premières positions, puis est arrivé avec une formidable artillerie et d'énormes renforts d'infanterie, et nous a débordés, accablés de ses feux, frappés à droite, à gauche, en face. Cela devait être : plus nous nous avancions, plus grand était le péril ; nous nous trouvions comme un coin dans du bois : résistance de face et sur les côtés. Il a été impossible de tenir, « on s'est *replié*, on a *fléchi* ». Nous savons ce que signifient de tels mots! Puis, on a abandonné les hauteurs conquises le matin, comme à Villiers. Et, quand on se retire ainsi, quelles doivent être les pertes, les morts, les blessés, sous une canonnade qui les poursuit et tire dans la masse! Et les prisonniers, sur qui on lance la cavalerie, qui les ramasse par bandes ! Nous allons apprendre aujourd'hui tous ces horribles détails! Le bruit public, les rapports des généraux, les récits des journalistes, s'accordent sur un point capital : la garde nationale s'est admirablement comportée : élan, bravoure, solidité, zèle, intelligence, elle a montré les plus utiles, les plus nobles qualités du soldat. Jusqu'ici, on avait, j'avais, un des premiers, marchandé à cette milice citoyenne l'épithète d'*héroïque*. Je suis heureux, je me réjouis de dire que j'ai eu tort, que je me suis trompé, que ces jeunes gens, ces bourgeois de Paris, n'étaient pas seulement légers, fanfarons, sceptiques et vantards ;

ils sont braves, autant que les plus braves de l'Ouest, et ils peuvent être fiers des applaudissements que leur donnent les plus valeureux soldats de la France.

Toute la journée se sont succédées les mauvaises nouvelles; en même temps qu'il nous apprenait la malheureuse issue de la bataille, le *Journal officiel* publiait une note ambiguë, propre à faire entrevoir d'autres désastres. Des dépêches étaient arrivées par pigeon; « on n'en avait encore déchiffré que les premières lignes », et l'on devait déclarer que le général Bourbaki avait remporté des succès importants dans l'Est, mais qu'il « y avait eu un *temps d'arrêt* dans le progrès de nos armées de l'Ouest ». Jamais on n'avait employé une expression moins claire et, cependant, pour qui ne voulait pas fermer les yeux, plus effrayante. *Il y a eu un temps d'arrêt :* dans la langue de l'Hôtel de Ville, cela veut dire, on a reculé; si l'on a reculé, c'est qu'on a été battu; si l'on a été battu, quelle n'a pas été la défaite! Evidemment, le gouvernement, effrayé lui-même, n'osait annoncer à la fois tant de malheurs au public, désastre à Paris et désastre en province; la note officielle avait pour but de préparer les esprits. Il n'a pas fallu attendre longtemps : à 2 heures, tout Paris a su, par les affiches, la vérité tout entière : Chanzy défait par le prince Frédéric-Charles, 10,000 hommes pris, retraite vers Laval. Afin de mitiger un peu cette révélation douloureuse, on annonçait aussi deux *victoires* de Bourbaki, mais sans détails, en deux mots, en indiquant seulement le lieu d'une des deux actions, Villersexel, déjà mentionné depuis deux jours par les journaux étrangers, qui ne semblaient pas attacher grande importance à cette affaire. Le public a fait à peine attention à ce mot de consolation, et s'est attaché, au contraire, à la grosse nouvelle, celle de Chanzy.

Mais là ne s'arrêtaient pas les mauvaises nouvelles : une dépêche télégraphique du général Trochu, datée du Mont-Valérien, annonçait un armistice de deux jours, *pour enterrer les morts*. Mais, dans quelle forme ! loin de chercher à diminuer l'impression pénible qu'il allait causer, le général Trochu semblait s'être appliqué à l'augmenter : on voyait un homme agité, furieux, qui précipitait ses mots, qui avait, pour ainsi dire, perdu la tête : « L'ennemi n'attaque pas, il faut parlementer *d'urgence*, pour un armistice; il faudra *du temps*, des efforts, des voitures *très solidement* attelées, *beaucoup* de brancardiers; ne *perdez pas de temps*, pour agir dans ce sens ! » La population, à cette lecture, a été épouvantée : qu'y a-t-il donc ? Nos pertes sont donc bien considérables? Tout de suite, on les a portées à 7 ou 8,000 hommes. En même temps, le général Trochu nous informait qu'il faisait retirer ses troupes, et même « quelques-unes dans leurs anciens cantonnements ». L'effet suivit de près la nouvelle; car, presque aussitôt, arrivèrent, par les portes du nord-ouest, des masses de troupes, qui rentraient dans Paris. Ainsi, toute attaque était abandonnée, et l'idée même d'une reprise. L'effet fut aussi rapide qu'extrême : on entendait, de tous côtés : « C'est fini! il n'y a plus d'espoir! » Des groupes se formèrent sur plusieurs points du boulevard et dans la rue Drouot; la désillusion était complète, le découragement absolu. On racontait quelques épisodes de la bataille, et les récits, cette fois, étaient beaucoup moins brillants que ceux d'hier. Le parc de Buzenval n'avait pas été enlevé, comme on l'avait dit; nous n'en avions occupé que la lisière, 50 mètres à peine, et pendant peu de temps. Puis, on expliquait le plan du combat, le but que l'on s'était proposé : la Seine fait un coude étendu de Bougival à Saint-Cloud, coude dont l'extrémité au nord est Epinay; c'est ce qu'on appelle la presqu'île de Gennevilliers. Cette presqu'île est fermée, de Bougival à Saint-Cloud, par des collines élevées, comme les Pyrénées ferment la presqu'île Espagnole. Ce sont ces hauteurs qu'occupaient les Prussiens, et que nous voulions enlever. Or, les Prussiens s'étaient retranchés formidablement, ayant coupé de tranchées toutes ces collines boisées, crénelé les murs, et transformé en redoutes les maisons isolées et les châteaux, par des travaux de fortifications les plus solides. Ils connaissaient bien, en effet, l'importance de cette position, puisqu'elle fermait la route de leur quartier général, Versailles. C'est contre ces hauteurs ainsi armées que le général Trochu a lancé son armée pour les enlever, et l'on ne peut trop s'étonner qu'il ait osé le tenter et espéré réussir, quand on connaît le terrain. Il ne pouvait les aborder que de front, c'est-à-dire, dans les conditions les plus périlleuses, et employer à la fois qu'une partie de ses troupes, l'étendue du champ de combat ne lui permettant pas de les développer toutes. Aussi, presque la moitié n'a pas donné, et les troupes qui sont montées à l'assaut de ces retranchements escarpés, défendus par des forces nombreuses, ont été écharpées. Ajoutez que l'ennemi avait, comme toujours, une artillerie supérieure qui, placée sur des points dominants, a dû faire éprouver aux nôtres les plus grandes pertes, quand il n'en devait subir que de très modérées. Tel a été le plan du général Trochu : il n'a été ni difficile à comprendre, ni long à exécuter, et malheureusement à échouer. Il y eut 37,000 hommes, sur la gauche, qu'on laissa immobiles, l'arme au pied, se dévorant de ne rien faire, tandis qu'ils entendaient les Prussiens qui quittaient leurs positions, pour aller combattre.

A ces nouvelles trop certaines, se joignaient d'autres appréhensions : la question du pain était fort agitée dans les groupes, et l'on était unanimement d'accord qu'une quantité aussi minime que 300 grammes était tout à fait insuffisante, et que la population ne pourrait supporter un tel régime que peu de jours. Enfin, des bruits sinistres circulaient sur les dispositions des hauts faubourgs, Belleville, Ménilmontant, La Villette, Montmartre : on craignait un mouvement, et le gouvernement était si convaincu que ces bruits étaient fondés, qu'il avait pris des précautions pour la nuit. La gendarmerie était consignée ; à l'Hôtel de Ville, on donnait aux employés ou aux personnes qui y avaient affaire des cartes de circulation ; la garde des mobiles y avait été doublée. Paris se couche dans la douleur, le deuil et l'anxiété. Les voitures d'ambulance roulent par toute la ville ; des trains entiers du chemin de fer de ceinture amènent des blessés ; chaque famille tremble pour quelqu'un des siens ; on peut être réveillé par la fusillade de la guerre civile ; une tristesse silencieuse pèse sur la cité ;

dans les groupes mêmes, point de cris, de discours à voix élevée ; on parle doucement, sans animation, le sentiment général est un abattement morne.

21. — Hier, le bombardement n'a pas cessé, quoique moins continu ; il a surtout atteint la Salpêtrière, le Jardin des Plantes, le faubourg Saint-Germain ; il tombait, à dix heures, des obus, rue Oudinot.

Détail qui peint un coin de la société Parisienne, coin peu étendu heureusement : tandis que l'on se battait encore, à 6 heures, il y avait *queue*, au Théâtre-Français. On jouait le *Médecin malgré lui*, une des pièces les plus gaies du répertoire : cette société voulait se distraire, se réjouir, rire un peu ! Pendant la représentation, on a apporté à l'ambulance du théâtre, — car les actrices de la Comédie-Française en ont établi une dans le foyer, — un pauvre blessé, un de leurs camarades, jeune homme de vingt-cinq ans, nommé Séveste, qui avait depuis peu, débuté, et qu'un obus venait de cruellement mutiler à la bataille. On allait lui couper la jambe, au moment même où le joyeux Sganarelle contait comment, avec un certain baume, un petit enfant tombé d'un clocher avait été soudainement guéri, remis sur pied, et avait couru *jouer à la fossette !*

Le *rapport militaire* sur la bataille de Buzenval ne nous a rien appris de nouveau; mais le bruit de la grandeur de nos pertes se répand de plus en plus; on affirme aujourd'hui qu'elles s'élèvent de 9 à 10,000 hommes hors de combat! La garde nationale y compte pour une large part : le 72ᵉ bataillon (de Passy) où est capitaine mon ami, M. Dubray, a perdu, dit-on, 150 hommes. Aussi, les plaintes sont-elles vives contre le général Trochu; les uns demandent qu'il se retire, les autres pensent qu'il se fera tuer, d'autres regardent comme un acte de lâcheté sa retraite au fort du Mont-Valérien. Il est vrai que sa sortie de Paris a été quelque peu singulière, on n'en a été informé que par l'*ordre* du général Le Flô, qui annonçait qu'il le remplaçait comme *gouverneur*. Par cette démarche, le général Trochu se démet de son pouvoir politique, et par conséquent, se dégage de toute responsabilité dans les décisions futures du gouvernement. C'est ainsi qu'il a résolu le problème : *le gouverneur de Paris ne capitulera pas!* Quelques-uns se permettent de qualifier énergiquement cette manière d'agir et de lui appliquer, dans le mauvais sens, le mot de *Jésuitique*. En ce qui me concerne, je ne m'étonne pas de la conduite de ce pauvre homme : il agit envers le gouvernement de l'Hôtel de Ville, comme avec du gouvernement Impérial ; il n'a pour guide que sa vanité[1] !

Le même *Journal officiel* nous a donné le texte des dépêches relatives aux armées de Chanzy et Bourbaki. Le revers de Chanzy est purement confirmé, sans détail. La victoire de Bourbaki est plus difficile à comprendre. Il faut lire ces dépêches avec une grande attention pour y voir clair : rien de moins net que celles du général de Serres, major général de Bourbaki : celui-ci est un militaire qui ne fait pas de phrases, qui ne veut ni mentir, ni exagérer ; c'est lui qui dit la vérité. L'autre, Serres, est excessif en paroles, emploie les grands mots, et est préoccupé de plaire à M. Gambetta, qu'il comble d'éloges, en lui attribuant tout l'honneur du succès : « Ce sont vos idées, *ne l'oubliez pas*, lui dit-il, qui, par ma voie, ont collaboré à cette belle tâche. » Un tel flatteur — on voit que les tribuns en ont comme les rois, — inspire tout d'abord quelque défiance. Quoi qu'il en soit, de ces dépêches il ressort que cette *victoire*, comme l'appelle le général de Serres, cette *bataille*, se réduit à un simple combat *hono-*

---

[1] Comme l'esprit français est toujours alerte, pour plaisanter dans les circonstances les plus graves, on a dit que, si le général Trochu s'était retiré au mont *Valérien*, c'est qu'il comprenait qu'il ne *ralait rien* (M⁻ E. L.).

rable (c'est l'expression employée par Bourbaki), dont le résultat a été de nous permettre d'occuper « des positions *meilleures*, » et de « répondre *convenablement* à une attaque de l'ennemi ». C'est si peu une *victoire*, « qu'on se prépare à la bataille que l'ennemi *doit livrer le lendemain* ». Ce qui prouve qu'il ne s'est pas retiré, qu'il n'a pas été battu. Nous ignorons encore si l'on nous a donné toutes les dépêches. Pour juger le résultat final, il faut qu'on nous dise ce qui est arrivé de ces deux adversaires, qui s'examinaient l'un l'autre, après un premier mouvement heureux de nos troupes. Le gouvernement annonce des dépêches pour demain. Peut-être y trouverons-nous les *deux* victoires dont on nous a fait fête hier. Quant à la première, elle est propre, selon l'expression du général Bourbaki, à faire *concevoir des espérances*, mais, aussi, à épouvanter : si, comme à l'ordinaire, les Prussiens reculent pour l'attirer plus avant et l'envelopper avec leurs forces venues du nord-est, alors il serait perdu ! Les troupes se sont battues, dit la dépêche adressée à M. Gambetta, au cri de : *Vive la France!* Que va penser le fougueux dictateur, amant de la République ? Et il faut savoir que, dans l'armée de Paris, les dispositions des esprits ne sont pas différentes : « Il nous est défendu de crier : *Vive la République!* en marchant au combat, disait un blessé de l'ambulance de la Trinité, à M°° ***, nos officiers ne le veulent pas; ils prétendent qu'on ne doit pas crier dans les rangs! »

L'aspect de Paris, aujourd'hui, est fort triste, le découragement général : je viens de parcourir plusieurs quartiers; j'ai rencontré des groupes nombreux à l'Hôtel de Ville, au boulevard du Temple, à la Bastille. On ne s'y entretenait que de la question du pain; le peuple, là, ne se gênait pas de dire que l'on n'était pas nourri, et « que cela ne pouvait pas durer! » Dans la rue de la Chaussée-d'Antin, un attroupement menaçant s'était formé devant une boutique, où étaient étalés un lapin et des poulets : « c'était, disait-on, insulter à la misère publique! » D'autres demandaient qu'on fermât les boutiques de pâtissiers. A chaque pas, on rencontrait, pour ainsi dire, un enterrement, des brancards et des civières chargés de blessés. Il sortait, presque à chaque heure, un cercueil du Grand-Hôtel, et ce spectacle impressionnait vivement la population. En outre, le bombardement avait repris depuis midi, avec une grande violence; les obus tombaient et éclataient sans discontinuer sur les quartiers de la Maison-Blanche, le petit Gentilly, la Salpêtrière, les Gobelins, etc. On affirme que Saint-

Denis est également bombardé, et l'on doit s'attendre à voir affluer dans Paris une partie de la population de cette ville qui, étant peu étendue, sera facilement écrasée de boulets. Ce sont là quelques traits de l'heure présente : bombardement, disette, défaite à Paris, revers en province!

22. — *Dimanche.* La journée d'hier a fini au milieu d'une vive inquiétude : les groupes étaient devenus, le soir, beaucoup plus nombreux; un article du journal *le Combat,* de M. Félix Pyat, avait fort excité la population pauvre; on avait comme l'impression qu'il se préparait un mouvement : les postes des mairies étaient renforcés; des bataillons de la garde nationale réunis sur divers points, notamment place de la Concorde. A cinq heures, plusieurs journaux annonçaient que des bandes se dirigeaient vers l'Hôtel de Ville. La nuit n'allait-elle pas être tumultueuse? Etait-ce un nouveau 31 octobre qui se préparait? Et l'on se demandait dans quel but, pour quel résultat, avec quelle espérance?

4 heures. — Affreux dimanche! le plus affreux que nous ayons eu depuis le 4 septembre; puisque le sang de Français a coulé par les mains de Français, dans les rues de Paris! J'ai vu tirer les premiers coups de feu, sans le prévoir, sans m'y attendre. Inquiet

des nouvelles d'hier soir, des rumeurs de la matinée, du rappel battu dans tous les quartiers, pour convoquer la garde nationale, j'étais allé à la place de l'Hôtel-de-Ville, où, d'après les discours des clubs d'hier soir, était le rendez-vous pour midi. A une heure, il y avait encore peu de monde, trois ou quatre groupes de 1,000 à 1,500 personnes; quelques-uns avaient leurs fusils en bandoulière; le plus grand nombre était désarmé, les hommes armés pouvaient être des gardes nationaux revenant de monter leur garde; les groupes, d'ailleurs, étaient peu animés; on y parlait avec calme; nul orateur n'excitait les passions. Je crus que la manifestation était ajournée; d'ailleurs, d'autres motifs devaient le faire croire. Ce matin, il y avait eu un changement important dans le gouvernement : le *Journal officiel* avait annoncé que : 1° le titre et les fonctions de *gouverneur* de Paris étaient supprimés ; 2° le général Vinoy était nommé général en chef de l'armée de Paris; 3° le général Trochu restait seulement président civil du gouvernement. C'était une satisfaction donnée à l'*opinion publique*, à cette opinion révolutionnaire, qui ne reconnaît de légitime que le succès, qui s'élevait, depuis un mois si violemment contre le général Trochu, et profitait de son échec de Buzenval, pour le renverser, comme elle avait renversé l'Empereur, après Sedan. La plupart des journaux y avaient contribué, s'étaient joints au *Combat* et au *Réveil*, journaux des Communistes, pour demander son renvoi et, comme l'on fait, comme on se le permet vis-à-vis des pouvoirs expirants, lui avaient jeté insolemment à la face les plus dures vérités, celles, du reste, que ne lui épargnera pas l'histoire. Lui-même, épouvanté de sa responsabilité, heureux peut-être de ce déchaînement, qui lui permettait de se retirer dans un moment si terrible, avait supplié le gouvernement d'accepter sa démission ; le gouvernement l'avait refusée ; bien plus, ce gouvernement, non moins effrayé, avait réuni les maires vendredi et, dernier degré de la bassesse et de la lâcheté, leur avait, non pas accordé, mais offert cette *Commune*, contre laquelle il avait combattu le 31 octobre, leur avait demandé de prendre la direction des affaires. Mais, de même qu'il avait refusé le général Trochu, il avait vu son offre repoussée par les maires peu désireux de se charger d'une telle succession et d'un héritage si ruineux.

La place de l'Hôtel-de-Ville semblant assez calme, je m'éloignai, et longeai les quais, jusqu'au pont d'Austerlitz : le bombardement était très fort ; les plus grosses pièces devaient tirer sur les quartiers de la rive gauche ; les détonations ébranlaient l'air, et l'on entendait éclater formidablement les obus, qui tombaient continuellement avec fracas. A la place de la Bastille, quelques groupes, peu animés, où l'on s'entretenait des mouvements militaires et du pain, mais sans passion. Là, je montai sur un omnibus, qui suivait la rue Rivoli, désireux de voir encore la physionomie de la place de l'Hôtel-de-Ville. Il était près de trois heures : déjà, derrière l'Hôtel de Ville, les groupes étaient nombreux près de la mairie du IVe arrondissement; mais, de l'impériale, on voyait plus loin une foule noire qui, bientôt nous apparut compacte, immense. Elle emplissait toute la place, pressée jusqu'aux grilles. Au moment même où débouchait la voiture dans la place, un mouvement violent porta la foule en avant et, immédiatement, sans que nous pussions juger de ce qui se passait, un coup de feu partit près de l'Hôtel de Ville. Aussitôt, la foule se sauva à toutes jambes, s'éparpillant dans tous les sens, comme une volée de moineaux, et un large vide se fait devant la grille. Deux, trois coups de feu suivent immédiatement; de l'autre côté de la place, plusieurs coups répondent contre l'Hôtel de Ville; du palais, un feu roulant et précipité réplique; sur toute la ligne, le combat est engagé ; des deux côtés on tire avec vivacité : l'Hôtel de Ville surtout soutient un feu nourri et continu. En un instant, en moins d'une minute, la place est absolument nette; de la voiture qui s'était arrêtée, tous les voyageurs descendent, ou plutôt se jettent en bas, dégringolent et sautent à la hâte; la foule se précipite par toutes les issues, fuyant devant les chassepots et peut-être les mitrailleuses. La rue du Temple est remplie d'hommes, qui crient avec rage : *Aux armes!* Les boutiques se ferment, je m'enfuis par une rue écartée, et remonte vers les Halles : le bruit de la fusillade me suit, crépitante, ininterrompue. A mesure que j'avance, le bruit se répand qu'on se bat à l'Hôtel de Ville; qu'il y a eu, tout de suite, cent cinquante hommes jetés sur le carreau, etc., tandis que les Prussiens, à coups répétés de leurs canons Krupp, défoncent les maisons et tuent les malheureux habitants de l'autre moitié de Paris!

7 heures. — Les renseignements arrivent peu à peu : après cette vive fusillade, les émeutiers se sont retirés, la lutte est, en ce moment, suspendue. Drapeau rouge en tête, ils ont prétendu pénétrer dans l'Hôtel de Ville, demandé à parlementer; comme on refusait, ils se sont élancés pour escalader les grilles ; c'est alors qu'a été donné l'ordre de faire feu. Ils n'étaient pas prêts, ou ne s'attendaient pas à une si prompte répression. Aussi, après quelques coups échan-

gés, ils s'étaient sauvés dans leurs faubourgs.
A la première nouvelle, des gardes nationaux,
des gardes mobiles étaient spontanément
accourus. A quatre heures, place du Palais-
Royal, débouche un bataillon de la garde nationale : le *général* Clément Thomas, à cheval,
les harangue, et le peu de mots qu'il leur
jette témoigne de l'irritation des esprits et fait
entrevoir le caractère acharné de la lutte :
« En avant! leur crie-t-il, pas de quartier! à l'arme blanche! Comme à la bataille¹! »
En peu d'instants, tous les alentours de
l'Hôtel de Ville sont dégagés, défendus par de
nombreuses troupes, interdits à la circulation.
Au ministère des Finances, M. Picard, que
garde un bataillon de 800 de ses employés,
leur adresse quelques paroles, où il exprime
la confiance et l'espoir que ce n'est qu'une
échauffourée, qui n'aura pas de suites. Le
centre de la ville paraît apaisé : ce soir, je
sors ; les boulevards, jusqu'à la rue Drouot,
sont déserts; rue Drouot, quelques groupes
peu nombreux, qui ne savent rien, les journaux muets indiquant à peine l'événement
sinistre, qu'ils n'ont appris qu'au moment où
ils étaient sous presse. La mairie est gardée
par un fort piquet; dans toutes les rues voi-

---

¹ Le 18 mars, les insurgés prouvèrent qu'ils n'avaient pas oublié ces paroles : Clément Thomas fut, le premier, mas-sacré.

sines, des factionnaires, ce qui fait comprendre que la situation n'est pas ordinaire.

La fin de la journée a été calme : il est vrai que l'on avait pris toutes les précautions pour empêcher tout désordre : le gouvernement avait supprimé deux journaux, le *Combat* et le *Réveil*, fermé les clubs, fait des arrestations; bref, il avait agi comme l'Empire, et à ces anciens chefs de l'Opposition si *libéraux*, rien ne manquait pour mériter à leur tour le nom de *tyrans*. Ils le méritent, d'ailleurs, et je leur en fais honneur. (Je ne dis pas, comme eux et les autres avocats qui se mêlent d'écrire : *C'est leur honneur*.) L'Hôtel de Ville et tous ses abords étaient, en outre, gardés par des forces imposantes; des troupes campaient, en tenue de campagne, sur les quais et les ponts ; des batteries d'artillerie encombraient la Cité; et toutes ces troupes étaient, non de la garde nationale, mais de la *ligne;* voilà comment il faut agir, quand on veut se défendre! Enfin, Belleville était occupé par la division du général d'Exéa : c'est-à-dire, *une partie de notre armée était employée à empêcher la guerre civile dans Paris !* Comment donc entreprendre maintenant, une grande sortie contre les Prussiens ?

Je cite, parce qu'on ne peut les oublier, les proclamations du gouvernement et du préfet-maire, M. J. Ferry. Celle du gouvernement ressemble à toutes les pièces de ce genre : elle est banale, on la sait par cœur : « Il maintiendra l'ordre, les factieux ont osé.... il connaît son devoir, etc. » Celle de M. Ferry est peureuse, mensongère et ridicule : il veut nous faire croire qu'il n'y avait *qu'une compagnie* de gardes nationaux révoltés, des *groupes peu nombreux*, lorsque tout dément ces inutiles tromperies : la place était couverte d'une foule pressée, les groupes si nombreux, qu'ils formaient une multitude. Il nous informe plus loin, qu'une colonne de garde nationale, remontant vers les Batignolles, a été poursuivie et s'est dispersée. On sait, au contraire, que le mouvement avait été préparé avec une certaine tactique : les insurgés se sont présentés de plusieurs côtés à la fois ; le poste de chacun était assigné d'avance, et a été occupé comme il avait été convenu ; les gardes nationaux étaient partis, en armes et en rang, non seulement de la Villette, mais de la Maison-Blanche, de Montmartre et des Batignolles ; une troupe nombreuse, 1,500 hommes environ, avait cherché à s'emparer du parc d'artillerie de la garde nationale, qui est de 40 canons ; des journaux même affirment que des maires et des adjoints marchaient en tête des bataillons armés ; il est évident que c'était une entreprise concertée, pesée, mûrie, et qui réunissait tous les éléments de succès.

M. Ferry a jugé, du reste, l'ocasion bonne pour faire une phrase, et se plaindre qu'on ait « *souillé* une page si *pure* de notre *glorieux* Paris! » Beaucoup de gens prétendent que cette glorieuse catin est depuis fort longtemps souillée, et ne comprennent pas comment elle serait restée si pure.

24. — On recueille çà et là quelques détails sur la journée de dimanche : tout était si bien préparé que, la veille au soir, plusieurs milliers d'hommes étaient allé délivr . M. Flourens, renfermé à Mazas : le directeur, ami de M. Dubost, secrétaire général de la Préfecture de Police et ancien rédacteur de la *Marseillaise*, s'était empressé de livrer son prisonnier, avec toutes sortes d'égards et de politesses. Le nombre des victimes a été bien moins grand qu'on ne l'avait d'abord craint : il ne dépasse guère 40 tués ou blessés, ce qui s'explique par la rapidité avec laquelle la foule s'est éparpillée et a évacué la place. Quelques-uns ont été atteints en fuyant, le plus petit nombre en combattant.

Après cette sanglante émeute, que l'on devait prévoir, par ce qu'elle était inévitable, le gouvernement a dû se souvenir de la proposition de l'amiral de La Roncière-Le Nourry à M. Picard (le 31 octobre au soir), de prendre avec lui le bataillon des Finances (le 171e), un autre corps de la garde nationale dont il était sûr, ses marins et quelques mobiles, et de donner aux émeutiers des faubourgs une telle leçon, *qu'ils ne recommenceraient plus* : M. Picard n'osa pas accepter. On vient de voir ce qu'amènent les tergiversations : la *collision*, comme le journal *le Temps* appelle la lutte armée de dimanche, n'a été qu'ajournée, et peut-être elle se renouvellera !

Les dispositions du bataillon des Finances sont si connues des émeutiers, qu'il avait été désigné pour être *déporté en masse;* un autre, du faubourg Saint-Germain, le 106e, devait être plus sévèrement traité ; on l'aurait *fusillé*.

Il se passe, en ce moment, quelque chose de grave : on n'entend le canon d'aucun côté ; le rapport d'hier soir se terminait par une phrase bien propre à appeler l'attention : « Le feu avait cessé par ordre. » Depuis tant de jours que Paris écoute le terrible bruit du bombardement, pourquoi, aujourd'hui, un si complet silence ? On a un vague pressentiment : on se demande s'il n'y aurait pas des pourparlers, aux avant-postes. Plusieurs causes très graves peuvent avoir amené ce résultat, qui n'étonnera que les esprits irréfléchis : d'abord, l'insuccès de l'attaque du 19, non que nos pertes aient été aussi considérables qu'on l'avait d'abord dit, elles ne dépassent pas, assure-t-on, 2,000 hommes morts ou blessés ; mais elle a été marquée par des signes trop visibles de désorganisation et qui frappent les plus prévenus : désordre, indiscipline, manque de confiance des troupes dans leurs chefs, irrésolution des chefs. L'armée est démoralisée, et Paris n'a pas peu contribué à relâcher les liens de la discipline et à amoindrir l'esprit militaire. Une armée n'est pas composée de Trappistes ; il est, cependant, une réserve que, par respect d'eux-mêmes, doivent garder les officiers, jusque dans leurs désordres. Cette réserve, ils ne l'avaient même plus : la liberté de la vie de Paris s'était introduite parmi eux, et la légèreté de leurs mœurs rappelait celle des habitués du boulevard. On raconte que, même dans l'hôtel du général Trochu, au Louvre, les officiers de son état-major avaient un escalier dérobé, bien connu, destiné aux *cocottes*. Des avant-postes, les éclaireurs à cheval de la Seine partaient souvent, faisant trois ou quatre lieues, passant la moitié d'une journée à aller et venir, pour porter un message à quelque dame du demi-monde, de la part d'un officier supérieur. Ces officiers n'avaient même pas conservé le sentiment de dignité qui évite les commentaires des subordonnés ; ceux-ci s'indignaient d'être employés à de tels services, et perdaient toute considération et estime de leur chef. Au combat de Buzenval, le désordre avait été complet : les troupes de toutes armes se battaient mêlées et confondues, bravement, mais sans direction. Il était bien difficile, pour ne pas dire impossible, de recommencer une nouvelle tentative, avec des troupes si mal organisées. Et les vivres, qu'en reste-t-il ? Nos gouvernants le savent mieux que nous. Un peuple si nombreux ne peut endurer longtemps une disette qui affaiblit chaque jour davantage son corps et son courage. Cette disette montre déjà ses terribles effets : la mortalité est, cette semaine, de 4,465 ; la semaine prochaine, elle dépassera 5,000 ! D'ailleurs, l'émeute d'avant-hier est un enseignement et un avis qui a dû amener de sérieuses réflexions : n'aura-t-elle pas de suites ? Est-on certain que les chefs de l'insurrection ne l'évoqueront pas encore, dans quelques jours, et cette fois, aidés, par la faim, qui pressera tant d'hommes faibles et égarés ? Et, lors même qu'elle ne devrait pas se renouveler, le moment où, matée par la peur, elle est réduite à l'impuissance, n'est-il pas favorable pour ouvrir des négociations, qu'un mouvement populaire ne viendra pas entraver ? La nomination du général Vinoy n'a probablement d'autre but que d'entrer en pourparlers : il n'est pas compromis ; il n'a fait aucune promesse ; il est pur de toute participation à la révolte du 4 septembre. On espère, peut-être, obtenir par lui de meilleures conditions. Pourquoi retarder, si l'on est condamné à traiter? Et est-il même permis, a-t-on même le loisir de tarder davantage ?

Ce qu'il y a de certain, c'est que des rumeurs de négociations se répandent dans Paris, que l'on parle ouvertement de capitulation, et que le terme fatal ne peut être éloigné !

A ce moment, à ce mot de *capitulation*, si proche maintenant, et qui ne peut être évitée, quoique je l'aie prévue, annoncée dès le début, depuis déjà quatre mois; quoique je regarde la reddition de Paris comme le châtiment qu'il a mérité, comme la peine de son esprit de révolte, de cet esprit qui est la *Révolution* même; à ce mot terrible, humiliant, terme et marque de notre chute, désastreuse fin de tant de désastres répétés, mon cœur se serre affreusement, je respire avec peine, je frémis de douleur et d'horreur, j'oublie tout ; je ne pense qu'à ma malheureuse patrie, à cette pauvre et désolée nation, naguères, il y a six mois à peine, si grande, si belle, si prospère, admirée, louée, enviée, glorifiée par l'univers, à cette ville, reine du monde et, par tant de grandes qualités, vraiment digne de l'être, à cette cité des lettres, des arts, des sciences, dont les opinions devenaient celles de l'Europe, qui donnait ses idées aux peuples, dont on écoutait les pensées, dont on attendait les jugements, pour les applaudir et les suivre! Et je me demande si c'est bien vrai que, demain, dans quelques jours, morne, sombre, muette, les regards chargés de fureur et de haine impuissante, affaissée, immobile, elle verra passer, par ses voies magnifiques et souillées, la marche triomphale de ces barbares du Nord, orgueilleux de leur œuvre satisfaite, lourds vainqueurs qui l'accableront de leurs dédains, de leurs sarcasmes et de leurs insultes, et se vengeant ainsi de leur irrémédiable stupidité, comme un rustre qui abat sous les coups de ses poings fermés un gentilhomme de haute race, parce qu'il n'égalera jamais sa distinction native et la noblesse de son front!

25.—Les bruits de prochaine capitulation se confirment de plus en plus ; divers symptômes ne permettent guère d'en douter : le bombardement, que l'on croyait avoir cessé, a continué, il est vrai, mais faible sur la ville, et se concentrant davantage sur les forts. Le public et les journaux sont tellement préoccupés par cette pensée prédominante, qu'elle est devenue le sujet presque exclusif des conversations et des articles ; on y revient sous toutes les formes. Déjà, on calcule ce qui reste de vivres ; les journaux d'hier rapprochaient la date jusqu'au 5 février, d'autres la portaient au 20. Un journaliste, homme de conscience et d'honneur, M. Georges Seigneur, interrogé à ce sujet, est allé trouver directement M. Hérold, secrétaire du ministère de la Justice, et l'a prié de le renseigner, en invoquant l'intérêt général, hélas, trop évident : « La date du 20 est trop éloignée, a répondu M. Hérold ; celle du 5 un peu proche ; avec les réserves, on peut aller jusqu'au 10 et au 12. » Puis, il a ajouté qu'il importait, et que le gouvernement désirait que les journaux fussent bien convaincus de la situation, afin de préparer peu à peu la population à une nécessité douloureuse. Presque en même temps, une parole non moins significative était prononcée par un autre personnage officiel : à l'enterrement des gardes nationaux du VIe arrondissement, tués à la bataille de Buzenval, M. Lauth, adjoint de la mairie, a terminé son discours, en annonçant que cette cérémonie funèbre, à laquelle la municipalité s'était jusqu'ici fait honneur d'assister, serait probablement la dernière, qu'il ne fallait plus s'illusionner, et que l'on n'aurait sans doute plus d'autres victimes à déplorer. En outre, les approvisionnements de toutes sortes deviennent si rares, que plusieurs quartiers sont tout à fait, et sans avertissement, privés de la petite quantité de viande distribuée quotidiennement ; aujourd'hui, elle a manqué dans une partie du II⁰ et du IV⁰ arrondissements. On sait, enfin, que des mesures sont prises, à la manufacture des tabacs, pour sauver de la rapacité des Prussiens, à leur entrée, 30 millions de kilogrammes (cigares et tabacs) restant encore en magasin : on les distribuera aux débitants, qui les payeront au moyen de *bons*, mois par mois. Tous ces faits et bien d'autres sont connus des journaux et, aujourd'hui, presque tous ont commencé à entretenir le public de la probabilité d'une capitulation. Deux ou trois seulement font exception, et prononcent encore le grand mot de *résistance à outrance;* le *Rappel* déclare, de son ton le plus fier, qu'il retire son concours au gouvernement de la République ; ils semblent même supposer qu'une nouvelle et grande sortie serait décidée. Vains discours ! Comment tenter cette sortie ? La garde nationale a fait des pertes sérieuses et qui ont douloureusement ému la population ; la garde mobile n'a pas été moins éprouvée : le 10⁰ bataillon (de Paris) a eu 80 hommes tués ; d'autres sont décimés par les maladies causées par les fatigues incessantes, le séjour dans la boue, dans les tranchées remplies d'eau, les veilles sans repos, la nourriture insuffisante, le manque presque complet de vin (on en donne un demi-verre par homme). Pour n'en citer qu'un exemple, la 7ᵉ compagnie du 1ᵉʳ bataillon du 36ᵉ, mobiles (Vienne), sur 185 hommes inscrits, n'en compte plus que 55 présents ; tout le reste est à l'hôpital. Ajoutez que plusieurs de nos forts du sud commencent à être dans un déplorable état : Issy est abîmé, on en a retiré tout le matériel et la plus grande partie de la garnison ; avant-hier, le feu de l'ennemi avait ouvert une brèche de 10 mètres. Vanves est aussi menacé ; à Montrouge, trente-six mètres du mur se sont écroulés dans le fossé ; Saint-Denis, bombardé sans merci, deviendra, avant peu, inhabitable.

La journée du 22 a eu une *queue :* une bande d'émeutiers, du faubourg Saint-Martin et de la Maison-Blanche, qui n'avait pas paru au combat, a voulu prendre sa revanche, et est allée arrêter le maire, M. Pernollet, dans sa mairie ; tentative absurde autant qu'inutile : les défenseurs de l'*ordre* sont arrivés, et les émeutiers se sont enfuis, sans résister. Mais, ce petit incident, rapproché d'autres indices, semble montrer que le plan était plus étendu qu'on ne l'a d'abord prétendu. On saura, plus tard, la vérité sur cette conspiration fort soigneusement combinée. Le gouvernement a fait, du reste, arrêter plusieurs membres désignés par la voix publique, M. Delescluze, M. Jules Allix. Celui-ci est une sorte de fou, moitié halluciné, moitié charlatan, qui fit, il y a quelques années, un certain bruit, avec une invention à laquelle crurent des milliers de badauds, et dont s'entretinrent les journaux : la correspondance par les *escargots sympathiques*. On dit que M. Flourens a été également arrêté : à 2 heures, hier, il ne l'était pas; car, M. Georges Seigneur, entrant chez M. Victor Hugo, en vit sortir trois gardes nationaux, dont l'un était M. Flourens, à qui le poète venait, assura-t-il, « de donner de bons conseils ». Et, à ce propos, je note, en passant, ce nouveau trait de comédien de l'auteur des *Châtiments*, s'entretenant, sans haine, avec le philosophe Catholique, de l'Empereur Napoléon III, et l'assurant que, «pendant vingt ans, *il avait prié pour lui* tous les jours». Je ne saurais, outre la confiance que m'inspire M. Georges Seigneur, douter de la vérité de ce mot : un tel trait n'est pas aisé à inventer, il appartient bien à l'homme dont toutes les paroles sont calculées, quand elles s'adressent au moindre journaliste qui dispose d'un organe de la publicité. Il serait seulement intéressant de savoir quelle prière M. Victor Hugo adressait à Dieu pour l'Empereur, et à quel Dieu.

26. — Hier soir, les groupes étaient très nombreux et très animés sur plusieurs points de Paris, au Palais-Royal, à la place de l'Hô-

tel-de-Ville, rue Drouot, etc. Dans cette dernière rue, la foule était si compacte, qu'on ne pouvait avancer jusqu'à la mairie. Partout, les conversations étaient extrêmement vives.

On affirmait que nous n'avions plus de vivres que jusqu'au 3 février; on signalait l'augmentation rapide et effrayante de la mortalité : les décès sont si nombreux, que les morts ne peuvent souvent être enterrés à l'heure prescrite; il faut attendre longtemps que les porteurs et la bière soient arrivés; les employés des pompes funèbres sont les fonctionnaires les plus occupés de Paris; ils courent d'un quartier à l'autre, sans repos; les convois attendent leur tour dans les églises; l'un succède à l'autre, du matin au soir. Malgré tous ces motifs de désespoir, il se trouvait encore dans les groupes des fanfarons, qui ne voulaient rien entendre, parlaient de faire une sortie, d'autant plus exaltés, qu'il y avait moins de chance de réussir : « Que 10,000 hommes comme moi s'élancent sur les Prussiens, avec des bâtons, et nous passerons! » s'écrie un homme qui, d'ordinaire, n'est probablement pas fou. On se déchaîne contre Trochu, et le nom de *traître* lui est appliqué à chaque instant avec fureur. Le gouvernement, prévenu de cette irritation, se fait garder avec un redoublement de précautions; partout, les postes sont doublés, partout la garde nationale est consignée.

27. — On commente quelques faits, auxquels on prête une signification très caractéristique : M. Flourens n'aurait pas été arrêté ; il se serait librement constitué prisonnier ; les uns s'en étonnent, d'autres pensent que nos gouvernants ne voudront pas soulever de nouvelles difficultés et exciter des colères plus ardentes, en sévissant contre ce fétiche populaire, au moment où ils ont tant besoin de calme dans la rue. Au point de vue révolutionnaire, d'ailleurs, ils sont sans droit, et M. Flourens en a plus qu'eux, car il est plus révolutionnaire. Les émeutiers du 22 ne seraient même pas jugés, s'il n'y eût eu du sang versé, et l'on ne condamnera probablement que ceux qui auront eu des intelligences avec l'ennemi et reçu de lui de l'argent. Avant tout, dit-on, le gouvernement tient à préparer la population à une capitulation, à la faire accepter sans trouble et à sauver sa vie. Aussi, quelques-uns prétendent qu'il emploie les moyens les plus hypocrites pour nous y déterminer, qu'il nous trompe, qu'il y a encore des vivres pour longtemps ; qu'il feint d'en manquer, et que c'est dans ce but qu'il nous donne si peu de pain et si mauvais. Là-dessus, quelqu'un montre un morceau de pain

qui se vend dans le XI⁰ arrondissement, le faubourg Saint-Antoine, l'arrondissement de M. Mottu, et chacun, il faut bien l'avouer, de s'écrier : « Ce pain dépasse, en saleté, en laideur, en couleur affreuse, tout ce que nous avons vu jusqu'ici ! » Celui que je décrivais, il y a quelques jours, peut, en comparaison, être qualifié de pain blanc; celui-ci est noir, non pas noir, mais bleu; on le dirait fabriqué avec de l'ardoise mêlée à des substances inconnues; on a horreur d'y toucher, nul n'a la curiosité d'y goûter; il semble tout à fait impossible qu'on aille au delà du repoussant, de l'horrible, du dégoûtant. J'en obtiens un fragment, que je ferai sécher et conserverai comme un monument du siège, avec quelques-uns des ingrédients que je trouve chaque jour dans notre pain (d'ailleurs si supérieur au pain des administrés de M. Mottu), c'est-à-dire, des cailloux, de longs brins de paille, de petites buchettes de bois équarries de cinq à six centimètres, des bouts d'allumettes qu'on a commencé à brûler, etc. Une partie du public, indigné, à la vue de ce pain, et se rappelant, en outre, trop aisément, celui dont on le nourrit lui-même, déclare que le gouvernement a un parti pris et donne un tel pain, de dessein prémédité : « Il veut décourager la population, lui rendre la situation intolérable, et l'amener à désirer, à demander la capitulation ! » C'est identiquement ce qui s'est dit à Metz, où l'on a accusé le maréchal Bazaine d'avoir trahi, et de s'être rendu quand il avait encore des vivres.

Autre témoignage de l'inconstance de l'*aura popularis :* le déchaînement contre le général Trochu est extrême, sans limites : « Trochu est la cause de tous nos maux, il pouvait tout empêcher, tout faire ; il n'a rien fait ; il n'a pas défendu Paris, il s'est toujours fait battre ; il n'a aucun mérite ; il n'a jamais pensé qu'à lui ; il ne songe qu'à se préserver ; il ne travaille que pour les d'Orléans ; il s'est lâchement démis au dernier moment ! etc. » Le général Trochu agira prudemment, en ne venant pas sur le boulevard ; il ne serait pas seulement insulté, il serait saisi, frappé, écharpé.

Le gouvernement s'est enfin décidé à parler, ce matin : il annonce que tout espoir d'être secouru est évanoui, que nos vivres sont épuisés, et qu'il traite. Ce qu'il y a de plus remarquable dans cette déclaration, c'est qu'il annonce la réunion d'une *Assemblée*, pour examiner et accepter les conditions de la paix. C'est la combinaison la plus déplorable, et qui nous menace de plus de dangers. Une Assemblée ne se bornera pas à parler de la paix ; elle traitera de tout, elle touchera à tout ; elle sera troublée par toutes les factions ;

elle perdra le sentiment de son devoir, de sa mission, du but pour lequel elle est réunie ; elle prendra une idée exagérée et exclusive de son importance ; elle ne songera qu'à durer, elle ne résoudra rien ; elle ne servira qu'à perpétuer l'horrible anarchie qui nous ronge, et qui, si elle continue encore, achèvera notre ruine !

La nouvelle de l'armistice, quoiqu'il n'ait été annoncé que par le *Journal officiel*, s'est répandue dans Paris, avec la rapidité de l'étincelle ; à 8 heures du matin, tout le monde la connaissait. Il y a eu une explosion de joie ; on criait, dans les queues, à la porte des boulangeries et des boucheries : « La paix ! la paix ! quel bonheur ! » Il est incontestable que la classe moyenne est très satisfaite. Le peuple le sera moins : il va perdre les 30 sous que l'on donne aux gardes nationaux et les 15 sous à leurs femmes, et qui le faisaient vivre. Que va-t-il devenir, sans travail ? Quand le travail reprendra-t-il ? Comment ? Dans quelles proportions ? Il entrevoit et, ici, il ne se trompe pas, une misère immense, générale, effroyable : on conçoit ses perplexités. Aussi, rien de moins certain que le maintien de l'ordre ; les plus grandes précautions sont prises.

Malgré les pourparlers, le bombardement n'a cessé ni hier, ni cette nuit : comme les jours précédents, les bombes ont continué à tomber dans les quartiers de la rive gauche, dévastant et tuant ; on eût dit que les Prussiens voulaient presser la solution et ne pas nous permettre de reculer. A minuit, cependant, tout s'est arrêté des deux côtés, et l'on n'a plus tiré. L'armistice effectif commençait le 27.

Paris est, tout entier, occupé de la question de l'armistice, et les opinions sont aussi contraires que les renseignements : les uns, et ceux-là seuls savent et voient la vérité, ne doutent pas que l'on ne fût à la fin des vivres; ils ignorent seulement à quel point on en est arrivé : il n'y a plus de vivres que *jusqu'à lundi*, 30 *janvier* et, avec les réserves de l'armée, jusqu'au 3. On s'étonnerait à bon droit qu'on se fût ainsi laissé acculer aux dernières limites, s'il n'y avait pas un fait plus étonnant encore, l'erreur grossière, répétée, de M. J. Ferry qui, faisant le calcul des farines, a compté deux fois cent mille quintaux, petite légèreté, qui a fait croire à vingt jours de vivres de plus. Ce n'est qu'il y a peu de jours que l'on s'est aperçu de l'erreur, par le vide même des magasins ; cette révélation a été pour le gouvernement comme un coup foudroyant. Il a fallu se décider tout de suite, prendre immédiatement un parti, et un parti extrême. Aussi, le gouvernement pressait-il fort les organes de la publicité de l'aider : décision et exécution se sont presque instantanément suivies. Mais voilà ce qu'ignore ou ne veut pas croire absolument une autre partie de la population : celle-ci persiste à soutenir que les vivres ne sont pas épuisés, qu'on en a encore *pour 45 jours !* Elle pousse des cris de fureur, d'indignation, de mort, contre Vinoy, Trochu, etc., elle ne veut pas que l'on capitule, elle veut se battre, se défendre à outrance, etc. L'émotion a grandi d'heure en heure dans Paris : des officiers de la garde nationale se sont réunis au Grand-Hôtel, pour manifester leur résolution de résister et de se battre ; depuis 3 heures, des groupes considérables sont rassemblés devant l'Hôtel de Ville ; on fait courir le bruit que les marins refusent de rendre les forts aux Prussiens ; des députations sont en marche vers l'Elysée, pour protester contre l'armistice, etc. Du reste, le gouvernement est prévenu : les portes de l'Hôtel de Ville sont fermées, les sentinelles doublées, des soldats campent autour, avec leurs fusils en faisceaux, les rues sont sillonnées de troupes, les mobiles occupent les maisons voisines ; le Jardin des Tuileries est rempli de bataillons de garde nationale.

28. — On calcule le nombre de nos morts, pendant le siège, et le chiffre que l'on cite est

d'une effroyable éloquence : l'armée a perdu, dit-on, 55,000 hommes. Si l'on en ajoute autant de la population civile (3,000 par semaine en moyenne, et ce n'est pas assez), les pertes de nos armées de province, plus de 100,000 hommes, on verra ce que coûte à la France l'orgueil criminel de ces hommes, qui ont, dès le commencement du siège, refusé des conditions moins dures que celles auxquelles ils se soumettent aujourd'hui, après avoir enterré plus de 200,000 morts !

Une proclamation du gouvernement (lisez de M. J. Favre), nous fait connaître, ce matin, les conditions de l'armistice, au moins en partie. Elles ne diffèrent pas de celles déjà connues, si ce n'est en ce qui concerne le sort de l'armée. L'armée « reste au milieu de nous », dit M. J. Favre, *désarmée*, puisqu'il ajoute : « les officiers garderont leurs épées. » Mais, comme toujours, ces gens-là n'emploient que le mot faux, vague, hypocrite, ou se mettent à l'abri derrière une réticence. Quant à la garde nationale, « *elle conserve son organisation et ses armes* ». Cette clause est faite pour épouvanter et, en effet, épouvante la population honnête : « Quoi ! précisément ceux-là même qu'on devrait désarmer ! Ceux qui pouvaient maintenir l'ordre, on leur ôte leurs armes; et ceux qui le peuvent troubler, on les leur laisse ! Ce sont les chiens à qui on lime les dents et à qui l'on coupe les ongles; les loups, on leur donne la bergerie à garder! On pensait, c'était au moins un avantage de la capitulation, le seul, que la première condition serait le désarmement de la garde nationale et, par là, on entendait les quartiers de l'émeute, de ces quartiers que la République, surgie de l'émeute, s'était hâtée d'armer, et que notre gouvernement ne savait, n'osait, ne pouvait désarmer; et, cette occasion unique, on la laisse échapper! Loin de là, on fait un article spécialement contraire. Dans quel but ? Pour quel motif ? » Voilà ce que l'on se demande avec anxiété. Le motif, le but, ce sont toujours les mêmes que depuis le 4 septembre : le motif, c'est la peur, le but, le maintien de la République! Ces hommes qui se sont révoltés le 4 septembre, avec l'appui du *peuple*, ont peur du *peuple*, ils craignent, avant tout, de le mécontenter, de lui déplaire, et c'est pour se conserver sa faveur, qu'ils ont stipulé qu'il ne serait pas désarmé. Puis, ils prétendent garder leur République; ils l'ont escamotée, ils veulent que la France la leur laisse et, pour ce but prochain, ils affectent plus que jamais, non seulement de ne pas désespérer de la République, mais de la considérer comme existante, comme durable et devant survivre à tous les désastres. C'est pourquoi ils ont mis en relief, dans leur proclamation, le mot de *République*, affirmant avec l'impudence des avocats qui osent tout affirmer ou nier en face, malgré l'évidence, que c'est pour la République que Paris a souffert, et que « *la République profitera de ces souffrances* ». Ils protestent ainsi de leur volonté de garder la République, ils intéressent tous les républicains à les soutenir et, comme les républicains les plus déterminés sont ceux des hauts faubourgs, ils les gardent à leur disposition, et ils leur conservent leurs armes. On laisse les armes à la garde nationale, pour les conserver à Belleville, et on les laisse à Belleville, pour conserver la République. La population calme est effrayée de la perspective de désordre qui lui est ouverte par cette clause de l'armistice; elle redoute la guerre civile, et cette guerre serait terrible, parce que la question de la République serait posée, et que les républicains de tous les quartiers de Paris seraient, ce jour-là, avec Belleville et la Villette. En attendant, l'émeute ne paraît pas, mais gronde de loin, et oblige à continuer les précautions les plus sévères : l'Hôtel de Ville est gardé plus que jamais, des sentinelles sont placées aux embouchures des ponts par lesquels on arrive à la place. Les groupes, très nombreux, ne sont pas encore menaçants, mais pourraient vite le devenir; les prétextes ne manqueront pas : il y a toujours celui de la capitulation; hier au soir et toute la nuit, le faubourg Saint-Antoine a été en fermentation; des compagnies de la garde nationale s'étaient réunies en armes, et voulaient sortir, pour prêter main-forte aux marins qui, disaient-ils, « refusaient de rendre les forts ». On a battu la générale, le tocsin a sonné. Ce matin à 8 heures, ils étaient encore réunis et fort excités; un mot suffirait pour enflammer ces esprits émus. Il est probable que le gouvernement n'ose pas avouer toutes les conditions de la capitulation, de peur de hâter l'explosion.

29. — Hier soir, les groupes ont été très nombreux et tumultueux; les rassemblements du boulevard Montmartre, particulièrement, étaient si compacts, que la circulation était interdite; ils envahissaient les trottoirs et la chaussée, et les omnibus étaient obligés de faire de longs détours. Dans ces groupes, sortes de clubs en plein vent, composés chacun de 150 à 200 personnes, et où péroraient des orateurs, l'opinion dominante était très hostile au gouvernement : on attaquait violemment tous ses membres, sans exception, et l'on déclarait qu'on n'en voulait plus à aucun titre, même comme représentants à la prochaine Assemblée. Il y avait là beaucoup de partisans de la Commune, et il faut recon-

naître que nombre de personnes qui, auparavant, s'en séparaient, avouaient, à cette heure, que peut-être la Commune, avec son énergie, eût réussi à faire ce que n'avait pas même tenté ce gouvernement d'avocats.

D'autres groupes continuaient à demander avec emportement la sortie en masse. Il y aurait un moyen bien simple de faire cesser ces clameurs et ces attroupements, qui menacent l'ordre et peuvent devenir dangereux : que le gouvernement fasse cette annonce : « La nuit prochaine, sortie générale, la réunion de la garde nationale est sur la place de la Concorde, à minuit, et, de là, on marchera sur les lignes ennemies ; on ne prendra que des volontaires. » A minuit, les généraux pourraient se rendre sur la place de la Concorde, ils ne seraient pas gênés par la foule de ces volontaires enragés ! Mais ces hommes qui ont été si lourds depuis cinq mois, sont incapables même de ce petit trait d'esprit !

La journée du *Dimanche* n'a pas manqué, comme d'habitude, de nous apporter de fatales nouvelles ; quoique prévue, attendue, annoncée, celle d'aujourd'hui n'en a pas moins été douloureuse : c'est la nouvelle officielle de la *capitulation*. Comme d'habitude aussi, le gouvernement nous l'a présentée, non franchement nettement, sous son vrai nom, mais sous un nom emprunté : *Convention*. Mais quel que fût le voile, nul ne s'est mépris sur ce qu'il recouvre ; c'est une capitulation dans toute la force du mot : l'armée est prisonnière *de guerre*, les armes sont livrées, nos forts occupés par l'ennemi. L'ennemi, il est vrai, n'entre pas dans Paris, pendant l'armistice, mais c'est moins par considération pour nous que par égard pour lui-même, afin d'éviter des conflits qu'on ne pourrait empêcher. La honte, la défaite, l'humiliation sont donc complètes ! Paris, aujourd'hui, a présenté le spectacle nouveau et navrant de troupes et de soldats rentrant par bandes ou isolés, et la plupart déjà désarmés, de cavaliers ramenant des chevaux auxquels n'était plus suspendu le mousqueton, de chariots et de voitures du train des équipages qui sonnaient le vide. La population, sortie en grand nombre, regardait passer, triste et en silence, ces soldats harassés et aux vêtements sordides ; les marins seuls ont excité une émotion qui n'a pu se contenir : sur le boulevard, une troupe de ces vaillants, solides et fidèles soldats ayant défilé d'un pas ferme, la tête haute, muets, un cri a éclaté : *Vive la Marine !* les chapeaux se sont agités en l'air ; on saluait les braves et habiles défenseurs de nos forts, les héroïques assaillants des batteries ennemies.

La vue de ces témoins de notre complet désastre a contribué à calmer l'effervescence des esprits : les groupes, peu nombreux, étaient paisibles et inoffensifs ; on commentait et on récriminait moins. L'excitation reprendra dans quelques jours, à l'occasion des élections.

30. — Aujourd'hui, il fait froid, la neige tombe abondante, et couvre la terre ; des ténèbres interceptent la lumière, ces ténèbres blanches, froides, humides, pénétrantes, qui glacent le corps et assombrissent l'âme. C'est un vrai jour de capitulation ; les rues sont pleines de soldats de tous les corps, sans armes. Jamais Paris ne fut plus triste : on n'entend aucun bruit ; les voitures rares roulent doucement et sans écho sur la neige ; peu de groupes ; les passants se pressent, se hâtent, à ce qu'il semble, plus que d'ordinaire ; on ne s'aborde pas, on ne se parle pas : la ville paraît muette.

Il faut bien le dire, cette tristesse n'a pas été universelle ; tous n'ont pas gardé cette attitude noble et digne d'une cité châtiée et qui réfléchit au châtiment. Hier soir, il y a eu des concerts, des *spectacles;* les cafés des boulevards étaient pleins, et l'on y distinguait nombre d'officiers et de *dames*. Des soldats ivres erraient dans les rues, et nous entendions leurs chants sous nos fenêtres. Des soldats, passe ! la plupart ont l'intelligence à peine dégrossie; mais on n'a pas eu l'idée de fermer les théâtres, de défendre les spectacles, le jour où était annoncée à Paris la capitulation de son armée, la captivité de ses soldats, la reddition de ses forts, la remise de ses armes! Pour la mort d'un acteur célèbre, inconnu demain, les théâtres font relâche; pour le désastre suprême, qui termine cinq mois de désastres horribles, on n'a pas songé à imposer ce deuil public, à couvrir d'un crêpe le drapeau de nos monuments, à interdire à des histrions d'insulter à la douleur publique, en appelant devant leurs tréteaux un indigne auditoire, pour le distraire et exciter sa stupide gaîté par leurs lazzis! Il est, dans Paris, un monde qui a assisté à la révolte de la Courtille, le 4 septembre, sans penser, sans réfléchir, et qui assiste à la capitulation de la valeureuse armée de Paris, sans en sentir l'humiliation et l'amertume!

Le peuple, d'autre part, se donne un autre amusement : il pille! Déjà, depuis plusieurs jours, on parlait de magasins un peu dévalisés, avant hier, on annonçait que la Halle avait été *témoin de scènes regrettables*, que la foule avait fait main-basse sur quantité de provisions, dévasté et enlevé les denrées de plusieurs marchandes, et les journaux commençaient à s'en scandaliser, adjuraient même le Préfet de police d'aviser à·l'avenir. Gens naïfs qui croient encore à la police en temps de révolution, d'une révolution qu'ils ont faite! Maintenant le pillage est plus hardi et plus franc : il se fait ouvertement, en pleine rue, devant tout le monde; on prend ce qui passe, ce qui se trouve là ; peu importe, tout est bon ! Ainsi, hier, à quatre heures, rue de Rivoli, vis-à-vis le passage de l'Orme, un homme traînait un tonneau sur une charrette. Malheureusement, ce tonneau n'était pas couvert, quelqu'un y jette les yeux, c'était un tonneau de beurre; il le dit à un passant, ils s'approchent, on les suit, on s'attroupe, en un clin d'œil, il y a 200 personnes autour de la voiture : « C'est du beurre! » ma foi, on n'en a fait ni une ni deux, on s'est rué sur le tonneau, chacun s'y est mis, chacun a tendu la main, plongé le bras, griffé une parcelle; un homme en uniforme, c'était un franc-tireur, gens entendus à la maraude, a monté sur la charrette, et s'est élancé d'une telle force, j'ignore comment, sur le tonneau, qu'il est entré dedans ; il y disparaissait presque tout entier; on l'en a tiré tout gluant, jauni, oint, humecté, —envié! Il pouvait s'en aller avec ce qui tenait à ses habits, à sa figure et à ses mains, c'était assez ! Quand le tonneau a été vide, et ce fut vite fait, le public, les femmes surtout, ne lâchèrent pas prise ; elles en arrachèrent les planches et les douves, en quelques coups; tous tirant et de tous côtés, le tonneau fut dépecé : « Il y a encore du beurre après, disaient-elles, puis nous brûlerons les douves, pour nous chauffer ! » L'autre public, le public non pillant, contemplait ce spectacle en riant : des *gardiens de la paix* s'arrêtèrent un instant, et voyant ce dont il s'agissait, reprirent silencieusement leur promenade ; des gardes nationaux, du poste des Tuileries, examinaient avec la même philosophie cette application populaire de l'axiome de Proudhon : *La propriété, c'est le vol*. Enfin, un officier sortit du poste, avec quelques hommes ; il n'était plus besoin de son intervention, la voiture était vide du tonneau et du beurre, il n'y avait même plus de foule ; tous rentraient chez eux ; leur tâche était faite !

La journée est aussi belle que froide ; tout le monde est dehors. Les marins, les soldats, les mobiles, près de 150,000 hommes, rentrés dans l'enceinte, parcourent Paris dans tous les sens, remplissent les omnibus, errent et flânent à tous les étalages. C'est une animation, une foule, que nous n'avions pas vue depuis longtemps. Les industriels, les gens qui devinent et flairent l'occasion de gagner de l'argent, ont pressenti ce débordement de milliers d'hommes qui n'avaient pas vécu, depuis des mois, de la vie de Paris, et ils vont au-devant d'eux, les mains pleines d'offres et de tentations. Dans les principales voies, tout le long du trottoir, sont étalées des marchandises que l'on débite, à grands cris, en appelant l'acheteur. Il est vrai que les objets que l'on y vend sont de mince valeur, et les chalands de petites gens : on dirait d'une foire, et d'une foire de village.

Mais, malgré cette animation, ce mouvement, cette circulation si active, ces cris, ces bruits de voix, l'aspect de cette foule, pour celui qui l'observe, est triste : ces soldats sont désarmés, beaucoup de gardes nationaux, par honte, ont laissé leur uniforme, qu'ils ne quittaient, pour ainsi dire, pas depuis cinq mois ; cette foule est sans gaîté, elle ne marche pas d'un pas allègre, elle se traîne ; on sent l'affaissement, l'humiliation, l'abattement, comme d'un homme qui relève de maladie, qui ne se possède pas entièrement, n'a pas conscience de ce qu'il peut et de ce qu'il vaut !

FÉVRIER

Préparatifs des élections. — Déchaînement général contre le gouvernement. — Résistance de M. Gambetta. — Les listes électorales. — Proclamation de l'Empereur. — Derniers actes du gouvernement de la Défense nationale. — Nouvel aspect de Paris. — M. Thiers, M. Jules Favre et M. de Bismarck. — Fin du procès du 31 octobre. — Meurtre d'un agent de police. — Menaces des Communistes.

1ᵉʳ février. — Les préoccupations générales sont tout aux élections; mais il se produit un singulier phénomène : on ne sait qui nommer; on est tellement découragé par les trahisons, les lâchetés, les vilenies, l'impuissance, l'impudence, l'effronterie, qui composent notre histoire depuis cinq mois, que l'on doute de tout; on craint tout, on n'espère en personne, on n'a foi en aucune parole, on n'attend rien de bon de qui que ce soit. Les partis tranchés, les Républicains, les Orléanistes, qui se sont cherchés et retrouvés, savent bien qui élire; mais la masse modérée, calme, honnête, qui regarde faire les révolutions, et se laisse imposer ses gouvernements, est, jusqu'ici, dans un embarras absolu : elle attend, elle demande des propositions et des listes de noms, et elle en adoptera une, sans avoir de motifs vraiment sérieux de la préférer à une autre. Beaucoup même annoncent qu'ils ne voteront pas, ou ne donneront leur voix qu'à un petit nombre de candidats, ne se pouvant décider à voter pour des inconnus, figures couvertes d'un masque qui peut recouvrir un coquin.

2. — Nous assistons au commencement de la débâcle de ce gouvernement : il se détraque de toutes parts, il s'écoule par mille fissures, et chacun y aide, et chacun rit et applaudit à sa ruine. Sauf le *Soir*, journal à tout faire, il n'a pas un journal pour lui ; il les avait tous en débutant ; pas un ne le défend, tous l'attaquent, il est appelé de tous les noms : son honneur, sa capacité, sont traités avec le même dédain ; on se permet tout à son égard, tant on est sûr qu'il ne peut rien ; on le considère comme n'existant plus ; on ne sait même pas s'il existe ; il paraît à peine, et l'on s'étonne presque qu'il ose encore parler. J'ai entendu des vieillards raconter dans quel discrédit était tombé le Directoire, quelques mois avant le retour de Bonaparte d'Égypte ; le mépris qu'on témoigne à ce gouvernement-ci me semble plus profond, plus général, plus écla-

tant; et ce mépris, sous lequel il croulait, le Directoire avait mis quatre ans à se l'attirer; celui-ci, en quatre mois l'a gagné !

On ne leur ménage aucune humiliation, aucune récrimination, aucune insulte, aucune menace. Clubs et journaux sont d'accord; on déclare qu'on ne veut plus d'eux, nulle part, et à aucun titre; je me trompe, on veut qu'ils paraissent à l'Assemblée, mais comme *accusés !* Le sentiment public, enfin, se reconnaît, et les reconnaît; il leur reproche leur crime, il les appelle par leur nom, et exige qu'ils soient punis !

En face de ce déchaînement, l'attitude de ces hommes est significative : ils sont saisis par la main de la justice, ils sont perdus, ils le sentent et, comme des coupables, sûrs de leur condamnation, leur trouble, leurs inquiétudes et leur terreur éclatent dans leurs mouvements, leurs gestes, leurs paroles. L'un s'emporte et insulte ses juges : l'*Officiel*, ce matin (cet *Officiel*, c'est Jules Favre) répondant à un journal, l'*Union*, ne peut garder son sang-froid; il ne raisonne pas, il l'accable d'injures, il le traite de *calomniateur, de factieux, d'ennemi du bien public !* Un autre, Rochefort, perd complètement le sens : la fureur le bouleverse; les yeux à fleur de peau, rouges de sang injecté, il est pris comme d'un accès de rage, il ne sait ce qu'il dit : les bras en avant, il semble qu'il va se jeter sur vous, comme une hyène ; il brandit un couteau, il veut tuer, il ne demande qu'à tuer, il appelle à tuer : « Prim a imposé à l'Espagne un roi : il en a été puni par trois coups de poignard. Il faut nous en réjouir ! le jour où le même poignard viendra demander audience à ce roi, il faudra nous en réjouir davantage ! J'ai appelé mon nouveau journal *le Mot d'Ordre ;* je ne me serais fait aucun scrupule de l'intituler le *Régicide* » (1ᵉʳ numéro du *Mot d'Ordre*, paru aujourd'hui). Un autre, Trochu, s'écrie qu'il ne veut plus rien être, ne pas être envoyé à l'Assemblée, que son rôle est fini (*lettre à M. Dufaure*). C'est ainsi qu'il entend la justice : il a trahi, il a été incapable, hypocrite, vantard, fanfaron, bavard, impuissant, sans plan, sans idées ; avant la fin, il s'est éloigné du combat, et a déclaré à ses complices que le dénouement ne le regardait pas ; et, comblant la vilité de ses actes par cette lâcheté, il vient tranquillement aujourd'hui annoncer qu'il se retire, qu'il va jouir du repos et de la solitude dans une retraite paisible et recueillie, comme un bon bourgeois qui a fait fortune, ou comme Judas qui, si l'on en croit M. Renan, est allé finir ses jours limpides dans son champ d'Haceldama, le *champ du sang !* Par tous ses actes, après sa trahison, qui l'a allié à la bande dont il est devenu le capitaine, il nous a jeté dans d'ineffables désastres et, quand, lui nous poussant, nous avons roulé dans l'abîme, il regarde, du bord, et dit : « C'est fini ! je n'ai plus rien à faire ! Je m'en vais ! » Vraiment, cela est trop facile ! Cette nation n'a-t-elle donc plus de sang, qu'elle ne se lève pas, et ne lui crie pas, indignée : « Reste là, misérable, jusqu'à ce que tu sois jugé, condamné et publiquement flétri ! »

Les élections, sont l'objet de l'attention générale : le gouvernement en a compliqué les difficultés, en imposant le *scrutin de liste.* Paris à 43 députés à élire et, à part les partis violents, embrigadés, la plupart des électeurs sont dans l'indécision et l'ignorance : Qui nommer ? On ne connaît pas ceux qui se présentent, ou on les connaît trop. Les plus indignes, les plus absolus dans la démocratie seront sans doute nommés à une grande majorité : la jeunesse, le *peuple,* se réuniront pour élire M. Rochefort et M. Delescluze, M. V. Hugo et Louis Blanc le Sophiste, en y joignant peut-être ces hommes hybrides, pâles, atones, qui sont de tous les régimes et qui s'arrangent pour être bien avec tout le monde, les Dufaure, les Laboulaye. Et quelle assemblée, avec de tels hommes ! quels désordres ! quels tumultes ! quelles concessions ! quelles humiliations ! quelles violences !

quelles violations et quel abandon de tout droit, de toute justice et de toute conscience! Nous n'avons qu'un espoir : que la province aura gardé encore un peu de ce sens du juste que Paris semble avoir perdu.

Le désarroi général n'empêche pas la Commission de l'Hôtel de Ville de se réunir, mais, circonstance inattendue, en une singulière minorité, et avec un effectif particulier : les hommes, depuis deux séances, ont disparu ; les femmes seules sont demeurées inébranlables : l'avenir de la France leur est confié ; il ne faut pas qu'elles abandonnent leur poste. La séance de mardi s'était passée en conversations politiques; on s'était séparé, sans même toucher à la grande question. Celle d'hier a été un instant occupée par un rapport de M°° Coignet, que l'auditoire distrait n'a pas écouté; puis, ces dames se sont mises tout de suite à la politique, et là, comme partout, a éclaté une opposition acerbe, acharnée contre le gouvernement qui tombe : les récriminations ont été vives, et sur tous les points. M. Gambetta n'a pas été plus épargné que ses collègues de Paris ; on leur a refusé toutes les capacités et tous les mérites, on les a découronnés de toutes leurs gloires, on a déclaré que c'est par eux que la République était perdue. Mais il se trouvait là un membre du gouvernement, la moitié du moins, Mme Jules Simon, qui, le prenant de haut, et du même air que M. Guizot, quand il fustigeait la Chambre de Louis-Philippe, a appris à ces dames que leurs reproches ne pouvaient avoir aucune valeur, vu que ceux qui se les permettaient, n'avaient point passé par les affaires, que la critique était aisée à l'Opposition, mais que ceux-là seuls connaissaient les difficultés et la raison des choses, qui avaient tenu en main le pouvoir ! Et Gavarni a peint les *Enfants terribles !* Que n'a-t-il peint les *Femmes terribles* qui, si candidement, dénoncent le *poulet crevé* de leur piteux époux !

Le gouvernement a bien voulu nous communiquer les nouvelles qu'il a reçues de nos armées : cette pièce, qu'il intitule *Déclaration*, et rédigée par M. Jules Favre, dont on reconnaît aisément le style incorrect, pleurard, pédant, vantard, banal et niais, nous apprend officiellement les épouvantables et complets désastres des armées de Faidherbe et de Bourbaki. L'armée de Bourbaki est absolument anéantie, puisque, tournée, battue, près d'être faite prisonnière, elle s'est réfugiée en Suisse. Ainsi a été surpassé partout, sous la République, le désastre de Sedan, tant reproché à l'Empire. A Sedan, c'était une armée de

80,000 hommes, sans pain, sans munitions, après trois jours de combat, cernée par 250,000, qui était contrainte de poser les armes. On a vu de bien autres chiffres à Metz, à l'armée de Chanzy, à celle de Bourbaki, à Paris ! Et je ne doute pas que, partout, les soldats Français n'aient été aussi braves, aussi dignes de leur passé qu'à Sedan, et je ne ferai porter sur aucun de ces généraux le blâme d'une reddition nécessaire et douloureuse. Mais ce n'est pas ainsi qu'on juge la Révolution, et l'Empereur seul, à ses yeux, est coupable, parce qu'il est l'Empereur, c'est-à-dire, l'autorité, le contraire de la Révolution.

M. J. Favre, selon son habitude, fait de grandes phrases gémissantes; mais, préoccupé sans doute de l'effet qu'il prétendait produire, il a mal corrigé ses épreuves, et il est resté, dans la *déclaration*, des fautes d'impression qui font sourire : ainsi, on trouve à deux reprises, un mot qui ne peut être celui qu'il a eu l'intention d'écrire : « Le sentiment seul du *devoir* nous soutient... Nous nous sentons soutenus par la pensée d'avoir fait notre *devoir*. » Il y a évidemment erreur du prote, c'est *intérêt* qu'il faut lire : « Le sentiment seul de notre *intérêt* nous soutient, etc. » Après l'aveu de la défaite de Bourbaki, il ajoute : « Le *malheur* nous accable partout. » *Malheur* signifie, ici, fortune, hasard, et le rédacteur sait fort bien qu'il n'y a eu ni fortune, ni hasard; le mot qu'il avait employé, personne ne s'y trompera, est *orgueil;* il avait écrit : « Notre *orgueil* nous a perdus partout. » De même, au lieu de ces mots: «Dans ce naufrage où s'engloutissent tant de nobles *espérances,* tant de généreuses illusions », un *erratum,* que tout le monde fait, permet de rétablir la phrase primitive : « Dans ce naufrage, où s'engloutissent tant d'*ignobles ambitions,* tant de *mensonges,* etc. » Elle se comprend ainsi tout de suite. Enfin, un adverbe oublié rend tout à fait inintelligible cette phrase : « Nous n'avons cédé que lorsqu'il eût été à la fois *inutile* et *criminel* de tenir encore. » Il manque à cette phrase le petit mot *pas,* et elle était certainement formulée en ces termes: « *Nous n'avons pas cédé,* lorsqu'il était à la fois *inutile* et *criminel* de tenir encore. » Le sens en est dès lors, très clair; et M. J. Favre nous donne la preuve que telle était sa pensée, puisque, quelques lignes plus haut, il nous révèle qu'il avait reçu, le 16 janvier, une dépêche de Bordeaux, où on lui disait : « Nous ne pouvons *plus* nous faire d'*illusions ;* la *capitulation* de Paris est *inévitable.* Nous ne pouvons *plus aller* à temps à votre *secours.* Nos armées ont été *repoussées sur tous les points.* Paris ne peut *plus être sauvé* par nous. » Or, le gouvernement de M. J. Favre n'a commencé les négociations que le 23, huit jours après et, dans l'intervalle, il a fait cette fameuse sortie du 19, dont pas un général n'attendait le moindre succès, et qui a couché tant d'hommes par terre, cette attaque de Buzenval, aussi stérile que sanglante et, comme l'a écrit M. J. Favre, à la fois *inutile* et *criminelle!* La rectification vient naturellement sur les lèvres, et l'on s'écrie : M. J. Favre dit vrai, on ne peut s'exprimer et se juger plus justement !

Du reste, le mot de *République* n'est pas prononcé dans la *déclaration*, soit que M. de Bismarck l'ait exigé, soit qu'en vue des élections, on ait craint d'effaroucher les électeurs monarchiques.

5. — Aujourd'hui, nous avons reçu la nouvelle d'une rupture dans le gouvernement, qui va peut-être amener la *guerre civile*. Nos malheurs n'étaient pas finis; un des plus grands, le plus grand qui puisse être infligé à un peuple, nous sera-t-il encore réservé? Toujours le *dimanche!* Reprenons, en quelques mots, cette détestable histoire, si remplie en un si petit nombre d'heures. Hier, le journal de M. Rochefort, *le Mot d'Ordre*, avait publié une proclamation et un décret de M. Gambetta, l'un et l'autre si insensés et si inattendus, que la plus grande partie du public, des journaux même, ont hésité à croire à l'authenticité de ces pièces. Mais on n'imite pas ainsi le style,

l'accent du tribun qui les avait dictées; cet accent était sincère. M. Gambetta s'indignait de la capitulation de Paris, se plaignait qu'on ne l'eût pas consulté, qu'on n'eût pas attendu sa décision, et faisait pressentir qu'il ne consentirait pas à sanctionner cette honte par son approbation. Bien, plus, il invitait la nation à ne considérer l'armistice que comme un moyen de rassembler ses forces éparses, d'organiser, de former, d'exercer de nouvelles troupes, pour reprendre la lutte, indéfiniment, et sans merci. Enfin, passant à un autre ordre d'idées, et prévoyant, témoignage officiel de la situation des esprits en province, que beaucoup de députés seraient choisis parmi les anciens serviteurs, fonctionnaires et défenseurs de l'Empire, il décrétait que les élections de ces députés seraient *nulles*, et qu'il était *interdit* aux électeurs de porter sur eux leurs votes. On doutait de l'authenticité de ces actes dans le public, mais le gouvernement, lui, n'en doutait pas, car ils lui avaient été signifiés depuis deux jours. M. de Bismarck les connaissait également et, en comprenant tout de suite les conséquences, avait informé le gouvernement de Paris qu'il *dénoncerait* l'armistice, et aussitôt recommencerait la guerre, si ce gouvernement ne désavouait celui de Bordeaux. Il a bien fallu se décider: poussé par la Prusse, interrogé par l'opinion publique, il a parlé ce matin et fait ce qu'exigait la Prusse, et ce que lui dictait en même temps, d'ailleurs, le sentiment de sa propre conservation. Dans une proclamation publiée par le *Journal officiel* et affichée partout, il a condamné M. Gambetta et *annulé* son décret.

Ce n'est pas tout, pourtant, et les événements se poussent avec une rapidité qui empêche de se reposer un instant : le gouvernement, déjà, il nous l'apprend, par une note, avait signifié ses intentions à M. Gambetta, et envoyé M. J. Simon à Bordeaux, pour les faire exécuter. Il ignore, prétend-il, « quelle a été la *décision* de M. Gambetta ; » mais il ne dit pas vrai, car il nous annonce, immédiatement après, que trois de ses membres, MM. Pelletan, Garnier-Pagès et Arago, sont partis pour Bordeaux, « afin de *faire respecter sa volonté* et d'étouffer tout germe de *discorde* ». Ainsi, le gouvernement le constate lui-même, la discorde a éclaté, la scission est faite : nous avons un gouvernement à Paris, qui pense, qui veut, qui agit tout à fait différemment du gouvernement de Bordeaux. Et voici comment ces gouvernements sont composés : sept membres à Bordeaux, dont un seul compte, et quatre ici, dont un seul est regardé comme quelqu'un, les autres étant annulés, le général Trochu, noyé sous 60 pieds d'eau et déjà verdi,

M. Ferry, honni, détesté, conspué, méprisé de tous, M. Picard, considéré comme peu sérieux, un plaisant, un loustic parlementaire, qui, depuis longtemps, voudrait bien s'en aller. Restent M. J. Favre et M. Gambetta ; mais M. J. Favre est sous la double pression de l'opinion publique devenue sévère, et de M. de Bismarck. Il n'a qu'une vague République à offrir, et il est impuissant à faire quoique ce soit. M. Gambetta, au contraire, a toutes les apparences qui peuvent séduire les esprits ardents et mobiles du Midi. On affirme qu'il a appelé à lui les volontaires et tirailleurs Lyonnais, qu'il va convoquer aussi les bandes de Marseille et de Toulouse, et les Palikares de Garibaldi, gens de toute nation, disposés à continuer une lutte, dont ils vivent.

Cet avocat est un produit de l'éducation païenne des collèges : il se croit un grand homme de Plutarque, il prétend jouer le rôle de Sertorius, comme Sertorius continuer la résistance, quand personne ne résiste plus, et il s'écrie tragiquement, cette forfanterie réussit dans le Midi :

Rome n'est plus dans Rome, elle est toute où je suis !

6. — Paris, comme aux élections précédentes, est couvert d'affiches de toutes les couleurs, avec cette différence qu'il y en a dix fois davantage. Le spectacle est instructif : le

peuple Parisien ressemble vraiment à un homme qui, ayant reçu un coup à la tête, fait toutes sortes d'actes sans réfléchir, sans suite, par caprice, par mouvements saccadés, se jetant ici et là, s'accrochant à tout ce qui lui tombe sous la main. Et ce n'est pas une seule classe de la société; tous les partis sont également frappés de démence : les *radicaux démocrates* portent Garibaldi, quoique Garibaldi soit Italien, et préfère demeurer Italien, et être membre du parlement Italien ; les *catholiques libéraux* se disent républicains, et inscrivent sur leur liste MM. Victor Hugo et l'anti-Catholique Quinet ; les *bourgeois* croient à des socialistes, à M. Louis Blanc le Sophiste. Il en est qui pensent tout sauver, en élisant ceux qu'ils appellent des *hommes pratiques*, des directeurs d'usines, des chefs d'ateliers, des directeurs de compagnies industrielles, financières, de chemins de fer. Quelques-uns ont foi aux généraux et aux amiraux, aux généraux, qui n'ont pas fait grand'chose, aux amiraux, qui seront probablement plus dévoyés sur le sol politique que sur terre ; mais on voit en eux des hommes de commandement, qui savent maintenir leurs soldats, et sauraient, sans doute se tenir fermes eux-mêmes. D'autres invoquent le duc d'Aumale et prétendent le nommer député, pourquoi? Par un vague espoir : il sera président, il fera un coup d'Etat, comme l'Empereur, au 2 décembre, oubliant que ce qu'on a fait une première fois, il ne le faut pas tenter une seconde. Dans ce tohu-bohu, tout le monde s'offre : « Il s'agit de vous sauver ! Voulez-vous de moi ? Je suis prêt ! prenez moi ! » Les pasteurs Protestants sont en nombre, surtout ceux qui protestent contre l'église Protestante établie, MM. Coquerel, Martin-Paschoud, de Pressensé. Jusqu'ici, pas de prêtres, dans cette candidature générale. Il y a de tout, des ambitieux et des honnêtes gens, des intrigants et des hommes capables, des savants et des ignorants, des fous, et même des sages ! Les étrangers, qui voient s'agiter cette multitude, et qui la jugent avec désintéressement, ne doivent pas hésiter sur la fin qui lui est réservée : le *chaos*, puis le *despotisme*.

Les gens modérés sont tristes, mornes, ne savent qui choisir, et songent à s'abstenir ; il y a, pourtant, dans ce mouvement troublé, où sont mêlées toutes les passions, deux signes très marqués : 1° le mépris des parleurs : *Pas d'avocats !!!* dit une affiche répandue à des milliers d'exemplaires, et à laquelle tout le monde applaudit. Pas un membre du gouvernement ! ajoute-t-on (il en passera peut-être un ou deux, MM. J. Favre et Picard, par un reste d'infatuation) ; 2° un instinctif besoin de repos, d'ordre, d'autorité, de décision, de franchise et de stabilité.

Jamais le pain n'a été aussi noir, aussi laid, mauvais, dégoûtant et malsain, que depuis huit jours : aux substances que j'ai déjà indiquées, on ajoute de l'amidon, de la graine de lin, de la paille, etc. ; beaucoup de personnes en sont malades. Ce n'est pas qu'il n'y ait déjà beaucoup de farines, mais, afin d'écouler ce qui restait, on mêle les nouvelles farines qui arrivent avec les anciennes, et l'on complète cette affreuse mixtion par les substances malfaisantes dont on nous nourrit depuis un mois, sous prétexte de pain. Quelques-unes de ces substances attaquent les intestins, d'autres la gorge ; la paille s'arrête dans le gosier et cause des maux inattendus ; on entend une quantité de gens tousser, non parce qu'ils ont une bronchite, mais parce qu'elles ont tout simplement mangé du pain du gouvernement : « L'administration est si mauvaise, me disait M. Desprez, secrétaire de la mairie du VIe arrondissement, qu'elle ne sait même pas tirer parti de ce qu'elle a ! Paris devrait avoir du pain blanc depuis quatre jours, et dans quatre jours il n'en aura peut-être pas encore ! »

7. — Aucune nouvelle de ce qui se passe à

Bordeaux ; on est inquiet, il circule les bruits les plus contradictoires.

Nous sommes dans la plus vive anxiété depuis deux jours : le gouvernement ne nous apprend rien sur M. Gambetta ; donc les nouvelles sont défavorables à M. J. Favre. Ce silence permet toutes les suppositions : on les colporte comme des faits certains, et elles sont dans des sens absolument opposés. Tour à tour, et, en une heure, on affirme que le gouvernement de Paris est venu à bout de toutes les difficultés, que M. Gambetta a été mis à la raison, a cédé, a été saisi par les généraux, qui ont appuyé M. J. Simon, a été cassé de ses fonctions de ministre, a été arrêté ; puis, au contraire, qu'il est triomphant, qu'il ne résiste pas seulement aux injonctions de Paris, mais qu'il a, par un décret, annulé le décret J. Favre et Trochu, comme émanant d'hommes prisonniers, sans liberté, et par conséquent, sans pouvoir et sans droit. Vrai tour d'avocat qui trouve cet argument de légalité dans son bissac de Palais ! On sait, du reste, bien d'autres détails déplorables : l'état de la province, non moins malheureuse, non moins désorganisée que Paris, non moins anarchique ; M. de Bismarck, plus instruit encore que nous de cette discorde universelle, prenant vis-à-vis de M. J. Favre une attitude hautaine et méprisante, et lui faisant sentir, par ses réticences, qu'il ne comptera bientôt pour rien, et celui-ci, naguère si satisfait, courant tous les jours sur la route de Versailles, avalant les humiliations du vainqueur, et entrevoyant le moment où, renié par M. Gambetta, dédaigné par M. de Bismarck, repoussé par le *peuple* de Paris, il cherchera en vain un appui, une main, pour l'arrêter dans la chute sans fonds où il s'abîmera ! La guerre civile, la bacchanale insensée, furibonde, de la république Pyat et Blanqui; voilà quel peut être, d'ici à peu de temps, notre sort, résultat providentiel de la fin de ce gouvernement dont Paris s'est jugé digne, le 4 septembre !

8. — J'ai assisté, hier, à l'arrivée d'un des premiers trains de voyageurs venant à Paris (gare d'Orléans). Le spectacle était curieux et nouveau : le train, fort considérable, était entièrement plein; pas une place vide, tous les voyageurs aux fenêtres, et tous, la figure épanouie. C'étaient, la plupart, des parents, des amis, des habitants de Paris, qui rentraient et venaient revoir, après cinq mois, leurs familles et leurs foyers. Pas un, aussi, qui n'apportât des provisions et, en première ligne, — ce qui excitait singulièrement l'envie des nombreux spectateurs, — du pain, du pain blanc, quand nous sommes encore réduits à manger un mélange indigeste, qui rend malade, qui

cause des maux de gorge et des dysenteries. Ils descendaient de voiture, alertes et gais; mais leur contentement bientôt diminuait. On n'entendait, de tous côtés, que ces mots, habitude des anciens jours : « Facteur, une voiture ! — Une voiture ! madame, il n'y en a pas ! — Eh bien, je prendrai un omnibus ! — Un omnibus ! pas davantage, les chevaux sont mangés ! — O mon Dieu ! et mes bagages ! » — Cette foule, désolée, est restée campée dans les salles d'attente et dans la cour, pendant plusieurs heures, attendant que des commissionnaires, rares, parce qu'on a perdu l'usage du travail, vinssent charger les malles et les paquets sur des crochets, et, enfin, s'est peu à peu écoulée, traversant tout Paris, dans une boue épaisse, pliant sous le faix des couvertures, des porte-manteaux et des sacs de voyage.

Après deux jours de mutisme, le gouvernement nous a annoncé la nouvelle inattendue de la *démission* de M. Gambetta. Cette nouvelle est assez peu claire, n'étant accompagnée d'aucune explication, de sorte qu'on ne se décide pas immédiatement à la juger. On peut seulement remarquer : 1° que M. Gambetta, en annonçant aux préfets qu'il se retire d'un gouvernement avec lequel il n'est plus en communication d'idées et d'espérances, et en les conviant à « se réserver », pour se déterminer, après les élections, annonce ainsi implicitement, qu'il « se réserve » lui-même, ce qui n'est pas rassurant. C'est pour rendre « un suprême service à la République, » dit-il, qu'il s'est résolu à se mettre à l'écart, pendant quelques jours, quitte à reprendre, le lendemain, un rang que nul de ses collègues ne lui pourra disputer.

Paris vote aujourd'hui, cela veut dire que quelques centaines d'ambitieux, d'utopistes et d'intrigants envoient plusieurs milliers d'imbéciles ou d'ignorants déposer dans une caisse de bois des listes, où sont inscrits des noms que la plupart ne connaissent pas, qu'ils n'ont jamais entendu prononcer, qui ne les intéressent en rien, ne signifient rien, ne leur disent rien. Car voilà ce qu'est réellement le *suffrage universel :* une grotesque parade, où le peuple, le vieux *Démos* bête et naïf d'Aristophane, joue le rôle qu'on lui a appris, strictement, sans ajouter un mot, sans changer un geste ; spectacle plus propre, pourtant, à inspirer de la pitié que du dégoût, car ce pauvre peuple est la dupe, la proie et la victime des bouchers et marchands de bestiaux qui le tiennent au bout d'une corde, et qu'il suit docilement où ils le mènent, au pré pour l'engraisser, à l'abattoir pour le manger !

9. — Les listes, que l'on distribuait avec une profusion qui ne pouvait être surpassée, peuvent se diviser en cinq groupes, les autres n'étant que des nuances : la *liste du gouvernement*, où sont portés tous ses membres, même M. Glais-Bizoin, accompagnés de quelques démocrates des plus purs, pour témoigner du républicanisme de ce gouvernement : Rochefort, Louis Blanc le Sophiste, Pyat même, qu'ils ont fait arrêter, et flanqués de quelques modérés peu compromettants, pour rassurer les bourgeois candides, qui appellent encore M. J. Favre et M. Picard, des *honnêtes gens* (je dirai plus loin ce que l'on entend aujourd'hui par ce mot); 2° la liste *républicaine libérale*, jadis *catholique libérale*, mais où l'élément chrétien a été si effacé qu'on le distingue à peine : faux républicains, Orléanistes au fond, qui cherchent à tirer parti de la République, si elle s'établit; purs ambitieux de second ordre, ternes, propres à toutes les concessions de principes, c'est la liste du comité Dufaure et Cochin, du journal *le Français ;* mais soupçonnés de réaction, pour se couvrir, ils ont rallié des républicains indiscutables, des panthéistes, des pasteurs Protestants, des athées et des anti-chrétiens : MM. Edgar Quinet, Victor Hugo, Louis Blanc le Sophiste, Schœlcher, de Pressensé, Vacherot, etc. ; 3° la liste du *comité catholique*, dont

le titre dit assez la composition : anciens députés, industriels, riches propriétaires, généraux, haute bourgeoisie, noblesse, dont les sentiments conservateurs et chrétiens sont certains; on y trouve des noms de tous les partis, sauf de la République ; 4° la liste ds l'*union libérale*, républicains, dits modérés, tels que les journalistes Guéroult, Sauvestre, Hébrard, des théoriciens et des rhéteurs, Legouvé, Corbon, Michelet ; des industriels peu déterminés, Alphand, Solacroup, Louvet, mais, qui, de même que la liste républicaine libérale, ont eu peur qu'on ne les accusât de tiédeur, et se sont réchauffés par l'adjonction des citoyens Quinet, Louis Blanc le Sophiste, même Delescluze et Gambetta ; 5° enfin, la *liste radicale*, formée des *purs*, sans mélange, sans alliance, sans compromis, se déclarant nettement républicains-démocrates-socialistes. C'est là que l'on voit défiler l'état-major du gouvernement futur, avec toutes ses illustrations passées et présentes, ses dictateurs, ses tribuns, ses philosophes, ses légistes, ses journalistes, ses généraux, ses artistes, ses administrateurs, ses écrivains, ses poètes, ses savants et ses médecins ! En tête, ces deux noms retentissants : Garibaldi, Gambetta (deux Italiens, l'un de naissance l'autre de race), et à la suite : Asseline, le journaliste athée, Louis Blanc le Sophiste, Clémenceau, l'antichrétien, Courbet, le peintre réaliste, Delescluze, le jacobin, Raspail, soupçonneux comme Marat, Marc Dufraisse, théoricien, à la façon de Saint-Just, Groppo, le dernier disciple de Proudhon, Langlois, son ardent séide, Littré, le positiviste, V. Hugo, le poète panthéiste, Ledru-Rollin, le tribun, Martin-Bernard, l'émoutier (depuis les premières années de Louis-Philippe jusqu'à nos jours), Félix Pyat, l'apologiste de l'assassinat des rois, Quinet, le fanatique ennemi du Catholicisme, Schœlcher, qui se glorifie de son athéisme, Rochefort, qui prêche le régicide, etc.

Mais, je me trompe, il y a encore par delà, et voici que l'on m'apporte une liste qui se distribue dans les hauts faubourgs, à la Villette, Belleville, Montmartre, la Chapelle, etc., et bien autrement *radicale* que la précédente : celle-ci est composée de bourgeois, d'hommes qui ont acquis une notoriété par leur position élevée, le talent, la fortune, des emplois considérables, etc. C'est une aristocratie. Place ! voici la démocratie qui s'avance, la vraie, le peuple, les ouvriers, les ouvriers seuls (sauf deux ou trois exceptions), ou des républicains qui ont donné de telles preuves de leur *pureté*, que la plupart ont été poursuivis, emprisonnés, condamnés à la prison, à l'exil, à la mort, aux galères. On apprend là des noms qui n'ont jamais paru, qui n'ont jamais été prononcés dans le reste de Paris, mais qui, dans un autre Paris, un monde de trois ou quatre cent mille âmes, ont un retentissement et une célébrité incontestables : les *mécaniciens* Avrial et Langevin, les *cordonniers* Jacques Durand et Roullier, le *fondeur en fer* Emile Duval, le *tailleur* Jarnigon, les *cuisiniers* Lacord et Flotte (celui-ci nous était connu dès 1848), l'*ébéniste* Macdonel, le *menuisier* Pindy, l'*ouvrier formier* Séraillier, le *ciseleur* Theisz, le *relieur* Varlin, Dupont, *secrétaire* du conseil général de l'*Internationale*. Quant aux victimes de l'*infâme* réaction de tous les régimes depuis quarante ans, ils sont les capitaines de la bande : Eudes, l'assassin du 14 août, en tête, puis Gambon, l'*homme à la vache*, Goupil, l'uroscope, commandant révoqué, Lacambre, commandant révoqué, Granger, commandant révoqué, et les maires et adjoints élus, mais non reconnus par le gouvernement de l'Hôtel de Ville, Lefrançais, Oudet, Ranvier, etc.

Il y a d'autres observations de détail : les listes républicaines de toute nuance, sauf la rouge, portent toutes certains noms : V. Hugo, Arnauld (de l'Ariège), Henri Martin, le premier, à cause de son illustration, les autres, comme une marque de gratitude pour leur bonne administration de maires. Toutes les listes, sauf la rouge, portent M. Thiers et le général

Vinoy; la liste catholique a même admis M. Thiers, quelque révolutionnaire que soit son esprit, mais en souvenir de son attitude dans la question Romaine, où il défendit le pouvoir temporel. Aucune liste, sauf celle du gouvernement, ne porte les membres du gouvernement : MM. J. Favre et Picard apparaissent sur une ou deux, perdus dans le nombre; M. Cochin n'a été admis que sur sa liste. M. Blanqui ne paraît que sur une liste, et M. Flourens, pas sur une seule. Les uns disent qu'on les a trouvés trop prudents, au combat du 22, devant l'Hôtel de Ville; d'autres croient qu'ils se réservent pour la direction des affaires à Paris, tandis que les députés seront en province. Le tout forme plus de *cinq cents* noms, dont on fait en ce moment le classement.

10. — Apparition, ce matin, du pain blanc, non rationné; c'est un véritable événement; on l'a mangé comme du gâteau.

Pour nous distraire des graves préoccupations de ce moment, on nous a servi une petite pièce, qui n'a pas eu moins de retentissement que les gros drames, et n'a pas moins excité l'attention. C'est une série d'actes publics qui dévoilent la conduite privée de M. J. Favre. Tout le monde savait que M. J. Favre vivait en concubinage avec une femme mariée, qu'il en avait eu des enfants, qui portaient son nom, quoique le mari de sa maîtresse fût encore vivant; mais on était persuadé que le mari était mort depuis quelques mois, et que M. J. Favre avait épousé la veuve, « pour régulariser sa position ». Il n'en est rien : la maîtresse de M. J. Favre est morte l'année dernière, et son mari vit encore. Mais, en outre, le journal *le Vengeur* (nouvel organe de M. F. Pyat, dans lequel ont paru les actes relatifs à M. J. Favre), nous décèle d'autres faits qui n'ont pas un caractère absolument privé; ainsi : 1° dans un acte de l'état civil et un acte de baptême, M. J. Favre déclare, en 1855, une fille née de *lui* et de son *épouse* Jeanne Charmont, *mariés* à Dijon, tandis que Jeanne Charmont était mariée, depuis 1839, à M. Vernier; 2° dans un autre acte de l'état civil, en 1845, il signe, comme témoin de la naissance d'une fille, née de Jeanne Charmont, et de *père non dénommé*, quand le père, Vernier, vit et, par conséquent, doit être nommé; 3° dans un acte de l'état civil, en 1849, il déclare un fils né de lui et de Jeanne Charmont, *non mariés;* 4° dans l'acte de mariage de sa fille, en 1867, il la déclare née de lui et de Jeanne Charmont, *dont l'existence est ignorée*, quand elle vit depuis plus de vingt ans dans sa maison, où elle porte le nom de Mme Jules Favre;

5° dans l'acte de décès de Jeanne Charmont, en 1870, Jeanne Charmont s'appelle de son vrai nom *femme Vernier ;* mais la lettre de *faire part* pour son enterrement la nomme Mme *J. Favre ;* 6° une série de diverses pièces montre enfin M. J. Favre profitant de sa position équivoque et immorale, pour se faire donner la riche succession de M. Odiot.

Ces pièces, où l'indélicatesse et l'illégalité sont flagrantes, et que M. Millière, ennemi acharné de M. J. Favre, taxe de *faux* en écriture publique, ont vivement ému le public ; des journaux les ont reproduites, et elles ont fait l'objet de l'entretien de la journée. Les plus modérés voyaient dans la conduite de M. J. Favre la punition persistante d'une première faute. Cet homme, qui avait ouvertement violé les conventions sociales et la loi divine, et qui veut néanmoins garder les apparences de l'honnêteté et se maintenir dans une position honorée, est obligé à une hypocrisie continuelle, affectant des sentiments religieux, une pratique assidue du culte, etc., poussé à tourner successivement les difficultés sans cesse renaissantes par des déclarations fausses, affirmant, par actes publics, ici qu'il est marié, là qu'il ne l'est pas, aujourd'hui qu'il ne sait où est la mère, demain qui est le père, etc. Les journaux en général ont traité fort légèrement ces illégalités, qu'ils appelleraient volontiers des *peccadilles;* mais il n'en est pas de même de la captation de la succession Odiot. Ce dernier fait touche surtout les *frères* et *amis :* vivre en concubinage, ce n'est rien, la plupart vivent ainsi, c'est un genre de vie habituel, dont on ne s'étonne pas, et qui n'empêche pas de se dire, d'être appelé un *honnête homme.* Mais s'être enrichi, avoir été assez habile pour user de sa fausse position au profit de sa fortune, avoir acquis des rentes, des terres et un hôtel, par ses bâtards, halte-là! voilà qui est indigne! Il est devenu riche et, eux, sont restés pauvres! Ce n'est plus un honnête homme, c'est un coquin!

Telle était l'opinion exprimée hier soir, dans les groupes, clubs en plein air, où la conduite de M. J. Favre était sévèrement jugée par ses anciens électeurs. Quant à lui, on se demandait ce qu'il ferait, et quelques-uns avaient l'obligeance de s'inquiéter par quel moyen il se tirerait de ce mauvais pas. Les bonnes âmes qui prenaient ce souci ne connaissent pas les hommes de ce caractère : leur impudence ne s'émeut point, ils haussent les épaules et ne répondent pas. C'est ce que fera M. J. Favre : il ne répliquera pas un mot et laissera passer l'orage. Le *Figaro* avait, dès hier matin, annoncé que M. J. Favre avait été arrêté pour faux (sous toutes réserves, ajoutait-il). Qui donc l'eût arrêté? il est lui-même le gouvernement. C'était une plaisanterie. Mais non! un tel acte de justice ne saurait être espéré en ce temps-ci; M. J. Favre continuera à parler, écrire et se poser comme le défenseur du droit et des plus beaux sentiments; les hypocrites de tous les siècles n'ont jamais agi autrement; ils affectent les doctrines les plus contraires à leur conduite. Il éblouira, par ses grands mots, le gros public, les bourgeois naïfs et irréfléchis, qui s'y laisseront prendre, et le défendront encore, en lui donnant le nom d'*honnête homme*.

Si nous vivions sous un gouvernement régulier, il serait accusé, jugé et condamné.

12. — On nous témoigne déjà, à quelques pas de nos remparts, l'estime que l'on fait de nous : les soldats Prussiens, il faut bien l'avouer maintenant, tous les journaux en ont parlé, et nous ne pouvons cacher plus longtemps cette honte, traitent avec le mépris qui lui est dû une misérable multitude sortie de Paris, qui les assaille à leurs avant-postes, les harcèle de ses demandes, accepte tout de leurs mains, et à qui ils jettent dédaigneusement et avec des rires insultants les vivres qu'elle se dispute, comme une bande d'animaux. Ils ont,

par dérision, dressé, au bout du pont de Sèvres, un mannequin représentant un ours, debout sur ses pattes de derrière, un fusil entre les bras, et faisant comme faction de sentinelle ; c'est là tout ce qu'il faut, semblent-ils dire, pour garder Paris ! Quant à M. de Bismarck, il nous promet un autre spectacle : l'entrée de son armée dans Paris, le défilé de ses cuirassiers blancs dans l'avenue des Champs-Élysées, les éclats de ses trompettes, devant l'Hôtel des *Invalides*, et la musique de ses régiments qui jouera, peut-être, ô ignominie ! sur des cuivres Prussiens le refrain de la *Marseillaise !* Cette solennité est annoncée pour lundi, 21.

11 heures. — Le *Journal officiel* nous annonce qu'il ne connaît pas encore le résultat définitif des élections, malgré qu'on ait mis à l'œuvre plus de *huit mille* scrutateurs. Mais le travail a dépassé toutes les prévisions ; ce n'est pas 500 noms qu'il a fallu aligner et additionner, c'est *trois mille !* C'est à ce chiffre que s'est élevé le total des candidats à la députation de Paris, et l'on peut juger, par ce chiffre, du trouble qui existe dans le cerveau de tant de gens : que d'orgueil ! que de vanités ! que de rêves ! que d'ambitions ! que d'envie ! que d'impuissance ! que de cupidités !

13. — Pas encore d'élections connues à Paris. En revanche, nous avons des nouvelles des départements : la grande majorité est réactionnaire, en ce sens qu'elle est opposée à la République actuelle ; mais le résultat n'en sera pas moins déplorable. Cette majorité se composera de quatre groupes : les Républicains modérés, sans principes arrêtés, gens d'expédients, voulant faire une nouvelle épreuve de la République, utopistes, rêveurs, eunuques, propres seulement à empêcher, non à faire ; les Orléanistes, qui intrigueront, les Légitimistes nuls, appoint négatif, pouvant enrayer la marche, retarder un succès, mais incapables de réussir par eux-mêmes et pour eux-mêmes ; les Bonapartistes, qui attendront. Qu'on ajoute à ces éléments 150 à 160 Républicains radicaux, telle sera cette Assemblée mitigée, sans cohésion, sans idée générale, qui cédera bientôt à la passion inhérente aux assemblées, la passion de se perpétuer, l'orgueil d'être tout, de dominer tout, d'être au-dessus de tout. Pour chef, elle aura M. Thiers, type du désordre des esprits, et en qui elle aura surtout confiance, parce que nul ne représentera mieux ses incertitudes et son indécision. Avec ces penchants, ces désunions, ces ambitions, ces prétentions, l'anarchie dans laquelle nous vivons peut se prolonger longtemps : nous nous traînerons dans

un provisoire rempli de compétitions, de luttes, de dissensions, de changements violents, de pouvoirs indignes ou méprisés, et qui achèvera notre décadence, notre misère et notre ruine !

Les élections, dans nombre de départements, ont été décidées, composées et conclues au chef-lieu ; la ville importante, où vivent le plus d'hommes considérables, a fait sa liste et l'a imposée au reste du département, comme Paris ses gouvernements d'émeute à la France, et le département l'a acceptée et votée. Aussi beaucoup de petites villes et d'arrondissements ne sont pas représentés; pas un de leurs hommes n'a été élu ; les campagnes, les paysans, ont été annihilés par le scrutin de liste, inintelligible et sans intérêt dans la plupart des communes.

14. — Un des spectacles les plus attristants de Paris, en ce moment, est celui qui frappe les yeux de tout le monde, à chaque pas, à chaque instant, de soldats et de mobiles errants par nos rues, désarmés et oisifs. On les rencontre par bandes, les mains enfoncées dans les poches de leur capote flottante, marchant lentement, ils ont le temps, arrêtés par groupes sur les places, stationnant devant les grilles du Jardin des Plantes, badaudant en face des boutiques, et semblant traîner un

immense, général et continuel ennui. Le gouvernement n'a su que faire de cette armée de 150,000 hommes, dont l'activité et la vigueur eussent été si utilement employées à des travaux pour lesquels manqueront peut-être bientôt les bras, à réparer nos boulevards défoncés, nos macadams effondrés, nos bancs arrachés, nos monuments salis, nos maisons écroulées sous les obus. Avec l'imprévoyance, qui a été le caractère distinctif de cette administration improvisée, il les a abandonnés à toutes les excitations, aux plaisirs, aux attraits, aux folies de cette bacchante qui s'appelle une grande capitale et, sans qu'il soit besoin d'insister, la plupart y cèdent.

Seule, la Religion les a appelés à elle : dans plusieurs églises, une messe est spécialement célébrée pour les soldats ; à Saint-Sulpice, on les réunit deux ou trois fois par semaine, le soir, en des conférences, où on leur raconte des histoires instructives, héroïques, des faits de guerre, des traits de dévouement, où ils chantent en chœur des cantiques et la *Chanson du Soldat*. Ils y viennent par centaines, surtout les soldats de l'Ouest, mobiles et marins ; un prêtre, jeune comme eux, leur assigne leur place, les fait mettre en rang, leur commande, les mène comme une classe d'enfants ; et ils lui obéissent, ils acceptent très bien ses ordres, ces jeunes hommes qui, hier,

FÉVRIER 323

le fusil à la main, veillaient dans les tranchées, à cinquante pas de l'ennemi, et la baïonnette en avant, s'élançaient sur les pentes de Buzenval contre les redoutes et les batteries de canons ! Ce n'est pas une des moindres insanités des révolutionnaires que de nier ou d'ignorer non seulement le besoin, mais le plaisir que la plupart des hommes ont d'être conduits.

15. — L'événement du jour est la *proclamation de l'Empereur*, datée du 8, et publiée, ce matin, par plusieurs journaux. Cette proclamation est, à tous les points de vue, digne de la plus grande attention. Nul ne saurait en contester la modération, la dignité : écrite dans le style le plus ferme, le plus net, elle apprécie les faits qui se sont passés depuis le 4 Septembre, comme le fera l'histoire, sans passion, avec impartialité et sévérité ; on y sent un certain découragement, ou, plutôt, un détachement attristé. Je n'ai pas « d'ambition personnelle », dit l'Empereur ; il dit vrai, cela est visible. Il s'abstient de récriminations, remarquant seulement que « l'Empire a été *abandonné* par ceux qui devaient le défendre », expression indulgente pour désigner la trahison du général Trochu ; enfin, il s'en rapporte à la manifestation de la « souveraineté nationale ». Si la France est encore capable de bon sens,

elle en sera frappée; si elle a encore le sentiment du droit, elle repoussera l'usurpation violente qui s'est imposée à elle, et reviendra à celui qui lui parle le langage même du patriotisme et de la raison.

Les élections de Paris nous sont enfin connues : elles ne diffèrent pas, quant à l'ensemble, du résultat annoncé ; il y a, cependant, quelques variantes. M. J. Favre est élu, dans un rang éloigné, le 35ᵉ, il est vrai, mais il l'est ; la classe moyenne est encore abusée sur son compte ; la plupart des journaux, *près desquels on a agi*, ayant refusé de reproduire les pièces de l'accusation de M. Millière, une partie de la bourgeoisie ne les connaît pas, ne les a pas lues et, sur l'invitation de ces journaux, n'a pas même voulu les lire, les traitant de calomnies, sans savoir ce qu'elles renfermaient. De là, l'élection de M. J. Favre. Assi n'a pas été nommé, il n'a eu que 58,000 voix ; mais il est remplacé par deux hommes, aussi menaçants, aussi inconnus, MM. Tolain et Malon, chefs de l'*Internationale;* au lieu d'un, cette Société en a nommé deux. Plusieurs des élections de Paris devant, en outre, être renouvelées, par suite de l'option de députés pour d'autres villes, les chances de la liste rouge sont encore plus grandes. Les jacobins doivent être, d'ailleurs, satisfaits; sur 43 noms ils peuvent en revendiquer 37. Ce chiffre en dit assez : voilà ce que produit le suffrage universel à Paris.

Quoiqu'on ne s'occupe guère plus de la *Correspondance de la famille Impériale*, publiée par quelques bohèmes politiques et littéraires, il en paraît, de temps en temps, un fascicule, que l'on parcourt d'une main distraite, parce qu'il est sans intérêt. Cependant, les dernières livraisons donneraient lieu, si l'on avait le temps, à des observations utiles. Cette publication continue à être, contre l'intention de ses éditeurs, favorable et avantageuse à l'Empereur. Elle le montre fidèle, dévoué, reconnaissant, n'oubliant ni ceux qui l'ont aimé, ni ceux qui l'ont servi dans l'adversité : il leur alloue des pensions, souvent considérables, toujours proportionnées à leurs services et à leur rang. Elle témoigne de l'estime, de la considération respectueuse qu'avaient pour lui les vrais savants, les hommes les plus instruits de l'étranger, qui appréciaient, comme elles le méritaient, sa connaissance approfondie de l'Antiquité, ses fortes et solides études (voyez les nombreuses lettres qui lui sont adressées par les érudits et historiens d'Allemagne). Elle prouve quel soin attentif et constant il apportait à l'examen des projets sérieux qui lui étaient présentés. On voit, par les nombreuses pièces relatives aux canons Krupp, qu'il n'a pas dépendu de lui que ces fameux engins de guerre ne fussent adoptés en France : il insiste, il demande des rapports ; si l'idée en fut repoussée, c'est à d'autres qu'il le faut reprocher ; il crut devoir se rendre à la décision des officiers qui, dans l'artillerie, passaient pour les plus compétents. Tout homme impartial l'estimera davantage, après la lecture de cette correspondance. On dirait que les ineptes et étourdis compilateurs sont payés pour le servir.

Le lendemain de la proclamation de l'Empereur, a paru le discours de M. J. Favre, à l'ouverture de l'Assemblée de Bordeaux. Ce discours, comme tous les précédents, est une suite de formules hypocrites et de banalités, où les grands mots viennent à l'appui d'allégations mensongères : déposer le pouvoir est pour lui, « un *devoir* particulièrement *doux*, » dit-il, en débutant par cette phrase féline. Il n'a jamais eu d'autre préoccupation « que de se trouver devant l'Assemblée (qu'il a refusé pendant quatre mois de réunir); ce pouvoir, ce fardeau, il l'a accepté » (de qui, par qui offert?) il a « recueilli le pouvoir en vacance», (*en vacance*, comme un tribunal de première instance, sans doute, à moins qu'il ne veuille dire *vacant*, et on cherche comment le pouvoir était vacant). Il a donc « l'honneur de déposer le pouvoir, » mais tant qu'il ne sera pas remplacé, il « prend l'engagement de remplir son *devoir* ». On en pourrait douter, mais, comme preuve, il invoque « sa loyauté ! » Dès lors, on ne doute plus. Après cela, il s'attendrit sur « les intérêts de notre chère patrie, » il exprime, néammoins, l'espoir, dans le plus étrange amalgame d'images, « d'arriver à *bander* ses plaies et à réconstituer son avenir ! » Car, sans parler du ton pédant qui s'allie si bien à cette phraséologie creuse, tout le discours est écrit dans ce français équivoque habituel aux avocats, en général, et à celui-ci en particulier, il ne se doute pas de la valeur des mots : il s'extasie sur le « *miraculeux effort* » qu'a fait la France pour voter rapidement, miracle, du reste, qui ne s'est pas opéré à Paris, où il a fallu huit jours pour connaître le résultat du scrutin. Il finit, comme il a commencé, par un mensonge, en déclarant qu'il « reportera à ceux avec lesquels nous négocions cette affirmation : « que la France est prête, quoi qu'il arrive, à faire courageusement son devoir », sachant mieux que personne que la France n'a point à choisir, qu'il l'a réduite à l'agonie, et que, par conséquent, elle n'est pas prête à donner la preuve impuissante d'un inutile courage !

17. — M. Cresson, le troisième Préfet de police sous la République, a donné, depuis quelques jours, sa démission ; c'est, du moins, ce que l'on assure, car elle n'a pas paru au *Journal officiel.* On a, d'abord, prétendu que c'était pour cause de santé, mais il paraît que c'est pour un motif beaucoup plus sérieux : il s'agirait de l'affaire M. J. Favre et de ses fausses déclarations dans les actes de l'État civil dénoncés par M. Millière. M. Cresson se serait trouvé placé entre son devoir de magistrat chargé de l'ordre dans la cité, et la difficulté, ou plutôt l'impossibilité de le remplir, vis-à-vis d'un membre du gouvernement, et, dans cette alternative, il aurait cédé à sa conscience et se serait retiré[1]. Nous voici sans gouvernement, sans gouverneur de Paris, sans commandant de garde nationale, et sans préfet de police ; nous attendons tout cela, par un prochain courrier, de Bordeaux. Quant à M. J. Favre, il ne souffle mot et semble n'avoir pas connaissance de l'accusation portée contre lui.

20. — Enfin nous a été annoncée, hier soir, la nouvelle que M. Thiers, avait été nommé *chef du pouvoir exécutif,* et il est arrivé ce matin même à Paris. Il a été élu presque à

---

[1] Voici les paroles qu'on lui attribue : « Si je ne peux faire arrêter M. J. Favre, je ne me crois plus autorisé à faire arrêter aucun malfaiteur. »

l'unanimité : il a dû être flatté. A sa place, je serais effrayé ; une telle unanimité cache trop de dangers ; c'était un moyen pour tous les partis de dissimuler leurs intentions et leurs plans. Chacun attend de lui quelque chose de différent, il mécontentera nécessairement la plupart. Il ne peut gagner, il ne peut que perdre. Ceux qui savent quelle est la rapidité des changements en révolution, assignent trois mois à sa décadence. La nation va partager l'engouement de son Assemblée, se contentant, dans son ardent désir du repos, d'une espérance indéterminée. Elle sera, bientôt, plus exigeante : elle suivra, d'un regard anxieux, la construction qu'elle s'imagine que va élever son mandataire, et il n'élèvera rien, parce qu'il n'est pas un constructeur, mais un destructeur. Le scepticisme est eunuque ; il ne sait qu'empêcher, il ne produit pas. M. Thiers, depuis un demi-siècle, a participé à tous les renversements ; on ne peut citer aucun gouvernement qu'il ait aidé à se fonder. Par son passé, on juge un homme : lui, ne sera pas autre qu'il a été toute sa vie, ni pour le droit divin, ni pour la souveraineté du peuple, ni légitimiste, ni républicain, sans tradition comme sans respect. C'est un révolutionnaire, dans le sens étroit, c'est-à-dire, un négateur, qui n'a pas de conceptions, pas de vues, perdu dans le milieu des événements, où il se démène, cherchant à tirer parti de ce qui est sous sa main, n'attendant de résultat que des événements, et propre seulement à y aider par des expédients. Tel il sera dans les circonstances actuelles, tour à tour se portant vers les Orléans ou vers une République moyenne, parce que ce sont des expédients, mais ne résolvant rien, et ne faisant pas pencher irrévocablement la balance d'un seul côté, par ce poids décisif qui, lorsqu'on l'y jette, emporte tout, un principe! Et il le prouve déjà par le ministère dont il s'entoure: des Républicains, des Orléanistes, des Légitimistes, amalgamés par la haine, qui repoussent, qui n'affirment pas : ministère de *conciliation*, dit-il ; c'est d'*exclusion* qu'il faut dire. Avant peu, cet homme, applaudi par tous, sera désavoué par tous, et réduit à son rôle ordinaire de simple instrument d'une nouvelle révolution, d'un nouveau renversement.

L'entrée des Prussiens est le sujet général des conversations, tout le reste est négligé. On apprend, par les personnes qui sont allées à Versailles, et aux avant-postes, que les soldats Allemands annoncent leur entrée prochaine, comme récompense et couronnement de la campagne de France : « Si l'on tire sur nous, disent-ils, nous brûlerons Paris! »

C'est à quelques misérables journaux que

nous en serons particulièrement redevables : « Les Parisiens ne veulent pas s'avouer vaincus ! » disent aussi les Allemands. Il est vrai : Paris n'a pas eu de dignité; il ne sait pas se taire, garder une réserve et un silence qui nous eussent fait respecter même du vainqueur, Au contraire, une partie de la presse, expression du sentiment public, a continué ses vanteries, ou a pris, vis-à-vis des Prussiens, une attitude goguenarde et moqueuse, semblable au gamin, qui vient de recevoir une paire de soufflets et qui, à quatre pas de distance, vous fait encore un pied-de-nez; son insolence donne envie de redoubler.

22. — Une question commence à inquiéter et pourrait devenir fort sérieuse, celle de l'indemnité de 1 fr. 50 payée jusqu'ici aux gardes nationaux, et qu'un récent décret annonce devoir être bientôt supprimée, sauf pour ceux qui seront reconnus en avoir indispensablement besoin. Cette preuve n'est pas aisée à faire, et l'on entrevoit de grandes difficultés dans l'élimination de ces plébéiens habitués, déjà, comme dans la Rome impériale, à recevoir une paie sans rien faire. On a pris plusieurs mesures : on a commencé par éliminer certaines catégories de gens qui pouvaient vivre sans l'indemnité, ou qui inspiraient moins d'intérêt, les *concierges*, les

célibataires, etc.; on a appelé des ouvriers dans quelques ateliers; mais il n'en reste pas moins une masse considérable d'hommes qui ne pourront ou ne voudront pas travailler, et réclameront une allocation qui n'exige que de se présenter pour la recevoir. Dans peu de jours, échoit le terme fatal; ce n'est pas immédiatement, mais un peu plus tard que se manifestera la gêne et le mécontentement; les meneurs des clubs et de l'*Internationale* sauront exploiter ces dispositions et, les Prussiens partis, chercher à s'en servir, comme en 1848, des *ateliers nationaux*.

Depuis quelques jours, il est arrivé, de province, plusieurs journaux des mois de novembre et décembre, et qui nous font connaître les nouvelles que l'on répandait sur la défense de Paris et les armées de la Loire et du Nord, entre autres, dans le journal *la Dépêche*, de Toulouse. On y voit que la province n'était pas moins trompée que Paris par l'honnête gouvernement qui nous possédait, et que MM. Favre et Trochu n'hésitaient pas plus à leurrer la province de belles espérances et à lui raconter des succès fantastiques, que M. Gambetta à nous transmettre les victoires inventées par son imagination. C'est ainsi que l'on trouve, dans le mois de décembre, les dépêches suivantes : « L'armée de Chanzy combat les masses du prince Frédéric-Charles, composées des plus vieilles troupes et, depuis trois jours les refoule sans perdre un pouce de terrain : » quand cette malheureuse armée se défendait comme elle pouvait, reculant toujours, depuis qu'elle avait été battue près d'Orléans, coupée en deux, abîmée! — « L'armée du prince Frédéric-Charles a éprouvé un échec sérieux devant Beaugency, et s'est retirée en désarroi! » (12 décembre.) Ces dépêches étaient de M. Gambetta. Celle-ci venait de Paris : « Nous avons fait, le 2 décembre, beaucoup de prisonniers; pour sa part, le lieutenant Fribourg en a conduit 712 au fort de Vincennes. » ... « Nous les avons battus, ces Prussiens orgueilleux! » dit un bon bourgeois de Paris, trompé le premier par les assurances de victoire que M. Trochu avait données à Paris. « Hier, grande victoire!... le dénouement approche! » s'écrie lui-même un écrivain qui n'a jamais passé pour naïf, M. V. Sardou (3 décembre). Un autre jour, on affirme à la province que tout va parfaitement bien à Paris : « La confiance et l'union règnent; toutes les rancunes sont oubliées; les vivres abondent! » (22 novembre.) Comment en serait-il autrement, d'ailleurs? Nous avons fait « une reconnaissance, où les Prussiens ont subi des pertes sérieuses », et où on a enlevé « les approvisionnements entassés sur ce point » (23 novembre). Les Prussiens se fortifient; mais « les travaux que nous préparons deviennent de plus en plus formidables et, du côté de Châtillon (ce Châtillon dont l'abandon, évidemment, inquiétait la province), nous réduirons facilement leurs batteries au silence » (20 novembre). Ainsi, Paris et la province, par l'organe de leurs gouvernants, se mentaient mutuellement ; et, par les extraits des journaux des autres départements, on voit que ces dépêches fallacieuses étaient commentées, dénaturées et amplifiées, à mesure qu'on les reproduisait : ce qui était d'abord un *honorable* succès devenait une *éclatante* victoire; on avait écrit, en premier lieu, que l'ennemi avait été *repoussé;* 20 lieues plus loin, on disait qu'il avait *fui en désordre*, avec les pertes les plus cruelles, etc. C'était une conspiration contre la vérité, organisée et suivie avec persistance, dans le but d'exciter Paris par l'exemple de la province, la province par celui de Paris. Mais le premier, le plus grand coupable, est M. Gambetta, qui en eut l'idée, en conçut le plan, le fit adopter et l'exécuta, sans hésiter, sans honte, sans pitié. Un drôle, un souteneur de mauvais lieu, un pilier d'estaminet, montre à un enfant de dix ans un grand gaillard, haut de six pieds, fort, aux bras solides terminés par de gros poings, et lui dit : « Jette-toi sur lui ! bats-le ! » Et, l'enfant ne voulant pas, il l'enivre avec un verre d'eau-de-vie : alors, le pauvre petit, qui n'a plus sa raison, les yeux hors de la tête, et qu'il pousse par derrière, s'élance sur l'homme et le frappe de ses petites mains. En un instant, il est jeté à terre, meurtri, blessé, un membre brisé. C'est ce qu'a fait ce Gambetta de la noble jeunesse de France ; il l'a grisée de ses discours, il l'a forcée à se précipiter sans armes, sans ordre, sans vêtements, sans pain, sans médicaments même pour ses blessures, contre l'ennemi le plus formidable, qui, en deux coups, l'a écharpée ! la terre est couverte de son généreux sang ! Qui est coupable, ici ? Qui a été lâche, indigne, criminel ? N'est-ce pas un attentat, un crime horrible, contre toute une nation, un crime de lèse-humanité ? L'homme qui pousse l'enfant, c'était pour s'amuser ; n'est-ce pas un misérable ? Celui-ci a poussé la France, aussi pour lui-même, pour sa jouissance, pour continuer à caresser la fille des rues, à boire ce vin de cabaret dont il est toujours ivre, la fille, le vin de la République ! O pères ! O mères ! O veuves de tant de victimes ! ne vous lèverez-vous pas, pour désigner au juge ce scélérat, ne crierez-vous pas, par cent mille voix, par cent mille sanglots : « C'est lui ! c'est lui, qui les a tués ! Arrêtez-le ! C'est l'assassin ! »

Voici l'effet de l'oisiveté où on laisse nos soldats désarmés : ne faisant rien, ils font le mal ; ils détruisent, en se jouant, et comme sans y penser, tout ce qu'ils rencontrent sous leur main. Avant-hier, les mobiles et les francs-tireurs, cantonnés près de la place d'Italie et du boulevard des Gobelins, se sont imaginé de démolir les baraques construites, à grands frais, sur le boulevard de L'Hôpital ; ces baraques sont, en ce moment, inoccupées ; ils ont jugé qu'elles étaient inutiles, et ont commencé à en arracher les portes et les planches ; ce que voyant, une masse de gens du voisinage, — beau quartier ! — sont peu à peu arrivés ; il y en a eu bientôt plus de cinq cents, femmes, enfants, hommes, gardes nationaux *en uniforme ;* l'œuvre, ainsi entreprise, a été lestement achevée ; les démolisseurs s'en allaient par bandes, emportant des brassées de bois, ou les traînant dans des charrettes. Cinq grandes baraques ont été ainsi détruites en plein jour, les planches enlevées, les ferrures arrachées et, pour terminer joyeusement la fête, ils ont mis le feu aux couvertures goudronnées qui servaient de toit, incendie à fumée noire et épaisse, qui a obscurci plusieurs heures tout le quartier. Hier, l'administration avertie, qui craignait le même sort pour les baraques encore debout, a envoyé des employés de la ville, afin de les détruire pour son compte ; les déprédateurs sont accourus, comme la veille, pour les aider ; mais, cette fois, les démolisseurs étaient patentés et accompagnés de gardiens de la paix, devenus, depuis quelque temps, plus sévères, qui en ont arrêté quelques-uns, ce qui a fait s'envoler le reste de la bande. On voit que l'ordre n'est pas encore idéal.

25. — Un témoin oculaire me donne des détails piquants sur les négociations qui viennent d'avoir lieu à Versailles. Il s'agit de l'attitude de M. de Bismarck vis-à-vis des plénipotentiaires Français ; elle est tout à fait différente, selon qu'il se trouve avec M. Thiers ou avec M. J. Favre. On a remarqué combien il était peu affable envers ce dernier. Cette froideur instinctive, du reste, M. J. Favre l'a augmentée par sa manière d'être ; cet homme, faux dans ses actes comme dans ses paroles, n'a eu ni le sentiment ni l'idée de la dignité qu'il devait garder devant le vainqueur : au lieu de se tenir dans la réserve convenable au représentant d'un grand peuple vaincu, contraint de recevoir la loi d'un orgueilleux triomphateur, il a pensé, avec la fatuité d'un avocat étourdi, qu'il était bon de témoigner une désinvolture, une aisance légère, ne doutant pas que ces façons le poseraient sur un pied d'égalité et d'une sorte d'intimité

officielle. Ce factieux, apporté un moment au pouvoir par une bande d'émeutiers, s'est imaginé qu'il serait pris au sérieux par des personnages véritables, traité comme un homme d'Etat par de vrais hommes d'Etat. Dès la première conférence, il a joué ce rôle, rôle menteur, qui ne trompe que les gens de son espèce, du parvenu qui, n'ayant pas l'habitude des salons, espère dissimuler sa gêne par une assurance affectée, se présentant en costume négligé, se jetant sur un siège avec un abandon qu'il croyait de bon goût, se laissant aller sur les divans, parlant d'un ton dégagé, plaisantin et lâché, comme il eût fait dans les corridors du Palais, pensant se montrer homme du monde, et n'attestant, au contraire, que son ignorance des usages de la haute société, et l'habitude invétérée des manières vulgaires d'un chicanier de la basoche. Cette tenue malséante n'a pas eu le succès qu'il espérait : M. de Bismarck a été aussi froissé que surpris, et n'a rien négligé pour le lui faire sentir : précisément, parce que cet avocat affectait un ton de familiarité que rien autorisait, le ministre le tenait à distance, par une politesse froide et glacée, cette politesse de grand seigneur à laquelle un soufflet est parfois préférable. Quand il avait affaire à M. Favre, il l'écoutait et le regardait, la tête droite, le visage immobile et sans sourire, et il répliquait d'un ton raide, précis et sec, mesurant sa morgue au sans-gêne du démagogue, et ne tardant pas à lui infliger un embarras et une gêne que celui-ci essayait en vain de dissimuler.

Tout au contraire, M. Thiers, qui se présentait avec les formes d'un vieux ministre accoutumé à fréquenter les rois, et qui sait, par l'intelligence, sinon par principes, quels égards sont dus aux puissants de la terre, M. Thiers, réservé, poli, respectueux, sérieux, attentif, était reçu et écouté avec une grâce, une aisance, des prévenances et une amabilité qu'on semblait se plaire à marquer davantage, pour faire sentir le contraste. Par cette attitude de l'homme qui connaît et honore les hauteurs sociales, il a obtenu, non seulement la familiarité à laquelle prétendait vainement l'avocat, mais encore une déférence et des témoignages de considération, qui faisaient pâlir son acolyte de dépit, d'envie et de rage. Cette différence de procédés a vivement blessé M. Favre, et il a attesté son ressentiment de cette muette impertinence à laquelle il ne pouvait répliquer, par la seule protestation qui lui fût permise, en n'accompagnant plus M. Thiers à Versailles ; les deux derniers jours, il s'est abstenu d'y paraître.

26. — L'affaire de l'émeute du 31 octobre

vient enfin d'être jugée et, parmi les témoignages, on a lu la déposition écrite de M. J. Favre. Quoique, après leur premier crime du 4 septembre, nous devions nous attendre à toutes les vilités des gens qui nous ont gouvernés, quelques-uns de leurs actes nous surprennent encore, par exemple, l'indigne déposition de M. Favre et sa condescendance pour les Communistes insurgés. Cet ancien membre du gouvernement, que la garde nationale est venu défendre avec tant d'ardeur, n'a eu, quand il s'est agi de les juger, qu'un seul but : excuser les révoltés, qui ont tenté de le renverser, et qui y ont réussi, au moins quelques instants. Tout est bas dans cette déposition de M. Favre : on y retrouve le phraseur hypocrite, qui n'appelle jamais les choses par leur nom. La bande déchaînée des coquins furieux qui ont envahi l'Hôtel de Ville, n'est qu'une foule de plus en plus *difficultueuse*. On apprend, grâce au plus doux des euphémismes, qu'à un moment (sans doute au moment où ils étaient *empoignés*, bousculés, frappés), les membres du gouvernement cessèrent « d'être libres ». On y voit le pédant bouffi, qui s'imagine abuser le monde par les apparences de sa prétendue grandeur. Comment ne pas sourire de dédain, en entendant cet avocat se vanter de donner des ordres et des instructions à M. Thiers! Il y revient même à deux

fois, pour bien constater sa supériorité :
« Je passai ma matinée en conférences avec
M. Thiers, pour lui donner *mes* dernières instructions. » Bouffonnerie digne des planches
d'Arlequin : M. Thiers recevant les instructions de M. Favre ! Prétentieux orateur,
il se complait à arrondir des périodes,
dans le style mielleux, douceâtre et écœurant,
par lequel il a conquis les votes de l'Académie ; mais, comme il ne s'est jamais douté de
ce qu'était la langue, tout à coup, il s'oublie
et, reprenant naturellement le style de ses
comparses : « Le capitaine des tirailleurs, écrit-il, avait reçu l'ordre d'empêcher tout mouvement des prisonniers et *de leur tirer dessus*, si
l'on tentait de les délivrer. » Mais, ce vêtement misérable recouvre un fonds plus misérable encore. Ce n'est pas un témoin qui
dépose, c'est un avocat qui se charge de la
défense des inculpés et ne se préoccupe que
de mettre leur innocence en lumière. Lui et
les accusés ne parlent pas différemment, étant
du même monde, travaillant à la même
besogne, la révolte. Les accusés n'éprouvent
aucun embarras devant les juges : ils avouent
tout sans réticence, ils s'en vantent plutôt ;
ils racontent ce qu'ils ont fait, la tête haute.
Lui, le témoin, leur victime, qui s'est institué
leur avocat d'office, il rapporte aussi les faits,
comme s'il était l'un d'eux : il ne se plaint pas ;

au contraire, tout s'est passé doucement : il est bien vrai qu'à une certaine heure, il a été en butte aux menaces, aux insultes et aux provocations les plus grossières ; mais il n'y a pas eu de violences : tous ces émeutiers se sont montrés polis, honnêtes, bien élevés : « La plupart des orateurs invitaient à la médiation et à la prudence !... M. Maurice Joly s'exprime avec convenance.... M. Millière lui parle avec une convenance parfaite. » M. Flourens même, le terrible et farouche Flourens, « rappelle combien il serait criminel d'engager la guerre civile en face de l'ennemi... Je l'ai entendu s'écrier plusieurs fois : « Nous ne sommes pas les plus forts ! nous ne devons pas nous faire tuer ni tuer nos concitoyens ! » Il n'est pas jusqu'aux tirailleurs de ce même Flourens qui n'aient été de la plus louable modération. Ils faisaient mine d'*apprêter leurs armes,* mais ils ne s'en servaient pas ! On pourrait croire que cet avocat est si habitué à employer dans ses plaidoiries les termes violents, acerbes, injurieux, insultants, qu'il trouve tout naturel qu'on lui parle sur le même ton ; c'est son style, il ne s'en étonne, ni ne s'en trouve blessé. Mais, il y a quelque chose de plus profond, dans cette mollesse à l'égard des émeutiers du 31 octobre : il a peur de mécontenter ses associés qui, un jour, le firent chef de leur gouvernement, et il se garde de prononcer un mot qui les puisse irriter : il peut encore en avoir besoin, ne comprenant pas, l'aveugle, que ces hommes le détestent et le méprisent autant qu'il est lui-même en horreur aux honnêtes gens ! Bien entendu, il a réussi dans sa plaidoirie, tous les accusés ont été acquittés : l'avocat n'a plus qu'à passer son mouchoir sur sa face, pour essuyer les crachats dont l'ont couvert ses clients !

27. — Deux mouvements de foule et de troupe, en sens contraire, avaient lieu, hier, dans Paris : la foule se portait vers la Bastille, et les troupes quittaient leurs casernes, et ces deux mouvements avaient une même cause, l'entrée, pour aujourd'hui, disait-on, des Prussiens dans Paris. Depuis huit jours, cette entrée est la préoccupation générale; le gouvernement en voit le danger; une partie de la population, l'humiliation; les chefs d'émeute, une occasion. Le gouvernement redoute un conflit et ses terribles conséquences; la population modérée est résolue à garder une attitude silencieuse; les émeutiers voudraient exciter le peuple et le jeter dans les hasards d'une lutte où le gouvernement, tout au moins, sombrerait. Parmi les membres du gouvernement, M. Thiers est très sincère dans ses craintes et son désir d'obtenir des Prussiens

qu'ils n'occupent pas Paris; M. J. Favre redoute cette entrée, parce que, s'il y avait une lutte sérieuse, la République courrait risque d'être jetée, du coup, à bas; les Prussiens déclareraient qu'ils ne sauraient traiter avec l'anarchie, et exigeraient une solution monarchique. Quelle que soit, d'ailleurs, la pensée intime des négociateurs, ils ont fait les derniers efforts pour empêcher l'occupation étrangère : ils n'ont rien obtenu et, toute la journée, Paris a été agité par cette unique pensée : « C'est pour demain ! » On ne pouvait en douter : des bataillons de mobiles quittaient leurs baraques et se dirigeaient vers le centre de la ville ; les régiments de ligne, encore armés, déménageaient, laissant leurs casernes vides ; baraques et casernes devaient être occupées par les Prussiens. D'autre part, les meneurs populaires parcouraient les faubourgs, et engageaient le peuple à protester, par une manifestation immense. Le prétexte était trouvé, l'anniversaire des journées de février 1848. Le 24 février était passé, il est vrai, sans éclat, sans cérémonie : à peine, vers le soir, un petit nombre de fidèles était venu déposer quelques couronnes au pied de la colonne de Juillet. mais, il n'était pas encore trop tard. Samedi (avant-hier), des bandes nombreuses avaient envahi la place de la Bastille; la foule y fut bientôt considérable et, déjà, l'on put voir monter l'effervescence populaire. Aux cris de: *Vive la République!* se mêlaient des cris de mort, et plusieurs sergents de ville, en costume civil, ayant été reconnus, furent maltraités, poussés, frappés, menacés et eurent de la peine à échapper à la foule grondante.

Ce n'était que le prélude de l'horrible scène qui devait avoir lieu hier, dimanche, toujours le dimanche! La manifestation prit tout de suite un caractère plus menaçant. De plusieurs côtés, arrivaient des bataillons de gardes nationaux, des immortelles à la boutonnière, portant des faisceaux de drapeaux tricolores, et, çà et là, des drapeaux noirs et rouges. Ils marchaient d'un pas rapide, musique en tête, une musique de cuivre éclatante, animée, joyeuse. En entendant, de loin, les sons retentissants de cet orchestre de cuivres, je crus à l'entrée des Prussiens. Les chefs du *peuple* n'avaient pas même senti que cette marche triomphale par la ville vaincue et tout à l'heure humiliée, était une sottise et une impudence. Mais attendre de la plèbe un sentiment délicat et généreux! Cette musique, elle allait servir d'accompagnement au drame qui s'allait jouer sur la place! Tous les journaux, le *Journal officiel* le premier, ont raconté comment une cruelle multitude, de véritables sauvages, se ruèrent sur un pauvre employé de la police et le précipitèrent dans la

Seine, après l'avoir lié sur une planche! Et les détails ne sont pas moins affreux : ce malheureux fut livré à la fureur de la populace durant deux heures. Une première fois, il se sauve dans un poste où on l'avait poussé, il est repris, arraché par des mains forcenées ; une deuxième fois, près de s'échapper encore, il est ressaisi et, blessé, meurtri, haletant, entraîné à la Seine, attaché par les pieds et les mains, jeté à l'eau, comme un chien qu'on noie, et poursuivi encore par la foule, qui crible de coups de pierres ce malheureux corps captif, jusqu'à ce qu'il ait sombré dans les flots! Mais, ce qu'on n'a pas assez remarqué, effroyable signe de la persistance de cette rage insensée, c'est l'emportement de ce *peuple*, quand un bateau-omnibus, apercevant ce ballot humain flottant, força de vapeur, s'approcha pour le secourir et lança vers lui la bouée de sauvetage ; la multitude, attachée à son œuvre, se mit à hurler de rage qu'on vînt lui disputer sa victime et, tournant de ce côté sa colère, elle fit pleuvoir sur le bateau une grêle de pierres, coucha en joue le pilote, et le força de s'éloigner! « *L'esprit revient*, disait devant moi, à la même heure, un artilleur de la garde nationale (corps particulièrement rouge), le peuple commence à se réveiller! Nous tomberons sur ces mobiles, sur ces Bretons qui ont massacré le peuple, le 22 janvier! ».

Voilà ce qu'ils appellent l'*esprit*, le *peuple !* Il manquait un meurtre à la révolte du 4 septembre ; maintenant, elle a tout, elle est digne de ses aînées, cette dernière république : c'est par un assassinat qu'elle a célébré l'anniversaire de cette autre révolte, février 1848 !

28. — Jour d'attente ! Jour d'anxiété ! Veille de l'entrée des Prussiens ! L'émotion qu'a causée la nouvelle de l'occupation d'une partie de Paris par les troupes Allemandes, loin de se calmer, a au contraire augmenté, depuis que les affiches du gouvernement ont appris que ce n'est pas d'un défilé qu'il s'agit, mais d'un séjour de plusieurs jours. Le gouvernement de M. Thiers, comme celui de M. J. Favre, a encore attendu au dernier moment pour avouer toute la vérité. Aussi, des groupes nombreux et confus stationnent sur plusieurs points, traitant ce sujet irritant avec passion ; les processions de couronnes et de drapeaux affluent de plus en plus à la place de la Bastille ; une sorte de fièvre agite une partie de la population. Tout n'est pas à blâmer, il le faut avouer, dans ces manifestations ; c'est une résolution très louable, qu'ont prise, à l'unanimité, les journaux de s'abstenir de paraître durant l'occupation de la capitale, et si, comme il y a lieu de le croire, les tribunaux, la bourse, les théâtres, les

grands cafés, sont fermés, ce silence, ce deuil universel, seront le témoignage le plus saisissant et le plus digne de la douleur de la cité vaincue. Dans les groupes mêmes, il y a beaucoup de bonne foi : des hommes, calmes d'ordinaire, ne se peuvent retenir; à la pensée de cette humiliation, ils s'échappent en des paroles ardentes, des exclamations emportées et des menaces, hélas! aussi vaines que déraisonnables. Hier, rue Neuve-des-Petits-Champs, un prêtre vénérable (monseigneur Dousseau) s'était laissé égarer par son affliction, au point de proférer des discours qui impressionnaient vivement et excitaient la foule; il fallut qu'on l'en retirât, pour qu'il reconnût, après un peu de réflexion, combien cette violence de langage était contraire à son caractère. Mais il y a autre chose sous cette explosion de sentiments patriotiques : il est manifeste qu'elle couvre une excitation politique; les Communistes agitent le peuple, pour le tenir en effervescence et le lancer furieux et débordé dans la rue, au moment qu'ils jugeront propice. Personne ne s'y trompe; le gouvernement n'est pas sans inquiétude. Deux proclamations ont été publiées ce matin, l'une de M. Thiers, l'autre du général Vinoy, suppliant le peuple de Paris de demeurer calme, proclamations convenables, où l'on dit des choses raisonnables, mais molles et où l'on

supplie, quand on devrait imposer. On eût
voulu plus d'énergie chez ceux qui répondent
de l'ordre, après les épouvantables scènes de
dimanche, dont l'horreur a soulevé la plus
vive indignation, et qui vont peut-être rester
impunies. Les journaux sont aussi d'accord,
pour exhorter le peuple à modérer sa douleur
et à dévorer en silence ce dernier affront ; mais,
tous sont loin d'être inspirés par les mêmes
intentions. Tandis que M. Thiers fait appel à
l'intérêt général, que les journaux dits *conservateurs* font entrevoir les plus grands malheurs,
s'il était commis le moindre acte d'imprudence, les journaux rouges, *le Vengeur*, de
M. F. Pyat, *le Mot d'Ordre*, de M. Rochefort,
conjurent le *peuple* de ne pas se laisser entraîner par une aveugle et inutile colère. Pourquoi? Afin de se réserver pour un prochain
avenir : « On vous désarmerait, citoyens, s'écrie le *Mot d'Ordre*, et nous avons besoin de
vos fusils! Nous vous demanderons bientôt de
vous en servir, pour empêcher d'étrangler
la République ! » Et, afin qu'il ne reste aucun
doute sur leurs projets, les chefs des clubs ont
ramassé leurs hommes les plus déterminés,
sont allés à la prison de Sainte-Pélagie, en ont
forcé les portes, et ont délivré les émeutiers,
leurs complices, qui y étaient encore renfermés.

MARS

Entrée des Prussiens dans Paris. — Pillage d'armes et de munitions. — Préparatifs de l'insurrection. — Proclamation de M. J. Favre. — Affiche du Comité central. — Description de Montmartre. — Les ruines des environs de Paris. — La Commune. — Les premières journées. — Départ de Paris.

1er *Mars.* — Entrée des Prussiens dans Paris. — La journée se résume en ces quatre mots : ciel splendide, toutes les boutiques fermées, une armée défilant dans un ordre formidablement régulier, et 100,000 âmes dehors, pour les regarder passer.

Oui, ils ont eu tout pour eux : un temps magnifique, un chaud soleil qui éclairait vivement et faisait paraître plus beaux les hôtels des Champs-Élysées ; le calme et l'apaisement soudain de l'émeute découragée et s'ajournant à un moment moins dangereux ; et l'affluence d'un peuple curieux qui n'avait pu résister à l'envie de les voir !

Ce matin même, on n'était pas sans craintes : les journaux, selon l'engagement pris la veille, n'avaient pas paru ; on ne savait ce qui avait été décidé la nuit. De bonne heure, je parcours plusieurs quartiers : le faubourg Saint-Germain, le faubourg Saint-Marceau, du pont Royal au pont d'Austerlitz, tout est tranquille ; les grilles du Carrousel sont fermées, la place est gardée militairement ; à la place d'Italie, des gardes nationaux, du parti de l'ordre, veillent encore ; mais, nulle part, le moindre trouble ; pas trace d'agitation. J'apprends, à 9 heures, que les Prussiens sont aux portes (au Point du Jour, à la porte Maillot, etc.), attendant le moment d'entrer, mais que l'on ne voit aucun groupe animé, ni là, ni au Trocadéro : évidemment, de la part des chefs de clubs, il y a eu contre-ordre.

Sur tous les murs, du reste, sont affichés des *avis* invitant au calme, au silence, à l'abstention de toute tentative ou de manifestation injurieuse. Il y en a de toutes sortes, des maires, des particuliers, en prose, en vers (rue de Rennes, près de la place Saint-Germain-des-Prés[1]) ; toute protestation serait inutile, toute résistance vaine et désastreuse.

L'entrée des Prussiens devait avoir lieu à 10 heures ; on avait annoncé que le roi déjeu-

---

[1] Voici les deux premiers vers : faut-il appeler cela des vers ?

De Paris aujourd'hui on ouvre les portes
Au roi Guillaume suivi de ses cohortes, etc.

nerait à l'Élysée, et que ses troupes occuperaient un quartier déterminé, les Champs-Élysées et le faubourg Saint-Honoré, jusqu'à la place de la Concorde. A 1 heure et demie seulement, je sors, me dirigeant vers le Corps législatif, où une place m'était promise à une fenêtre donnant sur le quai, et d'où je pourrais, sans paraître, sans faire haie sur le passage des victorieux, apercevoir de loin défiler leurs masses, saisir l'aspect général et observer l'attitude de la population. — Les rues du faubourg Saint-Germain étaient silencieuses, peu de passants, toutes les boutiques fermées, sauf les magasins de consommation, boulangers, bouchers, épiciers, pharmaciens, et encore plusieurs de ceux-ci avaient baissé leurs volets, ne laissant ouverte que la porte. L'aspect de ce quartier morne, muet, était saisissant et touchant : c'était bien ce qui convient à une ville vaincue, qui comprenait et sentait son malheur, et s'y résignait avec tristesse, noblesse et dignité.

Malheureusement, la suite ne devait pas répondre à ce beau début. Près du pont de la Concorde, une ligne de soldats barrait le quai, interdisant le passage à une quantité de mobiles et de gardes nationaux, qui regardaient avidement du côté de la place de la Concorde, où étincelaient au soleil des casques de cavaliers Prussiens. Mais tous ceux qui n'étaient pas en uniforme passaient, et le nombre en était grand. Je n'avais plus la crainte d'être remarqué, je suivis le flot; la place était pleine, comme un jour de printemps, d'une foule disséminée. Çà et là, des officiers Allemands par petits groupes de trois ou quatre, et suivis de leurs ordonnances. Déjà entrés depuis quelques heures, ils erraient, après déjeuner, le cigare à la bouche, au pas de leurs chevaux, regardant tout curieusement, examinant l'Obélisque et en lisant l'inscription, s'arrêtant devant la statue de la ville de Strasbourg encore décorée de couronnes et de drapeaux, et dont on avait couvert la tête d'un voile noir (toutes les autres statues des villes étaient également voilées). Ces soldats, ces officiers ennemis, circulaient parmi cette population Parisienne, tranquillement, ne semblaient pas plus la redouter que l'affronter, aussi à l'aise que s'ils eussent été sur une place de Berlin. Et les spectateurs gardaient le même calme : point de cris, d'injures, de démonstrations menaçantes; à peine quelques imprécations sourdes échappées à la douleur, et quelques gestes violents qui ne se pouvaient retenir. Mais c'étaient des manifestations isolées; l'ensemble était paisible; à qui eût ignoré l'événement du jour, rien n'eût dit que l'on assistait à l'occupation par l'étranger, par l'ennemi, de la ville qui s'appelle elle-même la *capitale du monde!*

Mais, quand on tournait les yeux vers la grande avenue des Champs-Élysées, le spectacle changeait : dans toute son étendue, cette immense voie qui monte par une pente insensible à l'Arc-de-Triomphe, était noire de lignes régulières qui, quoique marchant, semblaient immobiles, et la paver ; au soleil reluisaient les baïonnettes et les casques de cuivre ; c'était l'armée Allemande, qui descendait de cette hauteur couronnée par l'arche colossale: et, dans les contre-allées, un peuple nombreux allait, venait, se pressait, sur plusieurs rangs, pour voir défiler ses vainqueurs!

Et il y avait là toutes les classes et tous les âges, bourgeois, ouvriers, dames, enfants, vieillards. A mesure qu'on avançait, la foule devenait plus épaisse, et, à la place de l'Etoile, elle se confondait avec les Prussiens arrêtés, étendus au soleil, autour de l'Arc-de-Triomphe, pénétrant dans leurs rangs, circulant à travers les chevaux, les canons et les caissons, se mêlant à ces soldats ennemis, dont elle n'entendait pas le langage, comme s'ils eussent été des Français!

Il fallait voir cette foule avide de spectacle accourue là comme au théâtre, faisant haie devant les généraux, désignant du doigt les états-majors aux brillants costumes, les casques à hauts panaches, les cuirasses d'argent, les écharpes éclatantes, les longues housses brodées, les habits blancs, les drapeaux de soie jaune et noire à l'aigle couronnée, et les appréciant comme des décors et des acteurs, louant les grands soldats du Brandebourg, se moquant des casquettes des Bavarois, s'amusant d'un cheval échappé, du moindre épisode, lançant ses lazzis et ses brocards, échangeant des mots goguenards et grossiers[1]. Vraie foule Parisienne, en qui l'on reconnaît tous les traits de son caractère, son esprit sarcastique, sa perpétuelle raillerie, son dédain du sérieux, son scepticisme, sa facilité d'impression et sa légèreté.

Au bord des trottoirs et aux balcons, des hommes du monde, des dames, plus graves, plus retenues dans leurs propos, moins bruyantes, mais non moins curieuses. On eût dit d'un dimanche, où il fait beau, où la foule se répand dans les promenades, un dimanche d'il y a six mois; il y avait autant de monde; sauf les toilettes, on eût pu se croire à un retour des courses!

Mais ce n'était plus les belles cavalcades,

---

[1] Ainsi, une vieille femme : « Je leur ferais bien la soupe tout de même ! » Une femme à un enfant : « Va donc leur demander des cigares ! » Des hommes faits : « Ces cochons-là, comme ils sont nombreux ! » Des jeunes gens : « Oh ! ces têtes ! ces vestes ! ces culottes ! c'est le carnaval ! »

les amazones aux jupes traînantes, les équipages chargés de femmes et de bouquets, les jockeys fleuris, les calèches à quatre chevaux, et, précédée de ses piqueurs, la voiture d'où l'Impératrice saluait gracieusement en souriant. C'étaient des lignes de soldats au visage et au langage étrangers, qui remplissaient la chaussée dans toute sa largeur, des canons qui roulaient avec un son de fer, les hulans dont les lances agitaient des flammes bleues et blanches, et l'infanterie en rangs rigides, inébranlables, pas un homme ne dépassant l'autre, qui faisaient retentir le sol du bruit cadencé de leurs pesantes bottes!

En voyant défiler cette armée, de toutes nations et de toutes races, ses chefs qui marchaient en avant, ses généraux qui lui commandaient en une langue rauque qu'on ne comprenait pas, ses princes, la poitrine chargée de décorations, aux bonnets de peaux de bêtes d'une forme étrange et aux casques bizarres, assis sur de lourds et grands chevaux, leurs hautes tailles et leurs grandes barbes rousses, je ne pouvais m'empêcher de me reporter à vingt siècles de distance, à ces Germains qui, dès César, franchissaient le Rhin par tribus entières, à ces Goths, à ces Huns qui, cinq cents ans après, pénétraient de toutes parts dans la Gaule, la couvraient de leurs hordes dévastatrices, la pillaient et la ravageaient; et de penser que ces hommes du Nord, Poméraniens, Prussiens, Saxons, Silésiens, étaient les fils des Barbares qui avaient vaincu les dernières légions de Rome!

Rome, déjà, avait été envahie et occupée par les Barbares; Paris, aussi, ne les voyait pas pour la première fois! N'étions-nous pas à cette heure des grands empires qui s'inclinent et penchent pour une chute inévitable? A cette pensée, et, pendant qu'ils passaient et passaient encore, mon cœur se serrait dans ma poitrine; je suivais, oppressé et les yeux fixes, cet interminable défilé. Tout à coup, faisant taire les tambours, leur orchestre de cuivre aux monstrueux instruments éclata comme un beuglement et jeta dans l'air une marche de victoire; une secousse intérieure ébranla tous mes sens, et je ne pus retenir mes larmes!

Je fus tiré de ma stupeur par un bruit strident, aigu, pénétrant : c'était une bordée de sifflets, dont une bande populaire accompagnait leur musique, et ce bruit était si perçant, les sifflets si nombreux et si persistants, qu'ils étouffaient presque l'orchestre Prussien et empêchaient de l'entendre. Ce fut la seule protestation de la foule qui, jusque-là, avait assisté, insensible en apparence, à leur triomphante entrée. Eux, cependant, continuèrent leur chemin, sans se troubler, sans s'irriter.

sans paraître même s'en apercevoir. Que leur importait, en effet! Ils venaient de passer sous l'Arc-de-Triomphe du grand Napoléon, et, de leurs sabres, ils s'étaient montré, en souriant, les noms inscrits à la voûte, d'Auerstaëdt et d'Iéna, qu'ils dédaignaient d'effacer!

2 *mars*. — L'affluence du peuple pour voir, hier, l'entrée des Prussiens, est constatée par les journaux; car, malgré l'engagement que tous avaient pris, deux journaux, outre l'*Officiel*, ont paru aujourd'hui, un journal nouveau, le *Veilleur* et le *Petit Journal* qui, dit-il, « a cru devoir paraître, l'évacuation des troupes Allemandes ayant lieu immédiatement » (ce qui n'est pas tout à fait exact, puisque leur départ n'est que pour demain, au plus tôt). Le *Journal officiel* avoue lui-même, que l'attitude du peuple Parisien a laissé quelque peu à désirer : « La population, *presque tout entière*, dit-il, s'est abstenue ». On sait ce que signifie cette atténuation d'un fait qu'il ne pouvait nier; on reconnaît là la plume du rhéteur de la République, M. J. Favre; c'est, comme on dit en rhétorique, une *litote*, le moins, pour exprimer le plus. Le *Petit Journal*, qui a plus de franchise, n'use pas de ces formes détournées : « On nous assure, écrit-il (*qui* on? *un de ses*

rédacteurs, qui a vu, et qui dit la vérité), que, malgré les conseils qu'on lui a donnés, la foule se pressait aux abords de la place de la Concorde. » Aujourd'hui, l'affluence était aussi grande. En vain, le gouvernement, afin de justifier son allégation, et dérouter le public, avait fermé les issues de la place ouvertes hier, et laissé une seule entrée libre; la foule en avait trouvé le chemin, et se pressait en procession sur le quai des Tuileries, par où l'on pénétrait dans la place. Comme hier, la place et les Champs-Élysées étaient remplis de peuple, et, tandis que les Prussiens allaient, par escouades, visiter le Louvre et les Tuileries, il entourait la musique des régiments allemands, qui jouait des airs de Wagner, vis-à-vis le Garde-Meuble ! Mais ce peuple de Paris ne s'en tient pas à cette conduite peu patriotique : un moment, il était resté muet, comme étonné de ce qui se passait; il a bientôt repris ses airs fanfarons et ses vanteries : il se moque aujourd'hui des Prussiens et, quand ils ne l'entendent pas, il les brave : « Ils sont entrés, mais ils n'ont pas occupé la ville même, ils n'ont pas osé ! Ils sont parqués dans un quartier, où ils tournent comme des bêtes en cage ! Ce n'est pas une entrée victorieuse ! Ce n'est pas nous à avoir honte, c'est eux qui doivent être honteux ! » O insanité ! O puérilité d'un peuple qui ne veut même pas reconnaître qu'il est tombé, quand ses ennemis ont le pied sur sa tête[1] !

En même temps, les manifestations continuent à la Bastille : outre les couronnes et drapeaux, on a attaché à la colonne cette inscription en grosses lettres : *République universelle. Volontés des peuples.* Les chefs de clubs ne perdent pas de temps pour tenir leur peuple en éveil : ils l'amènent par bandes à la Bastille ; les bataillons de plusieurs quartiers (du faubourg Saint-Marceau, des Batignolles, notamment) se sont emparés de canons et les gardent, en armes : « Ces canons sont à eux », disent-ils. Lorsque les Prussiens seront partis, ils auront un armement complet, chassepots, canons, sans compter les bombes qu'ils fabriquent. Quelles forces ce qui s'appelle le *parti de l'ordre* trouvera-t-il donc, pour résister, à l'heure du combat ?

3. — Nous recevons le compte rendu de la séance où l'Assemblée a voté, par assis et levé, manœuvre d'hommes qui veulent frapper sans se faire connaître, que « le suffrage universel avait prononcé la déchéance de

---

[1] Les magasins d'une partie de Paris ont été, encore aujourd'hui, fermés. Sur le boulevard, tous étaient clos, depuis la Madeleine jusqu'à la rue Hauteville ; à partir de ce point, ils étaient ouverts comme à l'ordinaire.

l'Empereur ». Et le détail n'est pas moins indigne que l'ensemble et le résultat. Cette déclaration confirme, cette séance complète un des faits les plus honteux de nos annales, la trahison du 4 Septembre, où le Souverain vaincu fut renié et abandonné, et où l'on saisit, pour le renverser, l'occasion de la défaite de l'armée Française !

Seul, M. Conti, appuyé par quatre ou cinq fidèles, a été courageux, en protestant contre le mensonge et en défendant son maître ; et il a été injurié, provoqué ; il a failli être arraché de la tribune et déchiré par des mains forcenées.

Cette séance, par la lâcheté de plusieurs des membres de l'Assemblée, par la fureur de la Montagne, dont quelques-uns ont été sur le point de se porter à des voies de fait contre M. Conti, a été digne des plus abominables séances de la Convention.

Les Prussiens sont partis ce matin, la ratification de la paix leur ayant été notifiée. En prévision de leur départ, plusieurs journaux avaient paru, dès hier soir ; outre les deux journaux dont j'ai parlé, un troisième avait lancé un numéro, le *National*.

4. — Ce matin, le gouvernement a publié l'avis suivant :

« Les faits *les plus regrettables* se sont produits, depuis quelques jours, et menacent *gravement* la paix de la cité. Des gardes nationaux en armes obéissant, non à leurs chefs légitimes, mais à un *comité central anonyme*, qui ne peut leur donner aucun ordre sans commettre un *crime* sévèrement puni par les lois, se sont emparés *d'un grand nombre d'armes et de munitions de guerre*, sous prétexte de les soustraire à l'ennemi, dont ils redoutaient l'invasion. Il semblait que de pareils actes dussent cesser après la retraite de l'armée Prussienne. Il n'en a rien été : ce soir le poste des Gobelins *a été forcé et des cartouches ont été pillées.* »

Cet avis, conçu dans les termes les plus propres à effrayer pour le maintien de la paix publique, se terminait, non comme on aurait pu le croire, par un ordre d'arrêter les perturbateurs, mais par des supplications « *aux bons citoyens* de se lever, de repousser de perfides instigations, qui *préparent la guerre civile*, et de se ranger autour de ses chefs, pour prévenir des *malheurs dont les conséquences seraient incalculables* ». Le gouvernement ajoute bien qu'il fera exécuter les lois, mais il se garde d'agir, « il compte sur le dévouement et le patriotisme de tous les habitants de Paris ! » On ne peut plus nettement déclarer son impuissance, en face d'un ennemi qui brave tout et ose tout! Le fait dont parle le gouvernement s'est passé hier soir; il y en a bien d'autres aussi repréhensibles. Hier aussi, des milliers de gens du peuple se ruaient sur un café des Champs-Elysées, brisaient, saccageaient et détruisaient tout ce qui s'y trouvait, sans qu'aucune force armée se présentât pour s'opposer à cette dévastation. Et une partie de la presse excuse ces actes « de la justice du peuple » : le *peuple* massacre, dimanche, avec des raffinements de férocité, un homme qui lui semble suspect; c'était « un agent de l'infâme police! » Le *peuple* saisit, mercredi, sur la place de la Concorde, une dame qui regardait passer les Prussiens, et l'entraîne vers la rivière pour la noyer; ne devait-elle pas être punie de « son indigne curiosité, insulte au deuil de la patrie » ? (Et ceux qui se jetaient sur elle, quel sentiment les avait donc amenés là?) Il met à sac la boutique d'un cafetier : « Il avait donné à manger aux Prussiens! » Il enlève des canons, force des postes, vole des fusils et des cartouches : ces fusils, ces cartouches, ces canons, lui appartiennent; « ils ont été fabriqués au moyen d'une souscription nationale! » Et le gouvernement dit qu'il compte sur tous les habitants de Paris!

C'est évidemment à ces faits et à l'enlèvement de canons par les gardes nationaux des quartiers démocrates, que faisait allusion M. Thiers, quand il s'écriait (à Bordeaux, 28 février) : « Je reçois, à chaque instant, des dépêches qui m'annoncent des faits que je ne peux révéler ! respectez mon silence ! »

Il revient à Paris, dit-on ; il verra combien il est impuissant, et il ne lui faudra pas longtemps pour s'en assurer.

5. — La note du *Journal officiel* a jeté l'effroi dans Paris, et ce qu'on apprend, de plusieurs côtés, des dispositions du *peuple*, ne calmera pas les appréhensions : les journaux nous informent, les uns, avec un ton de menace, les autres, en invoquant l'intervention énergique, immédiate du gouvernement, que les préparatifs de la guerre civile sont bien plus avancés qu'on ne pensait : « Le peuple, dit le *Cri du peuple*, journal ultra-rouge, rédigé par le citoyen Vallès, est sur ses gardes : il a fait des barricades sur plusieurs points ; nous en avons vu une dans la rue Doudeauville, d'autres dans les rues Poulet et Myrrha. Sur le boulevard Ornano, on a élevé un ouvrage formidable, armé de quinze mitrailleuses » (n° du 4 mars). Et la *Patrie* le confirme : « Depuis trois ou quatre jours, il existe, dans certains quartiers, notamment à Montmartre, de véritables camps retranchés. Les clubistes à outrance y ont rangé des canons qui mena-

cent la ville ; ils ont fait des tranchées et des barricades, ils ont amassé des cartouches, des munitions, des boulets, et l'on voit des gardes nationaux en costume, gardant ces forteresses improvisées, et en défendant l'accès » (n° du 5 mars). En même temps, nous sont révélés des faits qui remontent déjà à deux ou trois jours, sur lesquels le gouvernement se tait encore, et qui indiquent une décision irrévocable de ne reculer devant aucune violence : des gardes nationaux se sont emparés d'un poste de *gardiens de la paix*, à Plaisance (Vaugirard). Les *gardiens* ont voulu s'opposer à l'invasion de leur poste, et ont résisté ; il y a eu lutte, trois ont été blessés, les autres désarmés. Ces attaques ont eu pour effet, non, comme l'espérait le gouvernement, d'exciter *tous* les habitants de Paris (*tous*, lisez les *modérés*) à s'unir et à se fortifier pour un prochain combat, mais d'épouvanter les honnêtes gens, et de leur faire prendre des précautions pour leur sûreté. Dès qu'elle a connu le pillage et le désarmement du poste des Gobelins, la compagnie d'Orléans a craint que la gare du chemin de fer ne fût assaillie, dans le but de s'emparer des armes de cinquante gardiens de la paix qui y sont établis ; elle s'est hâtée de déclarer qu'elle ne voulait plus les loger ; les gardiens de la paix ont dû se retirer.

Dans un quartier opposé à Montmartre, le

maire, M. Clémenceau, aujourd'hui député, a fait placarder une affiche où, invoquant le souvenir du 31 octobre, il adjure ses administrés de conserver soigneusement leurs armes, et leur annonce que, d'ici à peu de temps, ils auront à défendre la République. On voit quelle autorité s'arrogent les maires. Ils prétendent renverser le gouvernement et instituer la *Commune*, et ils agissent déjà, comme si elle existait : le maire du III° arrondissement, le fameux M. Bonvalet, sans même attendre le signal, a pris les devants, et décrété que, dans son arrondissement, l'enseignement serait désormais gratuit et obligatoire, faisant acte à la fois de législateur et de gouvernement, confondant les pouvoirs et se les attribuant tous. Tel doit être le régime de la *Commune*, la dictature. Déjà, le 28 février, le *Comité central* de la garde nationale avait fait afficher un *ordre* adressé à la garde nationale, absolument comme s'il était gouvernement, où il commandait « d'établir des barricades, pour isoler les quartiers occupés par l'ennemi », et aussi, d'éviter toute agression « qui serait le renversement immédiat de la République ». Et il avait été obéi : aujourd'hui, il vient de convoquer les délégués de la garde nationale, pour lui communiquer son programme et leur faire jurer de le maintenir ; le voici : « Le gouvernement de la République est le seul *possible* et *ne peut être mis en discussion;* alliance *offensive* et défensive contre tous ceux qui tenteraient de renverser la République ; dans le cas où la France *entière* accepterait la monarchie, *Paris se constituerait en République indépendante et isolée du reste du pays.* » Une partie des délégués se retireront et refuseront d'adopter ce programme, mais beaucoup, la majorité peut-être, y adhéreront ; et ceux qui connaissent le *peuple* de Paris ne doivent pas s'en étonner ; pour ce peuple, la France, la patrie, n'est rien, la République est tout ; car la République, on ne peut trop le répéter, c'est, pour ce peuple, la *liberté de tout faire*. Même invitation a été adressée à la garde mobile ; quant à celle-ci, les deux tiers voteront le programme avec enthousiasme.

Que fait le gouvernement, en face de ces préparatifs de guerre civile[1] ? Ici, il publie la *note* qu'on a lue dans le *Journal officiel ;* à Bordeaux, il presse l'Assemblée de se transporter à Paris ; mais l'Assemblée semble épouvantée de ce qui se prépare à Paris. Nul ne doute, en effet, qu'une lutte armée dans les rues ne soit imminente ; les chances sont

---

[1] Un journal, dont le premier numéro paraît aujourd'hui, *le Bien public* (rédacteur M. Vrignault) affirme que l'on n'a pas pillé seulement des armes au poste des Gobelins, mais qu'on a porté ces pièces à la mairie de la place d'Italie « où se trouvent déjà 18 pièces de canon gardées à vue par la garde nationale ».

nombreuses pour le *parti de l'ordre*, mais il est loin de les avoir toutes : l'armée, sur laquelle compte le gouvernement, est une armée neuve, non disciplinée, surtout *sans esprit militaire;* elle peut lui échapper; les gardes mobiles de la Seine se tourneront du côté le plus violent; les marins même commencent à se gâter; leur contact avec le peuple, depuis six semaines, a altéré cet admirable sentiment du respect et de la discipline qui fait leur force; l'amiral de Chaillé, prévoyant une infection générale, a obtenu leur départ immédiat, et des trains nombreux de chemin de fer vont les emporter loin de ce milieu empesté.

Bientôt, les deux partis seront vis-à-vis l'un de l'autre; le *peuple* sera dirigé par ses chefs les plus renommés, qui viennent de donner leur démission de députés, pour le diriger en cette lutte prochaine : nous aurons, avant peu, de nouvelles journées de juin, et plus terribles !

6. — L'*agitation*, comme on dit en Angleterre, est organisée à Paris : « Nous sommes décidés, dit une affiche rouge du *Comité central*, qui couvre tous les murs de la capitale, à défendre la république menacée, *par tous les moyens possibles!* » Les journaux radicaux entretiennent l'excitation : le *Cri du Peuple* somme les députés démissionnaires et les

maires des quartiers démocratiques de se mettre à la tête du peuple, d'apparaître, ceints de leurs écharpes, « devant les soldats, qui lèveront leurs képis, si on leur commande de faire feu ». Le peuple et ses représentants seront seuls « dans la légalité » ! Ceux qui tireront sur le peuple seront « les factieux, les insurgés », car ils « tireront sur la République » ! Toutes les forces du parti sont convoquées : trois nouveaux journaux sont annoncés pour demain, *la Bouche de fer*, *l'Homme* et *le Père Duchêne*, qui aideront à souffler le feu. Les prétextes et les occasions ne manquent pas : les élections prochaines, d'abord, puis, la réorganisation de la garde nationale que doit opérer le général d'Aurelle de Paladines, « à qui l'on n'obéira pas, » la suppression des 30 sous de la garde nationale, rendue indispensable par l'état des finances, mais qui créera immédiatement de nouveaux *ateliers nationaux*, et, enfin, la question sociale, « le droit des travailleurs, l'antagonisme entre le travail et le capital ». Quand la lutte éclatera-t-elle ? Le gouvernement s'arme : deux régiments viennent d'arriver ; des troupes campent sur plusieurs places avec leurs fusils en faisceaux ; l'explosion est attendue, désirée presque des deux côtés, — on en aura plus tôt fini !

J'ai voulu savoir ce qu'il y a de vrai dans

21.

l'armement des gardes nationaux indépendants; à la place d'Italie, 32 pièces de canons sont rangées, en avant de la mairie ; quatre sentinelles font faction autour de ce parc d'artillerie, et une compagnie de la garde nationale est campée à l'entrée du boulevard de l'Hôpital, ses fusils en faisceaux, comme si l'ennemi était proche. Ces canons sont simplement alignés, sur le petit monticule qui domine la place, sans ouvrage de fortification.

Il n'en est pas ainsi, d'après tous les récits, à Montmartre, où sont établies de véritables batteries, avec embrasures, blindages, etc.; au faubourg Saint-Antoine, 65 pièces sont réunies dans le Marché noir ; à la place Royale, dont les gardes nationaux ont fermé les grilles, 50 canons de petit calibre et plusieurs pièces de position. On affirme qu'il y en a 90 à Montmartre, d'autres au boulevard Ornano, et, de plus, des mitrailleuses et des mortiers. Ils semblent ainsi s'être emparés de toute l'artillerie de la garde nationale, c'est-à-dire, 250 pièces. Quant aux munitions, quelques-uns prétendent qu'ils n'en ont pas ; il est probable, cependant, d'après la note du *Journal officiel* d'avant-hier, qu'ils n'en manquent pas, et ils se vantent de pouvoir s'en procurer.

Ce matin, a été publié un *ordre* du général d'Aurelle, annonçant qu'il prend le commandement de la garde nationale. Cet ordre est calme, et pourrait passer pour insignifiant, sans la phrase finale, qui, dite par un tel homme, ne doit pas être une vaine parole : « J'ai la ferme volonté de réprimer avec énergie tout ce qui pourrait porter atteinte à la tranquillité de la Cité. » Les émeutiers, s'ils savaient le latin, ne manqueraient pas de s'écrier : *in caudá venenum*. Le général d'Aurelle ne tardera pas, certainement, à agir; les troupes arrivent, et l'artillerie; trois batteries ont été amenées, ce matin, par un train de grande vitesse; la Préfecture de police, contre laquelle on redoutait un coup de main, est remplie de soldats et de gardiens de la paix armés; les Tuileries sont fermées, et des régiments occupent la cour et le jardin; le moment ne peut tarder, où une solution sera donnée aux inquiétudes qui oppressent Paris.

8. — Paris, peu à peu change d'aspect; sa physionomie n'est plus la même qu'il y a quinze jours.

La plupart des magasins se rouvrent; les ouvriers sont de tous côtés réclamés pour réparer les dommages du bombardement. Paris, sans la crainte de l'émeute et d'une lutte sanglante, reprendrait vite son allure et son activité; mais il est comme un malade qui attend toujours un accès de fièvre annoncé, lequel peut l'emporter.

9. — Toujours même situation : Paris attendant que le gouvernement se décide à désarmer les factieux, ou que les factieux commencent la guerre civile. Leurs journaux ne cessent de recommander aux gardes nationaux de ne pas quitter leurs armes, « pour défendre la République, la République, qui est reconnue, dit le *Vengeur*, journal rouge, où se glisse parfois un mot spirituel, par tous les gouvernements de l'Europe, excepté par le gouvernement Français ! » Des affidés des clubs stationnent près des gares, et, à l'arrivée des trains, se mettent en rapports avec les soldats : « Vous ne tirerez pas sur le peuple, leur disent-ils. » Le général d'Aurelle, cependant, a pris quelques mesures de précaution, remplacé dans certains postes les gardes nationaux par des soldats de la ligne, mais ses troupes ne sont pas au complet, il ne peut faire plus.

Dans ces conjonctures, le gouvernement a cru devoir prendre la parole, où plutôt, M. Jules Favre, dont on reconnaît la manière, dès les premières lignes, aux « *pénibles devoirs*, à la *douloureuse situation*, et aux *cruelles épreuves* », à propos desquels il pousse des soupirs, comme toujours. C'est le même procédé, la même mollesse, la même crainte d'offenser les factieux, la même hypocrisie, les mêmes impostures, présentées avec la même impertinente fatuité et le même pédantisme. Dans la première partie, M. Favre, afin de gagner la faveur de l'émeute, fait un pompeux éloge de la République, qui « peut seule unir les âmes », et s'indigne contre ceux qui prétendraient l'attaquer, c'est-à-dire, les *monarchistes*, criminelle « *minorité !* » absolument comme s'il ignorait que ces monarchistes forment une énorme majorité dans l'Assemblée et dans la nation, et comme si ces monarchistes étaient, en ce moment, ceux qu'il fallût combattre, les armes à la main ! Mais ce rhéteur n'eût pas osé s'adresser aux émeutiers, sans commencer par leur dire : Je suis des vôtres ! Le second paragraphe est d'une incontestable et évidente vérité : M. J. Favre a copié textuellement l'acte d'accusation que, tant de fois, l'Empire porta contre M. J. Favre lui-même et ses complices de la gauche ; il n'en a rien retranché : on y retrouve ces quelques *ambitieux*, qui sèment la *division* et *fomentent* des troubles à *leur profit ;* ces *ennemis publics*, qui se font un *jeu* de *transgresser* les lois, « et *méritent* toutes les *sévérités* de l'opinion, » qui empêchent « le *retour* à la prospérité, au *travail* régulier », en prêchant et pratiquant le *mépris des lois*, en substituant des *pouvoirs occultes* à l'autorité légale ; etc., « et il ajoute, avec grande raison, que c'est « la *ruine de l'État!* » Ce paragraphe dénote, chez M. J. Favre, un sérieux accident intellectuel : il est clair que son cerveau a été troublé par la révolte de septembre : d'une part, une reproduction si exacte atteste une extraordinaire puissance de mémoire ; de l'autre, l'oubli complet que ces paroles s'adressaient à lui-même et le flétrissaient, prouve qu'il a perdu entièrement tout souvenir du passé. Un phénomène si prodigieux doit inspirer des craintes pour sa raison. La proclamation se termine par cet appel à l'*union*, à la *conciliation*, que M. Favre a coutumé d'adresser aux insurgés : il conjure, il supplie, il espère, il a confiance dans leur sagesse (la sagesse des hommes de M. Flourens!), leur « dignité » (la dignité des séides de M. F. Pyat!), leurs « vertus civiques » (les vertus civiques des soldats de M. Blanqui!). C'est avec ces appuis qu'il compte « énergiquement défendre et fonder la République! » Quant aux canons de Montmartre et à ceux qui les gardent, il n'y fait même pas allusion.

Les affaires, le commerce ne reprennent pas ; les étrangers, sur la visite et la curiosité desquels on comptait, s'abstiennent de venir dans une ville que va bouleverser l'émeute ; bien plus, beaucoup qui étaient fixés à Paris, vendent leur mobilier et vont s'établir dans des pays où ils jouiront de plus de sécurité.

Cette opinion est si générale que, hier soir, à la réunion du comité de la *Société de Prévoyance* (annexe de la *Société Internationale pour les secours aux blessés des armées*), la question qui a occupé la plus grande partie de la séance a été : « Que doit faire la Société, dans le cas d'une bataille dans la rue ? » horrible témoignage du malheur de ce temps ! Et, détail non moins lugubre et qui ferait presque sourire, il a fallu prévoir les obstacles que rencontrerait cette œuvre de dévouement de la part des insurgés, et discuter l'opportunité de tenter une démarche près de leurs chefs les plus influents, comme si on traitait avec une puissance reconnue, afin d'obtenir pour ces infirmiers volontaires l'autorisation de remplir leur pieuse mission, de ramasser les blessés, de les panser, de les soigner, de les sauver ! On craint, non sans raison (les bataillons de Belleville avaient, lors de la bataille de Buzenval, injurié grossièrement les ambulances à leur rentrée dans Paris, les accusant de lâcheté), que les *infirmiers* de la convention de Genève ne soient repoussés avec dédain, que peut-être même on ne tire sur eux. N'importe ! la guerre civile, la guerre impie va se lever, la charité Chrétienne est déjà debout.

10. — Les journaux étant en complet désaccord sur Montmartre, je me suis décidé à y aller moi-même. Aller à Montmartre est un véritable voyage. A partir de l'église Notre-Dame de Lorette, s'élève une colline, presque une petite montagne, dont la pente, à l'extrémité de la rue des Martyrs, devient si raide, que l'on ne monte plus par des rues, mais par des escaliers de 70, de 110 marches, etc. C'est sur les deux versants de cette colline qu'est bâti Montmartre.

De cette hauteur, on embrasse un vaste horizon, Paris tout entier, avec ses monuments, ses églises, ses fabriques, ses casernes, ses palais, qui s'étend bien au-dessous de vous, à vos pieds, et dont les derniers plans se perdent au loin dans la brume. Là, sur un étroit plateau que forme la montagne, les émeutiers ont établi leur parc d'artillerie, ou plutôt leur camp retranché : tout le long de la crête, ils ont élevé un mur de terre, véritable parapet de rempart ; derrière le mur, creusé un fossé et, au delà du fossé, rangé leurs canons. Ainsi à couvert et à l'abri, ils pourraient entretenir longtemps le feu sans danger ; d'aucun point on ne les domine, et leurs canons, pièces de sept et mitrailleuses, dominent, au contraire, tout Paris.

Ce n'est pas tout : en arrière de ce camp retranché et de ce plateau, la colline se redresse, comme un second mur, plus escarpé encore. En levant les yeux, on aperçoit le sommet, découpé en embrasures, comme une ville forte et, à travers ces embrasures, la gueule de nombreux canons, deuxième étage d'une batterie qui semble inaccessible, tant elle est haut montée.

Je dis: on *aperçoit*, car, si l'on voit les canons, on n'en approche pas. On peut arriver assez près du premier retranchement: les sentinelles, qui font les cent pas, de l'air le plus sérieux, n'empêchent pas les curieux de s'arrêter et de contempler les pièces d'artillerie, pourvu qu'on se tienne en dehors d'une ligne convenue; mais il n'en est pas de même du retranchement supérieur. Lorsque vous montez encore, en contournant la butte, par la rue Sainte-Eleuthère, une fois dans la longue rue des Rosiers, vous rencontrez des postes de gardes nationaux, des sentinelles à tous les débouchés de rues, enfin, une sorte de places d'armes, fermée plutôt qu'ouverte, par un passage comme une gorge de redoute, où vont et viennent une quantité d'hommes en armes, où des officiers donnent des ordres, comme s'ils étaient en face de l'ennemi. Si vous vous hasardez, alors, à jetter un coup d'œil dans cette enceinte, ce ne sont que terrassements, tranchées, traverses, épaulements, qui cachent entièrement les pièces et les protègent contre toute attaque par derrière[1]. Les rues voisines sont gardées avec vigilance; quelques-unes même, la rue de la Bonne, par exemple, qui monte vers la rue des Rosiers, sont coupées par des tranchées avec un remblai, à l'abri duquel un petit nombre d'hommes couvrirait de feu la rue, et interdirait tout passage. Les insurgés sont tranquilles : derrière eux, ils ont des barricades pour se défendre, en avant, des remparts et des canons pour attaquer.

A mesure que j'avançais à travers ces rues barrées, ces corps de garde, ces sentinelles, ces tranchées, ces canons, ma surprise augmentait : c'était une organisation complète : un homme expérimenté avait dirigé ces travaux; ils avaient été conçus, exécutés avec art; tout était prévu, les précautions étaient bien prises, et l'on continuait encore les préparatifs. Dans la place d'armes, de nombreux ouvriers remuaient la terre avec des pelles et des pioches, achevaient et parfaisaient les fortifications. Où suis-je? me disais-je? Ces hommes sont-ils des Français? La ville contre laquelle sont braqués ces canons, est-ce Paris? Du reste, dans tout Montmartre, pas d'agitation, de bruit, de désordre; sur la place

[1] Ce terrain ou place d'armes était autrefois la cour d'un restaurant établi dans un bâtiment de forme bizarre, connu sous le nom de *Tour Solférino*, et que les émeutiers ont transformé en corps de garde.

du Tertre, un assez grand rassemblement de gardes nationaux; ils causent par groupes, mais avec calme; à cent mètres au-dessous, dans la place Saint-Pierre, retentissent des tambours et des clairons; c'est un bataillon qui va à la Bastille porter des couronnes. Pourquoi du tumulte, en effet? de l'agitation? Personne ne les inquiète, ne les trouble; ils sont chez eux, dans leur ville, il semble qu'ils soient séparés de Paris, ils font ce qu'il leur plaît!

Quand on a vu cette position presque inexpugnable, d'où les émeutiers bravent l'autorité, on ne peut comprendre comment la plupart des journaux affectent de sourire de ces armements : « Ce n'est pas sérieux! » Qu'est-ce donc, alors? Jamais de tels travaux furent-ils élevés, sinon par des ennemis contre des ennemis? Là haut, vis-à-vis de nous, il y a une forteresse formidablement armée, des bandes retranchées contre nous, des canons dirigés sur nous; en d'autres termes, sur nos têtes est suspendue la guerre. Qu'y a-t-il donc de plus sérieux?

12. Dimanche. — Cet matin, a paru un *ordre* du général Vinoy, suspendant la publication de six journaux, parmi lesquels, le *Mot d'Ordre*, le *Cri du Peuple* et le *Vengeur*, qui excitaient à la guerre civile. Aussitôt, le

Comité central de la garde nationale a répliqué, par un violent manifeste affiché sur tous les murs de Paris et adressé à l'armée. Dans cette pièce, imprimée sur papier rouge, le *Comité central* fait appel à l'armée et l'adjure, au nom du peuple, de ne pas obéir à ses chefs qui lui ordonneraient de marcher contre la garde nationale : « Soldats, s'écrie-t-il, vous êtes enfants du peuple, vous ne tirerez pas sur le peuple ! » Les meneurs n'ont pas, d'ailleurs, perdu de temps ; des groupes se sont formés sur plusieurs points ; la place du Panthéon est remplie de gardes nationaux en armes ; sur la place Saint-Sulpice, à midi, plusieurs centaines de mobiles de la Seine, désarmés, mais fort animés, applaudissent des orateurs furibonds, et crient : « *Vive la République ! le Vengeur ! le Mot d'Ordre !* » Bientôt, ils se mettent en rangs et se dirigent vers la Bastille. Dans la journée, la foule a presque assommé trois agents de police : peu s'en est fallu qu'ils fussent tués[1].

Le même jour, a paru la *protestation* de l'Empereur contre la déclaration de déchéance. Cette pièce est empreinte d'une dignité que personne n'a contestée, et il n'y a rien à répli-

---

[1] A la même heure, à deux pas de cette émeute de mobiles, celui qui servait la messe de midi, à Saint-Sulpice, était un soldat de la ligne en uniforme. Tous les contrastes se seront rencontrés dans ces jours troublés.

quer. Aussi, n'a-t-on pas essayé d'y répondre.
Mais nous ne sommes pas encore arrivés à
cette période de la maladie où nous puissions
raisonner et juger en paix ; ce temps viendra,
après de nouveaux malheurs, et ce que l'Empereur demande, se fera : la France se prononcera par un plébiscite, et ce plébiscite
votera l'Empire.

13. — Les émeutiers de Montmartre ne
manquent pas de munitions : j'apprends de
M. M***, capitaine de *gardiens de la paix*, que
samedi, les gardes nationaux ont pris, aux
Gobelins seulement, *seize millions* de cartouches ! Le jour où s'est fait ce pillage, ce
capitaine était de garde aux Gobelins, lorsque
quatre bataillons de garde nationale se présentèrent et le sommèrent de leur livrer les
portes. Il leur déclara qu'il ne tirerait pas le
premier, mais que, s'ils commençaient, ils se
défendrait énergiquement. Ses hommes étaient
déterminés, et fortement barricadés. Mais,
quelques douaniers, qui gardaient un autre
point, furent moins fermes, ouvrirent une
porte, et il ne fut plus possible de résister.

14. — Le gouvernement a tenté hier, une
démarche : il s'est résolu à réclamer les canons
de Montmartre ; il se croyait en droit d'espérer
qu'on les lui remettrait assez facilement, car il

avait fait amener quelques centaines de chevaux près de l'église de la Trinité, tout harnachés et tout prêts à être attelés. On a envoyé en avant des officiers d'état-major de la garde nationale traiter avec les chefs de Montmartre. Ces officiers ont dû, étant en uniforme, s'arrêter, dès les premières sentinelles, qui leur ont crié d'avancer et de donner le mot de ralliement ; ils n'étaient pas embarrassés, et l'ont donné ; mais, on leur a répliqué qu'on ne connaissait pas ce mot-là ; que c'était celui de l'état-major de la place, auquel on n'obéissait pas, et que l'on en avait un autre à Montmartre ; il a fallu parlementer. Enfin, les chefs, par pure bienveillance, ont consenti à laisser pénétrer les officiers plénipotentiaires dans leur place d'armes de la tour Solférino ; ils les ont écoutés patiemment et en silence, puis leur ont fait cette brève et nette réponse : « Ces canons sont à nous, nous les garderons. Vous n'avez plus rien à faire ici ; vous ne pénétrerez pas plus avant, et si vous restez, nous tirerons sur vous ! Vous emploierez la force ! Essayez, et aussitôt, à un signal qui partira de cette tour, le rappel battra dans tous les quartiers, et vous verrez une insurrection comme vous n'en avez pas encore vu à Paris ! » On a reconduit les officiers aux avant-postes ; les chevaux, qui attendaient place de la Trinité, ont été remmenés et l'on s'est remis à

chercher un nouveau moyen. On en est là !
Il n'y a point, d'ailleurs, à tarder : les clubistes
agissent avec ardeur sur l'armée ; et, déjà, les
excitations des meneurs trouvent un écho. Aujourd'hui, dans la rue de Rivoli, près du boulevard Sébastopol, un groupe de soldats de la
ligne était harangué par l'un d'eux, qui leur
disait : « Qu'on les avait désarmés, quand on
pouvait encore se battre ; qu'après une paix
honteuse, on leur rendait leurs armes, mais
que ces armes, il fallait les refuser, car on ne
les leur donnait que pour tirer sur le peuple ! »

Depuis quelques jours, apparaissent les
feutres mous des francs-tireurs et les chemises rouges des Garibaldiens, avant-garde de
ces bandes d'aventuriers et flibustiers qui se
transportent indifféremment dans tous les
pays où s'agite la révolution. Dès 1849, ils se
sont battus à Rome contre les Français ;
ils accourent à Paris et, derrière les remparts
de Montmartre, dans les rues barricadées, ils
tireront sur nous, d'autant plus féroces et
impitoyables, qu'étrangers, sans patrie, ils
n'auront rien, ni biens, ni personne, à conserver, à aimer et respecter.

15. — Les préoccupations sont grandes, à
l'occasion des Buttes-Montmartre, et ces
préoccupations sont égales des deux côtés :
le gouvernement a réuni hier les généraux,

pour délibérer sur le parti à prendre, et les députés, chefs du parti républicain, ont adressé une proclamation aux insurgés, pour essayer de les calmer. Les députés de la Gauche ne s'abusent pas; ils connaissent les dispositions de la province et de l'Assemblée, et ils craignent que, si une lutte armée ensanglante Paris, la province n'intervienne et que c'en soit fait de la République. Aussi, ne dissimulent-ils pas leur pensée dans la prière instante qu'ils adressent aux émeutiers : ce n'est pas par amour de l'ordre et de la paix qu'ils les supplient de demeurer tranquilles, c'est dans l'intérêt et pour conserver la vie de leur République.

Aujourd'hui, le bruit se répand que l'on touche à la solution de la question des canons de Montmartre. Les marchands des rues de Rivoli, Saint-Antoine, etc., se plaignent que les manifestations de la Bastille nuisent au commerce, encombrent la voie publique, gênent la circulation, éloignent et détournent leurs clients. Ils ont fait, dit-on, des représentations près du gouvernement, réclamant la fin de ces promenades interminables, qui menacent sans cesse de dégénérer en émeutes, et à l'occasion desquelles déjà un malheureux a été assassiné et trois autres presque écharpés. De plus, cette situation, en se prolongeant, accroît les forces de l'insurrection : de nouvelles affiches ont été placardées hier, de nouvelles proclamations, signées de Flourens et de Blanqui, appelant le peuple à se lever ; les groupes de la Bastille étaient beaucoup plus animés et l'irritation plus vive. Le gouvernement a cru devoir aviser : la Mi-Carême est, à Paris, une sorte de complément du carnaval, qui donne lieu à des promenades sur les boulevards, avec des masques, des chars et des déguisements, et à une grande affluence de populaire ; le général Vinoy a interdit tout masque, tout costume, tout bal. Il est décidé, assure-t-on, à rentrer en possession des canons, et à terminer l'affaire immédiatement, dans les quarante-huit heures. Voilà la deuxième fois qu'on nous l'affirme ; cette fois, est-ce certain ? Quoi qu'il en soit, malgré les précautions prises, et à cause même des précautions, on n'est pas sans inquiétude sur la fin de la journée.

Le gouvernement a enfin pourvu à la vacance de la Préfecture de police, du moins par intérim ; il a nommé préfet, — c'est le cinquième en six mois, — un général, le général Valentin, ancien colonel de la garde de Paris, homme de tête, dit-on, d'énergie et d'exécution.

17. — Toujours même situation : on dit que le gouvernement a fait une nouvelle dé-

marche près des gens de Montmartre, et que ceux-ci élèvent la prétention de traiter d'égal à égal, de puissance à puissance. D'ailleurs, pas de nouvelles; c'est le calme plat, ce calme qui ressemble au silence de la nature avant les grands bouleversements physiques. Ne prévoyant rien, aujourd'hui, à Paris, je pars pour visiter Meudon, Bellevue et Saint-Cloud. C'est là, assure-t-on, que l'on peut avoir à la fois une idée des travaux des Prussiens, et de la dévastation que la guerre a laissée après elle.

Les dégâts causés, dans Paris, par les obus, ne peuvent donner une idée des désastres d'un siège : çà et là, un mur troué, un toit effondré, quelques fenêtres brisées, une maison éventrée; sur l'immense surface d'une ville de deux millions d'âmes, ces ruines éparses sont à peines sensibles; à chaque pas, il faut qu'on les cherche. C'est dans les environs de Paris qu'il faut aller, pour voir l'image saisissante d'une entière destruction.

A peine a-t-on quitté les remparts, cette destruction apparaît : naguère, des maisons, des bois, des villages, s'avançaient jusqu'au fossé. Dans un large périmètre, tout cela a disparu : arbres, maisons, chaumières, riches hôtels, ont été rasés; il n'en reste pas trace ; un désert sépare les murailles de l'arène où s'ébattait la guerre. Cette morne solitude est bien le vestibule qui convient aux champs de bataille et de carnage.

On avance : sur ce plateau qui domine la plaine, quels sont ces murs qui ne se tiennent pas, ces pignons qui ne se rattachent à rien, ces façades noircies et branlantes, ces longs et hauts piliers qui montent dans le vide, comme des colonnes irrégulières? C'est le fort d'Issy; voilà ce qu'en ont laissé les 10,000 obus lancés des batteries Prussiennes. Comment y pouvait-on encore habiter? Pourquoi y demeurer? A quoi bon s'en emparer? Ce fort eût été aussi inutile aux agresseurs qu'aux vaincus obligés d'en sortir. — Tous les autres forts étaient plus ou moins entamés, tous destinés à la même fin; c'était « une affaire de temps », comme disait M. de Bismarck. A cette seule vue, on comprend la profondeur de ce mot stratégique, on prévoit l'inévitable capitulation.

Après avoir passé sous des ponts, tous rompus, on arrive à Meudon : jadis, — oui jadis, il y a six mois, c'est-à-dire, comme un demi-siècle, — de la station abritée sous d'épais ombrages, on montait, par une avenue d'arbres qui répandaient l'ombre et la fraîcheur sur la route bordée de villas, à ce coteau célèbre, à cette forêt charmante, qui s'élève et descend en vallons et en collines, où les chevreuils et les daims venaient boire au bord des étangs, où les fontaines jaillissent sous les pieds et disparaissent sous l'herbe, avec un bruissement léger; bois retentissant des chants et des rires, des aboiements des meutes et des fanfares des cors; où « trompait son aile » la folle chanson de la *Musette* de Murger, et où couraient les amoureux après les papillons, « dans la saison des doux nids[1]; » solitude animée, variée, éclatante à la fois et retirée, que le poète comparait à Tibur :

Et quand je dis Meudon, suppose Tivoli!

L'avenue n'est plus : dans les maisons, nul habitant, elles sont closes, les volets des fenêtres fermés, les vitres cassées; le sol raboteux est jonché d'immondices et de débris; là, aussi, c'est l'apparence du désert. A mesure que l'on monte, la destruction est plus étendue : sur tout le coteau, arbres, arbustes, ont été coupés jusqu'à une hauteur exactement calculée, à la hauteur où passaient les boulets, volant vers Paris; sous leur aile de fer, tout s'était courbé; les grands arbres ont frappé du front la terre, les toits des maisons ont été emportés comme par une raffale; jusqu'à l'esplanade du château, on ne longe que des masures.

[1] Voyez *Le Printemps des amours*, paroles de Th. de Banville, musique de Delphin Balleyguier, chanson éclose sous les ombrages de Meudon.

Nous voici devant la grille : plus de grille, elle a été arrachée et jetée dans le fossé; le jardin : plus de jardin, le sol en est bouleversé, transformé en terrassements, coupé de boyaux et de tranchées; le parterre : plus de parterre, des casemates, qui s'enfoncent sous terre, comme des entrées de cavernes; la terrasse : plus de terrasse, des batteries, une suite d'embrasures, où s'allongeaient les gueules des canons; les pierres du mur, arrachées, brisées, jetées çà et là; partout, en avant, en arrière, à côté, des amas de terre, des gabions, des fossés; où s'arrondissaient des allées taillées, une immense redoute; où s'étalaient les corbeilles de fleurs, l'emplacement visible encore des boulets.

Le château, situé au haut de la colline, a été le point de mire des canons des forts et des remparts de Paris. Il apparaît isolé, se détachant sur le fond sombre des arbres, troué, noirci, éventré. On va visiter les vieux châteaux démolis; il n'est pas nécessaire d'aller loin. Un château en ruine, le voilà : les fenêtres rompues, les murailles ouvertes, les étages unis dans le vide, les planchers écroulés, les toits arrachés, les plafonds enfoncés, les portes encombrées de débris, l'intérieur comblé d'amas de terres, de pierres, de fer, de morceaux de boulets, de fonte, de grands tuyaux, de membres de statues, de grilles

22.

rompues, de vases de marbre, confondus, mêlés, entrés l'un dans l'autre, impénétrable fouillis, emplissant les salles détruites jusqu'au faîte! — Le doute n'est plus possible : non! jamais ce château, palais du grand Dauphin, de *Monseigneur*, fils de Louis XIV, ne sera restauré, rétabli! Il demeurera ruiné, inhabité, désert, visité seulement par le brocanteur avide, qui en arrachera quelques débris.

Les communs du château, les maisons qui bordent la grande avenue, sont troués par les obus, tous à la même hauteur; sur une façade de cinq mètres, on compte treize trous de boulets. Dans l'avenue, les arbres, du côté de Paris, ont été abattus, mais seulement jusqu'à une certaine distance; les Allemands ne renversaient que ce qui les embarrassait, réguliers, précis dans la destruction.

Bellevue, le joli nid de villas élégantes, est inhabité : une ou deux boutiques d'épiceries, de tabac, sont rouvertes pour les curieux, dont le pas retentit sur le pavé sonore. Une saleté universelle: partout, des décombres, des débris de toutes sortes, bouteilles, meubles, vases, poteries, vaisselle, paillasses, papiers souillés, sont amoncelés devant la terrasse; un fumier est à l'entrée du pavillon de Mme de Pompadour.

Un peu plus loin, ce beau parc, à droite, Brimborion, nom léger que lui avaient donné nos pères du xviiie siècle, ce parc aux grands arbres droits, élancés, est abattu; à la place des bosquets et des pelouses, se dresse une colline de pierres blanchâtres, nue, où sont enfoncés quelques troncs d'arbres, comme des piquets noirs. Parc ombreux, jadis, et souriant, où chantaient les oiseaux au printemps, et d'où pendaient sur la route les grappes de fleurs jaunes et roses, Brimborion est changé en une immense batterie à deux ou trois étages, qui domine tout le paysage, et qui regarde, au loin, où elle enverra ses boulets.

Saint-Cloud! c'est surtout Saint-Cloud que l'on cite entre tant de ruines : vous y courez, vous avez traversé le parc tout coupé de tranchées, de murs crénelés, de fossés profonds, jetant un coup d'œil à droite et à gauche, sur un arbre abattu, un autre coupé en deux, un autre à demi scié et qui vit encore. Vous avez passé sur un amas de pierres entassées comme un *tumulus*, là où fut la lanterne de Diogène; vous avez cherché, vis-à-vis, la belle avenue; les arbres abattus des deux côtés, couchés dans l'allée, forment une inextricable barricade, avec leurs branches hérissées et dressées en l'air. Vous avez longé les vastes casernes sans toits, les écuries Impériales, ouvertes par des trous grands à laisser passer deux chevaux de front. Vous arrivez au château, dans la cour d'honneur, en face du palais: on ne vous avait pas trompé; là est la vraie ruine ; vous ne pensez plus à Meudon ; Meudon semble avoir été épargné, être égratigné, tant, ici, s'est largement étalée la destruction.

Le château est comme un décor à jour, toutes les fenêtres sont ouvertes, sans châssis et sans vitres, d'une façade à l'autre ; on voit le ciel à travers ; le toit est rasé, pas un mètre de mur où n'ait frappé un boulet. Les canons du Mont-Valérien se sont acharnés sur cette blanche façade ; un coup ici, un autre là, encore un autre, et un autre ! Les obus rompaient la muraille, traversaient les galeries vides, sortaient par la façade opposée, faisaient voler en éclats les sculptures, et allaient mutiler, dans les allées du jardin, les statues de marbre blanc, alignées sur leur piédestal, coupant à l'une la tête, cassant un doigt à l'autre, brisant une jambe à une troisième, de statues neuves faisant des antiques. Le léger pont de fer, tendu du palais au pavillon d'été, où allait déjeuner l'Empereur, arraché, abattu, est tombé dans l'allée, plié comme une feuille à demi roulée. Et, dans l'intérieur, un entassement de choses sans nom, corniches, boiseries, cloisons, toitures, si morcelées, si rompues, si broyées, qu'on ne distingue aucun objet, aucune forme. Ce n'est que pierres pulvérisées, terres mêlées, cendre et poussière ! La désolation, ici, est plus grande que partout où l'on a passé, la ruine à la hauteur de celui qui l'habitait. Les Prussiens se sont acharnés sur ce palais : il leur semblait, en l'incendiant, frapper le successeur du vainqueur d'Iéna.

Vous croyez avoir vu l'extrême de la destruction? Eh bien, non, tout cela n'est rien, en comparaison de la ville même de Saint-Cloud. Lorsqu'on descendant par l'avenue du château, on arrive sur la place, on s'étonne de ce qui apparait devant soi. On se demande si l'on rêve, si c'est la vérité, une place, des maisons, une ville : on croit voir une peinture. Ce ne sont pas des maisons, en effet, ce n'en est que le fond : tout le devant a été emporté ; emportés aussi, enlevés, les étages supérieurs, et le toit, et les portes, et les fenêtres ; on dirait de ces maisons de carton de théâtre, ouvertes d'un côté, où le spectateur voit tout ce qui se passe ; seulement il ne s'y passe rien, nul n'y habite. Et toutes les maisons de la place et des rues voisines sont également renversées. Ceux qui regardent ne laissent échapper qu'un mot, à demi-voix, et comme malgré eux : « O mon Dieu ! »

On ne peut en désigner aucune, toutes méritent une description. Devant plusieurs, déjà, les peintres reproduisent sur la toile ces ouvertures béantes, ces boiseries arrachées, ces tentures pendantes, ces escaliers qui s'arrêtent dans l'air, ces planchers qui s'inclinent sur le vide. Entre toutes, pourtant, est remarquable, sur la place de l'Hospice, une longue maison fendue, de la base au sommet, en trois tronçons, que relie un balcon de fer, qui ondule et se dessine sur le ciel, comme un fil noir; on dirait un pont d'oiseaux. La rue Royale, — Royale! qui monte au haut de la ville, est devenue une longue avenue de ruines : à droite et à gauche, toutes les maisons, sans exception, sont abattues; les étages se sont abîmés sous les étages, écroulés dans la rue, et ont recouvert le sol de plusieurs mètres de débris. On ne peut plus juger de la largeur et de la pente de la rue; elle est pavée ou plutôt faite de décombres. Là, on comprend le *Forum Romain*, où, dans les éboulements successifs, ont été ensevelis jusqu'à moitié les portiques, les arcs de triomphe, les temples et les palais!

On oublie tout à la vue de cette ruine prodigieuse, universelle, sans merci, uniquement due à la rage de nos vainqueurs, où ont passé le fer, le feu, la pioche, la hache, l'huile ardente; où il semble qu'aient piétiné, que se soient rués des sauvages, qui se sont plu à arracher, de leurs mains, des murs entiers, à briser les façades, à précipiter les étages les uns sur les autres, jusque dans les caves, à travers les voûtes écrasées, à accumuler les effondrements. On quitte ce désert de destruction, stupéfait, muet, étourdi, car on sent l'impuissance de tout exprimer : il y a trop!

On avait lu des récits : la vérité passe tout ce qu'on attendait. C'est, de tous les spectacles que je connais, faits de la main des hommes, le seul qui, après toutes les descriptions, vous étonne et vous écrase, car il touche à l'idéal par l'immensité de sa désolation !

18. 9 heures. — Aujourd'hui, a commencé la guerre civile, qui va peut-être ensanglanter Paris plusieurs jours. Ignorant ce qui se passe dans les quartiers de l'action, je vais me borner à noter, heure par heure, ce que j'apprends et les bruits qui circulent. A 6 heures moins un quart, j'entends très distinctement un coup de canon éloigné ; mais, comme il n'était suivi d'aucun autre, je me demandais si je ne m'étais pas trompé, lorsque retentit un second coup, et bientôt un troisième. Il n'y avait plus à douter : je m'informe, on dit, dans le quartier, que, cette nuit, le gouvernement avait voulu enlever les canons de Montmartre, que les insurgés avaient résisté et qu'ils tiraient sur l'Hôtel de Ville.

On entend battre la *générale* et le *rappel* dans toutes les rues. Je sors ; place Saint-Sulpice, quelques compagnies de la garde nationale stationnent en armes. C'est le 85ᵉ bataillon. En écoutant ce qui se dit dans les groupes, on ne saurait saisir pour quel parti est ce bataillon, pour l'*ordre* ou pour *Mont-*

martre. Un garde, habitant de la Glacière, rapporte qu'hier soir, on a battu le *rappel* dans ce quartier éloigné et que les compagnies ont dû se réunir, ce matin, pour défendre les canons de la place d'Italie. La place Saint-Sulpice ne présente aucune agitation. Il en est autrement à la place de la fontaine Saint-Michel : là, des troupes de ligne, des canons, des mitrailleuses, des caissons ; toutes les rues qui débouchent sur le boulevard Saint-Michel, gardées par des soldats qui ne laissent passer de l'autre côté de l'eau que les personnes en costume civil. Les ponts sont partout interceptés ; sur la place, beaucoup de peuple, hommes et femmes, fort animés, ouvertement déclarés pour Montmartre et qui, s'adressant aux soldats, leur disent : « C'est le gouvernement qui provoque, ces canons sont au peuple, le peuple veut les garder ! Vous ne tirerez pas sur le peuple ! » J'avertis un chef de bataillon et le presse vivement de faire évacuer la place, les hommes du peuple n'étant là que pour débaucher ses troupes. C'est en ce moment que l'on commence à afficher une proclamation du gouvernement. M. Thiers conjure les habitants de Paris de garder la paix, espère que les *bons* se sépareront des *mauvais*, avoue nettement qu'une lutte armée compromettrait l'existence de la République, la *ruinerait* dans l'opinion de la France, et déclare que le gouvernement a résolu d'enlever, *à tout prix, sans un jour de retard*, les canons en possession d'une minorité factieuse, et d'employer la *force*, s'il est nécessaire. Cette proclamation excite les sarcasmes de la plupart de ceux qui la lisent ; nous sommes dans un quartier populaire. Place Maubert, calme absolu ; la place du Panthéon et l'église sont gardées militairement, ainsi que toutes les rues avoisinantes, par la troupe de ligne. Au bas de la rue Soufflot, sur le boulevard Saint-Michel, des troupes et une pièce d'artillerie ; un officier m'assure qu'il empêchera tout groupe de se former. Çà et là, cependant, des hommes pérorent avec emportement ; un bataillon licencié passe, se rendant à une gare, pour partir ; il est assailli par les cris de : « *Vive la République! Vive Garibaldi!* » Le Luxembourg est fermé ; mais, en arrivant dans la rue de Tournon, on se trouve tout d'un coup comme au milieu d'une émeute : un bataillon, le 83e, y est réuni ; les gardes nationaux sont fort animés, et des cris violents s'élèvent au milieu de la rue : c'est un commandant de l'état-major de la garde nationale qu'une foule exaltée entoure, interpelle, menace, et qui, pâle, sans répondre, se retire à petits pas, et cherche à gagner le palais du Luxembourg, fortement gardé par la troupe. Du Luxembourg, on envoie, à deux reprises, vers lui, deux officiers à cheval et une ordonnance, qui le protègent contre les plus violents et lui permettent d'arriver à la porte du palais. Je m'approche et écoute ce qui se dit dans les groupes tumultueux ; tous ces gardes nationaux sont en armes, et ils ne les ont pas prises pour défendre l'ordre ; l'officier a voulu intervenir et a parlé énergiquement ; c'est ce qui a soulevé contre lui cette émotion : « Il faut l'enlever, crient quelques-uns, le pendre ! » Je saisis des mots isolés, qui indiquent le caractère de ce mouvement : « Les trente sous ! si on ne nous les donnait pas, comment vivrions-nous ? — Nous n'en avons pas besoin de vos trente sous ! dit un autre ; nous pouvons nous en passer. » Il en est qui assurent que l'*Internationale* a des fonds, avec lesquels elle soutient l'émeute. « Nous voulons garder la République ! En 1848, on nous l'a enlevée ! Cette fois, le peuple ne le souffrira pas ! *Vive la République ! Vive Garibaldi !* » Voilà déjà plusieurs fois que j'entends crier : *Vive Garibaldi !* Si la lutte s'engage sérieusement, ce sera une guerre civile politique, mais aussi la guerre sociale. Et, si l'on ne se bat pas à fond aujourd'hui, la lutte ne sera que différée.

Midi. — Voici ce qu'on annonce : « Les insurgés ont fait un général prisonnier, le général Lecomte ; les troupes refusent de tirer ! »

1 heure. — Je suis frappé de l'aspect nouveau du quartier que j'ai visité ce matin : rue de l'Ecole-de-médecine, boulevard Saint-Michel, dans toutes les rues voisines, plus un soldat; tous ont disparu. Rue des Ecoles, le rappel bat, et déjà sont réunis, en grand nombre, les hommes du 151e bataillon de la garde nationale, fort mal disposés et fort animés. Au boulevard de l'Hôpital, au point où débouche le boulevard Saint-Marcel, stationnent une cinquantaine de gardes nationaux : j'apprends que, le matin, ils ont arrêté tous les soldats qui passaient isolés ou par groupes, et les ont désarmés; ils ont aussi fait rebrousser chemin à un fourgon d'artillerie et sont allés au *secteur*, le remplir de cartouches. Une personne en qui j'ai toute confiance (M. M***), me rapporte qu'il est allé, ce matin, à onze heures, à la place de la Bastille, qu'elle est occupée par des troupes, que des canons sont braqués dans la direction des grandes voies (le boulevard, la rue de Rivoli, le faubourg Saint-Antoine), et que, par ordre, le drapeau rouge a été enlevé de la colonne. Mais, ajoute-t-il, le *peuple* harcelait les troupes, se mêlait à leurs rangs, les circonvenait et les engageait à ne pas combattre, et les troupes pactisaient déjà avec le peuple : « Livrez-nous vos fusils, ou jetez-les dans le canal ! » disait-on aux soldats ; quelques-uns les

emmenaient dans les cabarets, les faisaient boire, et les soldats livraient leurs armes. De tels faits, dont je ne peux douter, m'épouvantent ; que ne présage pas une connivence si vite établie entre la troupe et la plèbe !

2 heures. — Je veux voir le spectacle de la Bastille, de ce peuple et de ces soldats. C'était un autre spectacle que celui dont on m'avait parlé qui m'attendait. Dès le milieu du boulevard Contrescarpe, j'aperçois flotter, au haut de la colonne, le drapeau rouge et, en avançant, non pas *un*, mais *trois* drapeaux ; sur la place, plus de troupes ; aux embouchures des rues, plus de canons ; au pied de la colonne, des sentinelles de la garde nationale ; une patrouille passe, de la garde nationale ! Qu'y a-t-il donc ? qu'a-t-on fait ? Je m'approche d'un groupe, et voici ce qu'on y dit : « Les troupes ont levé la crosse en l'air et refusé de tirer ; la garde nationale s'est présentée à la caserne du Prince-Eugène, a sommé les soldats de donner leurs armes ; les soldats les ont données. Les troupes qui occupaient la Bastille se sont retirées ; un général est pris ; le gouvernement *est fini !* Plus d'armée, il n'y en a plus ! » Un homme âgé, en uniforme de garde national, se tourne en ce moment vers moi : « C'est le moment de se déclarer, me dit-il, nous allons avoir la République, la vraie, et ceux qui n'en seront pas, on leur

fera leur affaire ! » Le peuple, d'ailleurs, n'est plus agité ; il est le maître, ou du moins, il en est persuadé : « Vos fusils, dit un garde national à un soldat désarmé, nous n'en avions même pas besoin ! » Des soldats, confondus dans la foule, écoutent ce peuple et parlent comme lui. On n'entend rien, pas de canon, de fusillade, on n'aperçoit pas un soldat armé. Est-ce donc vrai ? Ce peuple est-il vainqueur ? Est-ce donc une nouvelle révolution ? Sommes-nous sous la Commune ? Que va-t-il se passer ? Que croire ? Que craindre ? Je reviens absorbé par ces idées confuses, ne prévoyant rien, ne combinant rien, comme étourdi d'un coup qu'on m'eût donné à la tête et qui m'aurait ébranlé le cerveau. Ainsi, il n'y aurait pas eu de combat, ou le combat eût été insignifiant, cette armée se serait dissoute au seul contact de la multitude ! Comment a-t-on oublié le précepte du maréchal Bugeaud : « Qu'une troupe armée ne doit paraître dans la rue *que pour charger et se battre ?* »

5 heures. — Les troupes occupent le Carrousel, dont les grilles sont fermées, l'esplanade des Invalides, le Champ-de-Mars, la Préfecture de police, etc. Une partie est composée de gardes de Paris et de gendarmes, anciens et vrais soldats. On espère que ceux-ci tiendront, et c'est sur eux que l'on compte pour triompher de l'émeute.

Tout a été mal fait dans cette saisie manquée des canons de Montmartre. Voici ce qu'avait proposé le général Vinoy : « Par votre police, avait-il dit, vous connaissez les chefs des émeutiers; avant de frapper ce coup qui peut devenir l'occasion d'un soulèvement, faites-les arrêter la nuit; l'insurrection sera désorganisée, elle manquera de direction, nous en aurons bon marché. Puis, vous avez, dans la garde nationale, de bons bataillons; appelez-les, je les mettrai en avant, et je réponds de l'armée; elle suivra, parce que la garde nationale c'est le peuple, et les soldats seront sûrs de ne pas combattre le peuple. Sinon, je ne connais pas assez cette nouvelle armée, je ne sais ce qui arrivera ! » On écouta le général, on discuta : « Appeler la garde nationale, c'est dangereux; viendra-t-elle ? » Elle était bien venue dix fois pendant le siège, avant et après le 31 octobre, et le 22 janvier; « Arrêter les chefs ! c'est illégal ! » Comme s'il y avait rien d'illégal, pour empêcher la guerre civile et l'anarchie! Les propositions du général Vinoy furent repoussées.

6 heures. — Devant la mairie du VIe arrondissement, trois ou quatre bataillons armés, venant de Montmartre, défilent, se dirigeant vers le Luxembourg. Beaucoup sont ivres, et tous fort exaltés. Ils vont s'emparer des pièces d'artillerie restées dans le jardin du

palais que la troupe n'a pas cessé d'occuper.

8 heures. — Les journaux du soir nous font connaître quelques incidents de la journée : il n'y a eu lutte que sur un seul point, à la place Pigalle, où un brave officier a essayé de lancer la troupe sur les émeutiers ; il a été tué, une fusillade s'est engagée, mais a peu duré ; quelques hommes ont péri, puis, la troupe a *fraternisé* avec le peuple ; *fraterniser*, c'est le mot des révolutions, pour exprimer que le soldat déserte son devoir.

Le Gouvernement, après qu'il a eu appris la défection des troupes, a fait afficher une seconde proclamation (signée comme la première de tous les ministres et de M. Thiers) où il adjure, dans les termes les plus pressants, la population *honnête* de Paris de se lever contre l'insurrection, qu'il dénonce comme le parti du pillage : les chefs, dit-il, « ne représentent que les doctrines communistes, et mettront Paris au *pillage* et la France au tombeau ! »

19. — *Dimanche.* — A cinq heures trois quarts, le silence de la ville est subitement rompu par un coup de canon qui fait vibrer nos vitres. C'est ainsi que s'annonce ce dimanche qui, quel que soit l'événement, sera digne des autres dimanches de la République. Nous n'avons que deux alternatives, en effet : le triomphe

de la République rouge, de la Commune, ou sa défaite dans un combat sanglant.

Hier soir, des groupes nombreux stationnaient sur beaucoup de points de Paris ; on discutait la cause et les résultats probables du combat, et l'on parlait très librement ; les uns attribuaient tout le mal au gouvernement : « C'est lui qui a tout fait ! Pourquoi a-t-il voulu nous enlever *nos* canons ? — Ils ne sont pa[s] à vous plus qu'à nous ! répliquent les autres nous les avons payés comme vous ! Le commerce reprenait, les affaires recommençaient ; tout va s'arrêter, et pour combien de temps ! » Des soldats passent, en chantant, avinés et chancelants : « *Vive la République !* leur crient les émeutiers, *feuille de route ! feuille de route !* — Oui ! répondent les soldats ; qu'on nous renvoie chez nous ! Nous ne voulons plus d'armée dans Paris, crient les plus exaltés, il ne faut plus d'armée ! — Vous pensez, cependant, à prendre une revanche des Prussiens, dit un homme sensé ; comment le pourrez-vous sans armée ? » L'observation reste sans réponse. Tout s'entend dans ces foules, même un mot de bon sens, même un mot d'esprit : « M. Thiers, dit quelqu'un, fait bon effet, à Versailles, affublé de la grande perruque de Louis XIV ! » Versailles, on parle déjà d'y aller, et d'en ramener les députés à Paris. Du reste, les préparatifs de combat continuent ; des barricades sont élevées depuis le faubourg Saint-Antoine jusqu'aux Batignolles.

7 heures. — Deuxième coup de canon, isolé comme le premier; c'est probablement un signal des insurgés : hier aussi, ils avaient tiré trois coups *à blanc*, pour qu'on prît les armes, et c'est à ce signal qu'accoururent les bataillons qui reprirent les canons et désarmèrent les troupes.

10 heures. — Je parcours quelques rues du faubourg Saint-Germain : toutes les maisons sont fermées, un silence immense plane sur la ville; on ne rencontre pas une voiture; les omnibus même ont interrompu leur service; la ville paraît morte. Peu de journaux sont en vente : on les lit avidement; ils nous apprennent que *tout est fini*, les insurgés sont maîtres de la ville entière, de l'Hôtel de Ville, des ministères.

11 heures. — Des affiches viennent d'être placardées partout, proclamations du gouvernement *nouveau*. Ce gouvernement existe, il le prouve par les deux procédés habituels des révolutionnaires : en se nommant lui-même, et en injuriant le gouvernement dont il prononce la déchéance : il l'appelle gouvernement de « *traîtres, de fous éhontés* ». Mais, par l'effet du trouble d'un premier établissement, sur la façade des mairies (au V⁰ et au VI⁰ arrondissement au moins), à côté de l'affiche du gouvernement d'aujourd'hui s'étale le

Journal officiel, daté de ce matin, 19, et où on lit avec stupéfaction la plus violente diatribe du gouvernement d'hier contre les insurgés. Il les avait déjà traités de *pillards*; il les qualifie d'*assassins*, qui ne peuvent être que *stipendiés* par l'ennemi ou le despotisme (le despotisme, c'est l'Empire). Leurs *crimes*, s'écrie-t-il, soulèveront la juste *indignation* de la population de Paris, qui sera debout pour lui infliger le *châtiment* qu'ils méritent. » Le gouvernement d'aujourd'hui ne paraît pas s'inquiéter beaucoup de ce châtiment, car il n'a même pas fait arracher l'affiche du gouvernement d'hier; ainsi, ils s'insultent mutuellement et se désignent par leurs vrais noms. Quant à nous, on nous signifie que nous allons être convoqués « de suite » (ce gouvernement ne parle pas plus français que M. J. Favre) pour procéder aux élections de la Commune. Le tout est signé d'une vingtaine de noms, du *Comité central*, de la garde nationale, dit-on, tous inconnus, sauf MM. Assi, l'ancien contremaître du Creuzot, et Lullier, l'officier de marine, qui, dès le commencement de septembre, se révoltait contre la République, dont il ne lui avait pas été donné d'être un des chefs [1].

---

[1] Ces noms inconnus sont les mêmes que ceux qui composaient la liste ouvrière des dernières élections. Évidemment ce sont eux qui formeront la Commune.

Le gouvernement de M. Thiers appelle les insurgés *assassins* : il dit vrai, cette fois, hélas! Oui! émules des meurtriers de Lyon, ils ont froidement, lâchement, fusillé le général Lecomte et M. Clément Thomas, qu'ils avaient pris; l'un, pour avoir tenté de remplir son devoir en résistant, l'autre, parce que, jadis, il fut leur général, coupable d'un seul défaut, d'être trop débonnaire. Tel est le début de la *Commune!* Que fera la province? Quelques-uns espèrent qu'elle viendra *mettre Paris à la raison.*

20. — Plusieurs de mes parents viennent m'engager à quitter Paris, où l'on croit que je ne peux demeurer sans risque d'être arrêté; je refuse. Cependant, il faut l'avouer, depuis hier, la physionomie de Paris est bien changée, la sécurité n'est plus assurée, et l'on peut avoir les plus vives craintes pour l'avenir. La ville a pris un aspect tout à fait révolutionnaire; dès le matin, le tocsin sonne à plusieurs clochers; des coups de canon saluent l'aube du jour, des barricades sont dressées dans tous les hauts quartiers et sur les places les plus importantes.

Les patrouilles circulent dans les rues; partout on rencontre des canons; plusieurs journaux viennent d'être supprimés; les gares des chemins de fer sont envahies et des gardes nationaux surveillent le départ et l'arrivée des trains, examinent et arrêtent les voyageurs qui leur semblent suspects; les armes ont été pillées dans les dépôts publics; enfin, le gouvernement n'est plus à Paris; il s'est enfui à Versailles où est réunie l'Assemblée.

Partout, dans Paris, les citoyens cherchent les occasions d'échanger leurs sentiments ou de connaître les nouvelles; les groupes sont nombreux et l'opinion des modérés continue à se manifester avec vigueur : la garde nationale (de l'ordre) ne s'est pas levée, parce qu'elle n'avait pas reçu avis de se lever. Le gouvernement s'est empressé d'affirmer, par la plume honnête de MM. Dufaure et J. Favre, qu'il avait la preuve certaine de la participation de l'Empire à l'insurrection, sans se soucier de montrer cette preuve.

Les insurgés paraissent étonnés de leur triomphe, l'enthousiasme est encore moindre que le 4 Septembre; puis, les embarras ne sont pas médiocres : les caisses sont vides, tout a été emporté à Versailles; les vivres vont peut-être bientôt manquer, les envois ont à peu près cessé; déjà, hier, beaucoup de marchés étaient à peu près dégarnis; il va falloir continuer à payer les 30 sous aux gardes nationaux, et comment le comité le pourra-t-il? Quelques-uns font entrevoir une solution facile : « Ah! les commerçants, crient-ils sur les boulevards, c'est sur vous que nous tomberons maintenant! » Il y a, parmi les communistes, des hommes, en assez grand nombre, qu'aucun excès n'arrêterait capables de mettre le feu à la ville, plutôt que de périr seuls, et assez scélérats pour ne pas reculer devant ce désastre universel. Aussi, la panique est-elle grande, tous ceux qui le peuvent prennent déjà leurs dispositions pour quitter Paris.

Du 21 au 25. — Hier, dans l'après-midi, j'ai été averti qu'il y aurait danger pour moi à rester à Paris; je me suis décidé à partir et à aller en Poitou, attendre les événements.

Notre voyage s'est fait sans accident : les seules nouveautés ont été, à l'embranchement du chemin de fer de ceinture, la visite des wagons par les gardes nationaux et, à Tours, la présence d'autres gardes, l'arme au bras, qu'on obligeait d'assister à l'arrivée des trains, et qui ne se privaient pas de faire part aux voyageurs de l'ennui que ce dérangement leur causait, et de leur désir de s'aller coucher, au lieu de monter cette faction de nuit.

A Port-Boulet, le pont suspendu avait été coupé; on traversait la Loire en bac : c'était à l'aurore, le premier jour du printemps; dans le ciel limpide les étoiles s'effaçaient, une à une, devant l'aube qui teignait le fond du paysage d'une lueur rosée; le fleuve, large et plein, s'étendait à gauche, jusqu'à plus de quatre lieues, où l'on apercevait les blanches maisons de la Chapelle et l'embouchure de l'Indre qui l'élargissait encore et le faisait ressembler à un lac; à droite, le joli village de Chouzé et les rives basses plantées d'arbres qui commençaient à verdir. Les oiseaux chantaient et volaient parmi les branches; des barques glissaient lentement sur l'eau; un calme solennel et doux planait sur la rivière, dans les champs et les airs. Tout à coup, un point enflammé éclaira l'horizon, et nos regards se tournèrent vers le soleil qui lança ses rayons de tous côtés comme des flèches brillantes, et la terre et le ciel resplendirent d'un éclat nouveau, frais comme la jeunesse! A ce moment, Paris et ses séditions, ses dissensions et ses luttes étaient oubliés. O crime de l'homme qui t'abandonnes à tes passions et à tes fureurs, n'est-ce pas déjà un de tes châtiments d'ignorer ou de ne plus connaître ces beaux spectacles de la terre, qui apaisent l'âme, bienfaits de Dieu, dont tu dédaignes les sereines jouissances et les salutaires enseignements!

Partout, dès que la voiture s'arrêtait, les habitants accouraient et s'informaient des nouvelles de Paris : ils nous écoutaient en silence, et parfois en soupirant, plus tristes encore qu'indignés. Par les questions de quelques-uns, on voyait qu'ils ne pouvaient croire à toute l'étendue du mal : ils demandaient s'il était bien vrai que des généraux eussent été assassinés, tant ce crime leur semblait horrible ! En province, l'incertitude et l'ignorance des faits est plus grande qu'on ne se l'imagine à Paris : on connaît mal les hommes, on ignore les détails, on ne sait que croire et l'on craint davantage.

Le gouvernement est livré à l'irrésolution la plus absolue : il a fui devant l'émeute, parce qu'il n'avait plus d'armée ; il n'attaque pas, parce qu'il n'est pas sûr de ses troupes, et il en est réduit à invoquer le secours des gardes nationales de France, espérant que les soldats marcheront à leur suite.

Sans résolution et sans vigueur, il fait appel à la résolution et à la vigueur de la nation : comment la nation lui répond-elle ? Elle demeure irrésolue et inerte. Dimanche, le rappel a été battu dans la ville de Loudun, pour rassembler les gardes nationaux, et demander des volontaires qui iraient défendre l'Assemblée : «L'Assemblée, ont-ils dit, savons-nous pour qui nous nous battrons ? avec qui ? contre qui ? Lorsque nous arriverons, l'Assemblée ne se sera-t-elle pas arrangée avec Paris, avec la Commune ? Et nous, ne serons-nous pas les suspects, les ennemis ? N'est-ce pas contre nous que se tourneront l'émeute et l'Assemblée réconciliées ? » Pas un ne s'est présenté, le registre d'inscription n'a pas même été ouvert! A Poitiers, il y a eu quatre volontaires; à Chatellerault, deux.

Les paysans, venus des environs en grand nombre (comme d'habitude, le dimanche), expriment leur opinion en termes rudes et naïfs : « Il faut un règne! » disent-ils; un *règne*, pour eux, c'est un maître, un homme seul, qui mène tout, et qui « ait la main *raide!* » ajoutent-ils. Ils ne comprennent rien aux hésitations, aux tergiversations, aux demi-mesures, on ne peut les abuser; ils ont été heureux sous l'Empire, le commerce florissait, ils faisaient leurs affaires, ils vivaient en sécurité; jamais l'Etat ne fut plus prospère : « Pourquoi l'Empereur ne revient-il pas? »

23. — Arrivée de mon frère, se sauvant de Paris, où il a failli être arrêté : il avait fait partie de la manifestation de l'ordre (le mardi 21). La famille de ma femme s'est enfuie à Orléans. On peut juger de l'état des esprits par ces quelques traits : un député, M. de la Roche-Thulon, informant l'Assemblée qu'on a écrit sur sa maison, à Paris : *à fusiller;* l'affiche placardée dans plusieurs quartiers, et approuvée par le *Comité central*, par laquelle un citoyen était désigné pour recevoir les *dénonciations de suspects;* le *Journal officiel* de l'émeute faisant l'apologie du régicide : « Dans les républiques anciennes, le tyranni-

cide était la loi; ici, une prétendue morale, nomme assassinat cet acte de justice et de nécessité.... La société n'a qu'un devoir envers les princes, la mort, etc. » L'*Avenir national*, un des journaux qui soutiennent la Commune, a cru devoir désapprouver cette *doctrine :* « C'est n'avoir, dit-il, aucune intelligence des nécessités du moment, aucune *conception sérieuse* du mouvement ; *supprimer* une ou plusieurs personnes, c'est là une conception *rurale*, une conception *anti-scientifique ;* tuer un prince, c'est lui donner une sorte de sacre. » Voilà les raisons philosophiques des doctrinaires de l'insurrection pour repousser le régicide ; mais ces *conceptions sérieuses* ne sont pas à la portée de tous : la foule, à Saint-Etienne, continue à appliquer le procédé *anti-scientifique* sur les préfets, à défaut des princes, et massacre M. de l'Espée ; et le *Journal officiel*, afin de prouver que sa profession de foi n'était pas une boutade, est revenu, le lendemain, à la charge, et a déclaré, que, non seulement, « il approuvait entièrement » le premier article, mais qu'il « en avait préparé un autre encore plus radical ! »

AVRIL

Voyage à Paris. — Physionomie de Versailles. — Paris sous la Commune. — Le curé de Saint-Sulpice. — L'Hôtel de Ville. — Discorde parmi les insurgés.

Le 3, une lettre que je reçois m'oblige à me rendre à Versailles.

5. — Il m'a été impossible d'arriver jusqu'à Versailles : je n'ai pu qu'entrer à Paris, où je suis resté seulement une heure et demie. A Etampes, à Brétigny, à Juvisy, à Choisy-le-Roi, pas de voiture pour me conduire à Versailles. Espérant que la circulation n'était pas interrompue entre Versailles et Paris, je m'étais décidé à pousser jusqu'à Paris. On y entre aisément ; les gardes nationaux arrêtent le train à la gare d'Ivry, ouvrent les portières, regardent les voyageurs et les laissent passer sans difficulté. Mais, à la gare de Paris, l'aspect change : de nombreux gardes nationaux occupent les salles d'arrivée, en armes, et examinent attentivement les voyageurs. Un employé de la gare, qui me connaît, s'élance à ma rencontre : « Ne restez pas ici ! »

me dit-il ; voilà les premières paroles que j'entends. Les gardes nationaux sont du XIVᵉ arrondissement, un des plus mauvais de Paris. Je traverse rapidement la salle, monte dans une voiture qui se trouvait par hasard à la porte, et me fais conduire à la gare du chemin de fer de Versailles, rive gauche : elle est fermée ; dès qu'ils aperçoivent ma voiture, des sentinelles de la garde nationale viennent à moi, et me signifient que j'aie à m'en retourner, la circulation par le chemin de Versailles étant interdite[1].

Je reviens à la gare d'Orléans (côté du départ) ; les rues, les boulevards Mont-Parnasse, de Port-Royal, Saint-Michel, de l'Hôpital, sont déserts ; à peine çà et là un passant ; ces grandes voies présentent l'aspect de la désolation.

A la gare, on m'engage, de nouveau, à quitter immédiatement Paris. C'est ce que je fais ; un étranger m'aborde : « Vous partez, monsieur ! vous quittez Paris ! que vous êtes heureux ! Voulez-vous vous charger de cette lettre et la mettre à la poste, dès que vous le pourrez ? » Ces quelques mots disent tout, ainsi que ceux que l'on m'a adressés en arrivant : menaces, soupçon, terreur, séquestra-

---

[1] J'ai appris, à ma rentrée à Paris, que j'avais couru un plus grand danger que je ne pensais : quelqu'un me nomma et s'écria : « Voilà M***, arrêtez-le ! » On courut après moi. Si j'avais été à pied, j'aurais été pris.

tion, émigration, voilà la situation de Paris. Quant aux nouvelles, il n'y a qu'à lire sur les murs : ils sont couverts d'affiches de la Commune, du matin même. C'est : 1° un décret qui met en accusation le gouvernement de Versailles ; 2° la suppression du budget des cultes, et la saisie des biens des corporations religieuses ; 3° l'annonce d'une *victoire* des troupes de la Commune dans un combat, livré la veille. Cette victoire, il est vrai, semble problématique, les journaux ne s'accordent pas sur le résultat : ceux qui sont favorables à la Commune jettent des cris de triomphe ; les autres font entendre que les gardes nationaux ont été repoussés, et même avec de grandes pertes, on parle de 1500 à 2000 hommes hors de combat. D'après tout ce que j'apprends, l'irritation est plus vive que jamais : les femmes, surtout, sont arrivées à un état d'exaltation qui rappelle 1793 ; elles sont venues, au nombre de plusieurs centaines, demander des armes, et veulent marcher en avant des bataillons de gardes nationaux. Des perquisitions, des arrestations, se font dans tous les quartiers ; plusieurs caisses ont été pillées *régulièrement*, la gare d'Orléans a été soumise, hier, à une réquisition d'argent. Tout est à redouter, avec une telle surexcitation des esprits : les défaites de la Commune m'effraient plus peut-être que les succès ; ils peuvent se porter à des extrémités horribles. *C'est, à la nouvelle de la prise de Verdun, que furent résolus, par la Commune, les massacres de Septembre!*

Du 6 au 9. — Je viens de passer vingt-quatre heures à Versailles, où je suis arrivé le 7, au soir, après avoir tourné par Tours et Le Mans. Versailles est, en ce moment, une des villes qui présentent le spectacle plus curieux de l'Europe ; elle est devenue comme un quartier de Paris, le quartier le plus peuplé, le plus brillant, le plus animé. Et, en effet, *tout Paris* officiel s'y trouve ; on n'y fait pas un pas sans rencontrer une personne de connaissance : la cour du Palais, la cour de marbre surtout, sont le rendez-vous de tous ceux qui ont affaire dans les ministères, qui veulent avoir des nouvelles, et le nombre en est grand. C'est un va-et-vient continuel, dès le matin, un piétinement, sur place, de fonctionnaires, d'employés, de solliciteurs, de délégués, de journalistes, de députés ; là, on écoute le canon qui retentit vers Paris, on attend l'arrivée des estafettes ; les représentants sortent de la Chambre, on les interroge. C'est un échange de cancans, de confidences, de bruits de toutes sortes : tout s'y dit, tout s'y affirme, tout s'y contredit : les victoires, les échecs, les négociations, les projets, les tentatives des prétendants, les espérances, la fusion faite, la fusion niée, la province accourant pour soumettre Paris, la province indifférente, les chances de l'Empire, les dissidences de l'Assemblée et de M. Thiers, la loi municipale, la République nécessaire au moins pendant quelque temps, l'irritation de la majorité, l'irrésolution de la gauche et, par-dessus tout, l'incertitude universelle de l'avenir, de l'avenir de demain et de l'avenir à long terme! — Les ministères et les administrations sont installés dans les salles des tableaux : dans une première salle, les garçons de bureau et les huissiers, tous ont quitté la livrée; un rideau seul les sépare d'une seconde salle : là, une grande table, où sont assis une douzaine de fonctionnaires, directeur, chefs de division, employés, côte à côte, à la file; les affaires s'expédient lestement, on fait l'indispensable : un mot, quelques lignes, une signature, et c'est fini; c'est aussi simple qu'en Italie. Les paiements même s'effectuent aussi prestement, point de formalités; le fameux contrôle si compliqué de l'administration Française semble n'avoir jamais existé; on n'a pas le temps, on va vite. Beaucoup de gens espèrent qu'il restera quelque chose de cette activité, que bureaucratie, commissions, sous-commissions, paperasserie, seront emportés dans la tempête, et que cela n'en ira pas plus mal. Versailles est plein, on ne peut s'y loger ; tous les appartements sont loués, les salons ont été transformés en chambres ; on couche quatre dans la même pièce, sur des matelas étendus par terre. Les hôtels regorgent, les restaurants fourmillent d'allants et venants. Dans les rues, une circulation incessante, jusque bien avant dans la nuit ; sur la ville, silencieuse depuis quatre-vingts ans, plane la grande rumeur des capitales tumultueuses.

Mais la population civile ne forme encore qu'une minime partie de cette foule : partout on voit, on coudoie, on traverse des troupes qui passent, qui stationnent, qui défilent, qui sillonnent la ville en tous sens. Partout des soldats, des cavaliers et des canons ; sur la place d'Armes, des batteries rangées ; dans les avenues, des files de caissons et de charriots ; dans le parc, le long des pièces d'eau, des tentes : dans les rues d'interminables défilés de cavalerie, d'artillerie ; dans les allées, des régiments faisant l'exercice ; dans la cour du château, dans les rues voisines, dont les hôtels sont devenus les bureaux de la questure, de la trésorerie, de la police, de la Légion d'honneur, de la salubrité, de l'intendance, à toutes les portes, des sentinelles. Les faubourgs sont encombrés de voitures de poudres, de vivres, de fourrages. Nulle part, même au camp de Châlons, je ne vis pareille accumulation de troupes, parce qu'ici elles sont plus concentrées. Et il n'y en a pas qu'à Versailles : tous les environs en sont peuplés, elles débordent dans tous les villages, jusqu'à plusieurs lieues, jusqu'à Sèvres, jusqu'à Jouy-en-Josas, dans cette vallée charmante semée de chalets, de châteaux et de villas ; sur les collines où apparaissent les blanches tentes d'un camp, dans les prairies où s'éparpillent les pantalons rouges des soldats, dans les bois où les chevaux de l'artillerie sont attachés aux branches qui verdissent. Et ce sont de vrais soldats, on ne leur laisse pas de repos ; à toute heure ils marchent, ils manœuvrent. Ils se sont battus, d'ailleurs, ils ont fait, ils ils ont eu des victimes, ils ne pactiseront pas avec l'émeute ; ils ont la physionomie, l'air, de soldats en campagne, qui se trouvent tous les jours face à face avec l'ennemi — oui, l'ennemi ! L'ennemi de cette armée Française, ce sont des Français !

9. — *A Juvisy et à Etampes.* — Etampes est devenu, comme toutes les villes des environs de Paris, Saint-Germain, Rambouillet, Melun, Corbeil, Fontainebleau, etc., le refuge des Parisiens fugitifs, et ils y sont en grand nombre. Ce ne sont pas seulement des femmes, des enfants, des hommes âgés ; il en arrive de toutes les conditions et de tout

âge. Le décret de la Commune, qui oblige tous les hommes de dix-neuf à quarante ans à faire partie des compagnies de combat, a épouvanté; c'est à qui n'obéira pas et s'enfuira et, pour quitter Paris, tous les moyens sont employés; on apprend de ceux qui ont pu s'échapper, par quels procédés multiples, ingénieux, bizarres, comiques même, ils se sont soustraits à la vigilance farouche des gardes de la Commune. Les plus jeunes, déguisés en femmes, et sous un épais voile noir, le visage couvert de poudre de riz, passent sans obstacle; d'autres, revêtent une blouse de roulier, et le fouet à la main, sortent à la suite d'un camion qui franchit aisément les portes. Il y en avait, au début, qui suivaient pieusement un enterrement jusqu'au cimetière situé hors des murs (près de la Maison-Blanche), et s'échappaient ensuite; mais cette fraude a été vite éventée : on a fait accompagner les enterrements par des gardes nationaux qui obligent tous les invités à rentrer dans Paris. Comme les prisonniers, qui pensent sans cesse à se sauver, on a inventé mille ruses : on obtient des employés des gares de s'introduire dans les voitures de lait, et l'on se couche parmi les pots, ou l'on s'étend sous les banquettes d'un wagon de dames à l'abri des robes; quelques-uns se jettent la nuit dans un bateau et remontent la Seine jusqu'à

Charenton, mais ce n'est pas sans danger, plus d'une fois, des rives on a tiré sur eux; d'autres descendent le long d'une corde du haut des remparts. Quant aux prêtres et aux religieuses, beaucoup ont pu s'enfuir déguisés: aujourd'hui, il arrive à Etampes six Sœurs habillées en paysannes des environs de Paris.

Cette fuite générale, où on abandonne tout, sa maison, ses affaires, sa fortune, ses intérêts, ses amitiés, ses affections, et où, préoccupé d'un unique souci, on ne cherche qu'à sauver sa vie, dit assez quelle est la situation de Paris.

11. — *Mardi de Pâques.* — Tous ceux qui arrivent de Paris ou de Versailles nous disent qu'on ne cesse d'entendre le canon. — Voilà dix jours que l'on se bat! Mon Dieu! n'aurez-vous pas pitié de nous! Ils oublient tout, qu'ils sont de la même patrie, du même sang, que morts, ils seront couchés côte à côte dans la même terre qui les a nourris. Ils n'ont que de la haine : « Nous ne céderons pas! mourez! et mourons! » C'est comme la guerre de démons qui se déchirent et ne veulent pas se lâcher, malgré les terribles morsures et les lambeaux de chair qu'ils s'arrachent. Et quelle guerre! En face de nos ennemis vainqueurs et épouvantés peut-être de leur victoire qu'ils ne comprennent plus. Quoi! après une lutte si longue, tant d'em-

portement et de rage! Quel est donc ce peuple! Quelle folie inhumaine l'anime et le tient encore debout, insensible aux coups, frappant devant lui et se frappant lui-même!

12. — Je vais et viens d'Etampes à Juvisy, dernière station où l'on peut s'approcher de de Paris sans danger, recueillant des nouvelles des voyageurs qui sortent de Paris et vous communiquent avec une sorte d'empressement fiévreux ce qu'ils savent, ce qu'ils ont vu, éprouvé, senti. Beaucoup sont enclins à exagérer ou à se faire valoir; mais, en comparant les récits, on parvient à discerner les exagérations, les préjugés et les erreurs. — Voici ce qui semble résulter de ces rapports multiples : il ne manque rien aux insurgés, pour se défendre, hommes, fortifications, armes, approvisionnements; ils possèdent plusieurs centaines de canons, sans compter 200 mitrailleuses, et ils en fondent encore ; les remparts sont en bon état, n'ayant pas été entamés par l'ennemi; la partie de l'enceinte qu'il leur faut défendre, d'ailleurs, se borne à la rive gauche ; les Prussiens occupant les forts du Nord-Est, ils n'ont pas à s'occuper de ce côté-là, jusqu'à nouvel ordre. Ils ont trouvé des munitions en abondance dans les casernes, les magasins, le château de Vincennes ; et le fer, la fonte, le cuivre, le salpêtre ne leur

feront pas défaut, ils peuvent fabriquer en quantité immense de la poudre, des obus, des bombes et des boulets.

Quant au commandant suprême à qui est dévolue la direction des opérations, après quelques essais peu heureux, ils semblent avoir trouvé celui qui leur convient, un Polonais, Dombrowski, qui a guerroyé en plusieurs pays, en Pologne, en Italie, en France, et paraît posséder une sorte de supériorité relative. La direction des opérations, du reste, n'est pas abandonnée à ce seul commandant en chef : sous le régime d'une république démocratique, telle que la Commune de Paris, on ne laisse pas à un seul la responsabilité et le gouvernement absolu des affaires militaires ; c'est un conseil qui examine et arrête les mouvements à exécuter, les plans, le lieu, l'opportunité des attaques.

Les soldats enfin, de vrais soldats, ne leur manquent pas davantage : outre les garibaldiens accourus de tous les points de l'Europe, une grande partie des gardes nationaux de Paris ont appris le métier de la guerre, pendant cinq mois passés aux avant-postes, où ils faisaient le coup de feu contre les Prussiens. Le Français est naturellement soldat ; il aime le combat, les marches, les équipements, les ordres, les appels militaires : et le Parisien, sous ce rapport, est le premier des Français. Il joue au soldat, a-t-on dit ; oui, il en joue, mais il en fait aussi sérieusement le métier.

On se demande comment, avec de telles forces, des canons, des forts, des munitions, des retranchements si formidables, on en viendra à bout, et combien cela durera.

Par les récits des voyageurs, qui se sauvent de Paris, on se représente aussi la physionomie de cette grande ville : un continuel mouvement de troupes, un débordement d'uniformes, une allée et venue de gardes nationaux, les appels quotidiens des tambours, des clairons, les rassemblements des bataillons sur les places, les estafettes à cheval parcourant au grand trot la ville, les rues, dans les quartiers menacés, barrées par des redoutes de pavés à embrasures, d'où s'allongent les gueules des canons ; et les violences de la scélératesse, de la cupidité, de l'irritation, des vengeances particulières, de la peur ; les maisons envahies et les hommes emmenés pour se battre, d'autres arrêtés sur la voie publique par des patrouilles et enrôlés de force ; des voleurs en uniforme, en prévision d'une catastrophe, munis de prétendus mandats, prenant note, chez les concierges, du nom et de la qualité des locataires, de la valeur des mobiliers, etc.; les marchands de comestibles, forcés de livrer leurs denrées contre des bons de la Commune, sur lesquels ils jettent de piteux regards, doutant d'être jamais payés, — c'est ce qu'on appelle *réquisition*, les épiciers rendent, à cette heure, les gains qu'ils ont fait pendant le siège. La Commune, dont quelques membres auraient souhaité s'opposer à ces réquisitions, laisse faire, par ce principe, qui remonte jusqu'à Jules César et au delà, que les créanciers nombreux fortifient les gouvernements et soutiennent les ambitieux, les créanciers ayant intérêt à l'existence de ceux qui leur doivent. Mais la spoliation ne s'en tient pas là : des églises, des hôtels, des couvents, des maisons religieuses, ont été régulièrement dévalisés; ici on a enlevé des vins, là de l'argent, ailleurs des objets d'art. La maison des Jésuites de la rue des Postes (rue Lhomond), a été particulièrement maltraitée : il y a eu un vrai pillage; ils ont couru d'abord à la cave, se sont enivrés, puis, ne pouvant tout boire, ont ouvert les tonneaux et lâché le vin dans les ruisseaux : enfin, ils ont emporté sur des camions tout ce qu'ils n'avaient pas brisé, matelas, meubles, linge, etc. Dans cette maison, durant le siège, était établie une ambulance de deux cents blessés. Mais s'en souviennent-ils? y pensent-ils? et n'est-ce même pas un motif de plus pour accroître leur fureur? Car la haine de la Religion, l'horreur de tout ce qui tient à la Religion, est un des caractères de cette insurrection, comme au début de la Révolution; ceux qui en doutent ne comprennent rien à la Révolution. La Religion est la chaîne qui tient la passion et l'empêche de s'élancer pour dévorer quiconque passe à sa portée, et la Révolution, c'est la passion même, la convoitise, qui s'ébat, qui étend ses ailes de vautour et se jette à droite, à gauche, sur toutes les proies que son œil rapace aperçoit, les saisit, les déchire et s'en repaît. Quand donc la Révolution pense au temps où elle était retenue dans ses convoitises, elle rugit de rage, elle s'emporte et court châtier ses anciens maîtres, ses gardiens et ses précepteurs. Voilà pourquoi ils se sont rués sur les églises, pourquoi dans quelques-unes ils ont affecté de venir arrêter des prêtres, jusque dans le sanctuaire, au milieu des fidèles consternés.

Un des fugitifs de Paris m'a raconté la scène émouvante dont il a été témoin, le Jeudi Saint, à Saint-Sulpice. L'église était pleine, l'assistance prosternée, silencieuse, car c'était le moment du *lavement des pieds*, cette cérémonie, cet acte de charité et d'humanité si extraordinaire, et si contraire à la nature humaine, qu'il ne semble pas possible que les hommes en aient eu l'idée. L'escouade armée s'avança jusqu'au chœur, où le vieux curé, M. Hamon, aux longs cheveux blancs, et à la figure si candide et si ouverte, était penché, un linge à la main, essuyant les pieds des pauvres gens qui représentaient les apôtres. Au bruit et à la voix des gardes nationaux, il se leva : « Je ne refuse pas de vous suivre, leur dit-il, de sa voix douce, vous pouvez m'arrêter ici, comme dans mon presbytère ; mais laissez-moi achever et revenez plutôt dimanche : vous me retrouverez toujours, et aussi disposé à me laisser emmener. Quant à de l'argent, vous n'en trouverez pas plus chez moi que chez les petites Sœurs des pauvres, nous n'avons rien ; dès qu'il arrive de l'argent, il est donné, car il est demandé. » Les gardes nationaux, tandis qu'il parlait, étaient restés immobiles ; ils regardaient autour d'eux ces pauvres rangés sur deux lignes, devant qui étaient posés des bassins remplis d'eau, cet autel voilé, ces prêtres tranquilles, ce vieillard si énergique et si doux, prêt à marcher vers la prison. Toute l'assemblée pleurait, on n'entendait que des sanglots. Ils ne savaient que résoudre : plusieurs baissaient les yeux, comme ayant honte, d'autres échangeaient des regards étonnés. Quelques-uns parlèrent bas à leur officier, puis, tout à coup : « Oui, dit celui-ci, nous reviendrons, à dimanche ! » Et ils s'en allèrent, et le chant reprit avec force : « *Cessent jurgia maligna, cessent lites ! et in medio nostri sit Christus Deus !* Cessent les discordes et les querelles ! et que Jésus-Christ notre Dieu soit au milieu de nous! » Le dimanche, ils ne revinrent pas.

Ailleurs, ils ont simplement fermé l'église, et écrit sur la porte : *Boutique à louer*, car ils mêlent volontiers l'ironie à l'outrage; au séminaire Saint-Sulpice, ils n'ont arrêté que M. Icard et deux ou trois autres directeurs; l'un d'eux proposait d'emmener les prêtres en masse : « Non! dit un autre, nous en avons assez de cette vermine! ils sont trop! » Et remarquez que, l'on ne parle pas des temples protestants, des ministres arrêtés; et ce seul fait montre la différence du Catholicisme et du Protestantisme, l'abîme immense qui les sépare : le Protestantisme a le même principe que la Révolution, le droit de l'homme d'être libre, de juger, de faire ce qu'il lui plaît; les insurgés le savent bien : ils n'ont pas de haine contre le Protestantisme; le Protestantisme ne les gêne pas[1].

19. — Les forces de la Commune ne sont pas toutes de même qualité ; voici comment on les peut diviser: 1° les aventuriers de tous pays, déserteurs, bandits sortis de prison ; 2° les

---

[1] Ce mot, aussi, montre la profondeur de la haine anti-religieuse, ce mot de la Commune décidant qu'elle enverra deux de ses membres aux funérailles de Pierre Leroux, mais non pas, ajoute-t-elle, « comme représentant le *principe mystique*, qui nous a perdus », c'est-à-dire, qu'elle a en horreur et qu'elle répudie l'idée même de religion, quelle qu'en soit la forme.

exaltés aveugles ou convaincus, 3° les entraînés. Ces derniers ne comptent que pour le nombre; on les met entre des bataillons dont on est sûr, il faut bien qu'ils marchent et qu'ils tirent. Mais le reste est très déterminé et résolu: ils n'ont rien à perdre en résistant, et tout à craindre s'ils se rendent. Un général, membre du comité d'artillerie, qui s'enfuit de Paris, et avec qui j'ai longtemps causé, estime ces forces réelles à 60,000 hommes ; d'autres les réduisent à 50 ; c'est assez pour se défendre de longues semaines, derrière des barricades et des remparts et, avec les engins de guerre dont ils disposent, ils peuvent faire subir des pertes énormes aux assaillants.

D'ailleurs, point de travail, point de commerce; les ateliers, les bureaux, les études, les comptoirs sont fermés, une quantité de boutiques fermées, comme il y a trois mois. Dans le faubourg Saint-Germain, on longe une suite d'hôtels aux volets clos; plus de voitures; le soir, dès huit heures, les rues sont silencieuses; on reste chez soi, on ne sort plus, on craint de se hasarder dans la rue, rentrerait-on? Plus de groupes même, on s'arrête à peine devant les affiches, on les lit rapidement, puis l'on passe; on se fuit au lieu de se chercher, on craint de parler, d'exprimer une opinion, de laisser échapper un mot qui serait entendu; le soupçon est suspendu dans l'air, comme un rets invisible qui vous peut envelopper et saisir. On s'attend à tout, aujourd'hui à être arrêté, pillé, et demain enserré dans un treillis de barricades défendues par des désespérés qui, plutôt que de se rendre, feront sauter les maisons, les barricades et eux-mêmes. Sur les figures sont empreints l'abattement, la crainte, la tristesse, la douleur : — c'est la Terreur !

D'autres complètent le tableau, en nous montrant un côté, presque gai, éclairé par l'insouciance et l'amour du plaisir : la foule, attirée par la curiosité aux portes, pour entendre le canon, voir de près le combat, aux lieux, même les plus dangereux, où éclatent les obus ; les théâtres ouverts et suivis : le 13, un étranger, qui va et vient de Paris à Versailles, entra au Gymnase ; il fut étonné, la salle était pleine, on jouait le *Père de la débutante* et *Frou-Frou*, deux des pièces les plus folles du répertoire.

L'exaltation des insurgés s'est accrue, en raison des échecs qu'ils ont éprouvés ; il n'y a qu'à voir leurs récents décrets : ce n'est plus seulement jusqu'à quarante ans que le service est obligatoire dans la garde nationale, mais jusqu'à cinquante-cinq, et ce décret n'est pas une lettre morte : les gardes nationaux ardents ne permettent pas la fraude, ils forcent les récalcitrants à venir avec eux; les femmes aussi s'en mêlent, elles dénoncent ceux qui se cachent. Pour combler les vides, ils vont dans les villages voisins et emmènent tous les jeunes gens valides. Permission (invitation, plutôt) a été donnée aux femmes, aux enfants et aux hommes qui ont passé la limite d'âge, de sortir de Paris; la Commune se débarrasse ainsi des bouches inutiles; elle a déjà désarmé les bataillons hostiles.

Elle profite des portes qui restent ouvertes, pour entretenir des relations avec la province; elle réussit à agiter quelques villes, Bordeaux, Limoges, Grenoble, etc.; elle a organisé une agence qui expédie des émissaires dans les départements; des députés de province se sont réunis ces jours-ci, sous la présidence du citoyen Millière, et l'on a pris des mesures pour que l'agitation se continue et se propage, ce qui empêchera d'amener un plus grand nombre de troupes devant Paris.

Un voyageur, entrepreneur des travaux des fortifications pendant le siège, me fait un tableau de l'intérieur de l'Hôtel de Ville et de la Préfecture de police, où ses affaires l'ont obligé de se présenter; cette peinture est brutale, cynique même, mais comment donner autrement une idée de cette orgie d'hommes ivres de désirs inassouvis et de cupidités effrénées, qui se sont rués à l'assaut d'une société riche et luxueuse, et qui satisfont enfin leurs projets et leurs rêves, en se jetant, en se lançant dans le torrent des jouissances et des voluptés, où ils se roulent et se tournent avec des mouvements et des frissonnements de plaisir, comme dans l'eau les nageurs, le corps nu! « Les deux traits distinctifs de l'Hôtel de Ville, c'est la foule des gens qui vont et viennent et dont sont encombrés les salles, les galeries, les couloirs, et la saleté générale. Une fois qu'on a franchi la grande porte, on peut aller partout; personne ne vous demande ce que vous désirez; il y a, à quelques portes, des gardes nationaux en sentinelle, mais si l'on n'a pas l'air d'hésiter, on passe, on va tout droit, à travers une file de salles; ni huissier, ni garçon de bureau pour vous annoncer; on arrive jusqu'aux personnages les plus importants. Dans la vaste salle à manger, une immense table toujours dressée, toujours servie et bien garnie; dès qu'apparaît un nouvel arrivant, il est accueilli par ce cri : « Déjeunez-vous? » On y mange incessamment. Dans les autres salles, on mange aussi, mais l'on boit davantage : sur les tables, des barriques de vin; le papier sur lequel on écrit est autant taché de vin que d'encre. Autour, grande affluence d'uniformes de tous les corps; tout le monde est établi là comme à demeure, comme chez soi ; on y fait, on s'y permet tout, tout ce qui plaît et tout ce dont on a besoin : on fume, on mange, on boit, on digère où l'on se trouve, etc. ; quand on a trop bu, on va dans un coin et l'on se soulage, contre le mur. Les gardes nationaux sont étendus, vautrés, avec leurs bottes crottées, sur les fauteuils dorés et les canapés de satin, et lancent des jets de salive sur les fleurs des tapis ; meubles, tapisseries, tentures, sont maculés, flétris, déchirés, décolorés, fripés, dédorés, empestent, c'est une infection[1]. On vous a dit que les pillards de la maison des Jésuites, rue des Postes, s'y étaient enivrés ; c'est une erreur, ils sont toujours saouls ! Pour vous imaginer ce qu'est Paris, à cette heure, sachez qu'il n'y a peut-être pas dix vespasiennes, dans toute la ville, qui ne soient rouges de vin vomi !

« A la Préfecture de police, même aspect, même laisser-aller, mais de personnages plus bas : ceux qui, jadis, entraient là avec des menottes, siègent aujourd'hui dans les bureaux ou les antichambres, où ils fument,

---

[1] Dans les jardins autre dévastation : les parterres, les corbeilles de fleurs, les bosquets, les gazons si fins, les allées autrefois si soigneusement ratissées, tout a été foulé aux pieds, brisé, ravagé, on s'y est couché, roulé. C'est un cloaque, une sentine ; on marche sur des amas d'immondices, parmi des papiers souillés et d'ignobles débris.

jouent et boivent, en s'appelant *citoyen*. Excepté quelques agents de la police secrète habillés en bourgeois, et qu'on reconnaît tout de suite, tous sont en uniforme, et se tiennent et parlent avec des airs et un ton de maître, dont il ne faut pas rire. Ils sont très forts sur le droit, sur la violation de la loi ; c'est au nom de la *justice*, de la *loi*, de la *légalité*, qu'on entend à chaque instant menacer de *mettre au bloc!* Leur conversation est un mélange du langage des halles, des bagnes et des lieux de prostitution.

« Et, à ce propos, on a beaucoup plaint, pleuré, loué un journaliste, portant un nom illustre, Charles Hugo, trouvé mort à Bordeaux, dans un fiacre. La vérité est qu'il est mort dans une maison publique, où il était allé après dîner : il a eu une congestion, la maîtresse de la maison l'a fait mettre dans une voiture et l'on a prévenu le père. Et le peuple de Paris voulait dételer les chevaux du corbillard! Ce rédacteur du journal *le Rappel* avait une femme et trois enfants : il allait rejoindre sa femme à Arcachon ; sur son chemin, il a trouvé cette maison agréable pour une station, et la mort aussi, qui l'y a arrêté. »

Mon homme m'a tracé, ensuite, en deux coups de crayon, le portrait de quelques-uns des maîtres de Paris : « *Raoul Rigault,* le plus déterminé de tous et qui ne reculerait devant rien; *Allix*, l'inventeur des *escargots sympathiques,* qu'il renfermait dans une boîte .et prétendait faire converser ensemble, pour remplacer le télégraphe; Paris s'occupa quelques jours, il y a huit ou dix ans, de l'élucubration de ce fou convaincu; *Tridon*, qui a, dit-on, quatre-vingt mille francs de rente (F. Pyat, Paschal Grousset et Tridon, sont les membres riches de la Commune), intelligent et instruit, mais jeune fanatique sérieux, à la façon de Saint-Just, qui ferait fusiller son ami réactionnaire, sans hésiter, sans y penser un moment après; *Vermorel*, toujours besogneux, que les étudiants, jadis, nourrissaient pendant des mois, par pitié, qui se mit à la fois au service de la République et de la police de l'Empire, membre, aujourd'hui, de la Commune, ; *Billoray*, le joueur de vielle, si connu dans Paris, où l'on faisait cercle, autour de lui, dans la rue; *F. Pyat*, apologiste du régicide, poussant, de son bureau de journal, à l'assassinat, et se mettant toujours à l'abri; *Courbet,* le peintre de la guenille et du torchon, digne inspirateur et directeur de leurs beaux-arts, etc.

Et enfin, voile noir jeté sur ce marais de boue et de sang, la misère générale, par suite du travail arrêté, la misère envahissante, attaquant non seulement les ouvriers, mais les commerçants et les bourgeois hier à l'aise. »

Il existe de graves dissentiments parmi les chefs de la Commune : l'ambition bien connue de quelques-uns, la jalousie, la haine, le mépris réciproque qu'ils ont l'un pour l'autre, qu'ils dissimulent à peine, la crainte de la dictature d'un plus audacieux, les insuccès récents de leurs troupes, la difficulté de se procurer de l'argent, tous ces motifs réunis produisent les mêmes effets que dans les ménages gênés; la discorde est dans le conseil, on se dispute et l'on s'emporte. Un petit nombre, de sens plus rassis, entrevoient les périls de l'avenir, et inclineraient volontiers vers des négociations, céderaient même tout, au besoin, pour sauver leur vie ; mais ils ne sont pas les maîtres; ils ont été tout de suite dépassés. La canaille, dont ils dépendent, les retient et les pousse, et ne les laissera pas traiter ; car, si les chefs de la Commune se sauvent, les subalternes, eux, se savent perdus. Tout cela ne se dit pas tout haut, mais chacun a le sentiment de sa position; tous comprennent qu'ils sont acculés, et que la lutte à outrance est devenue une nécessité.

MAI

Nouvelle physionomie de Versailles. — Saint-Germain-en-Laye. — Tableau de l'intérieur de Paris. — Les bataillons de marche. — La colonne Vendôme renversée. — Entrée des troupes dans Paris. — Incendie de Paris. — Aspect de la Cité. — Les ruines. — La plèbe révolutionnaire.

1er mai. — *A Etampes*, du 1er au 4. — Je suis allé passer trois jours à Versailles et à Saint-Germain-en-Laye. La physionomie de Versailles s'est un peu modifiée : il y a moins de troupes dans l'intérieur de la ville, presque toutes celles dont on peut disposer étant campées dans les environs, dans le parc, à Trianon, etc. Mais la ville n'en est pas moins animée; tous les jours encore, arrivent des émigrés de Paris; peu de femmes, c'est un trait distinctif du moment, la plupart des fonctionnaires ayant envoyé leurs familles en province; le trottoir de la rue des Réservoirs et de la rue de la Paroisse est noir de jaquettes d'hommes. Les magasins sont mieux garnis; beaucoup de marchands de Paris sont accourus, et les devantures ont l'apparence brillante des beaux quartiers de Paris, de l'ancien

Paris. Dans les grandes avenues, une quantité de baraques en bois, comme aux foires de village. Le temps est très beau; jamais le mois de mai ne fut plus charmant, plus resplendissant, plus fleuri, tout le monde est dehors; les voitures, les omnibus, les carrioles, les tapissières, les diligences des villes et des villages voisins, partent ou arrivent à tout moment, avec grand bruit sur le pavé; dans toutes les rues une affluence de gens affairés; Versailles a de plus en plus le mouvement, l'animation, l'éclat, l'aspect d'une capitale.

Saint-Germain est presque aussi animé que Versailles, avec cette différence que Versailles est habité surtout par des fonctionnaires, et Saint-Germain par la bourgeoisie à l'aise. La vie de tous ces réfugiés désœuvrés et anxieux se passe sur la terrasse, sur cette belle terrasse, d'où l'on a une vue si étendue et si variée : à droite, les coteaux vêtus de bois dans leur première verdure, et à travers lesquels apparaissent les villas, les châteaux, les chalets, les clochers des villages; en face, la plaine, peuplée de bourgs et de petites villes, coupée par les droites lignes des grandes routes, entourée comme d'une ceinture éclatante, de la rivière qui fait un long détour; plus loin, fermant l'horizon, Paris, dont on distingue les sommets, Belleville, Montmartre; et, en avant le Mont-Valérien, haut, isolé, fortement assis, comme une sentinelle qui le garde.

Sur cette terrasse, d'où l'on embrasse cette vaste perspective, spectacle dont on ne se lasse pas, et qui avait fait choisir Saint-Germain pour le séjour des rois, à côté de ce château, si artistement restaurée, et où l'Empereur avait installé le musée qui nous fait revivre avec les premiers siècles de notre histoire, dès le matin arrivent les Parisiens, cherchant, à travers la lorgnette, les troupes en marche, écoutant le tonnerre des canons, et, horreur plus grande, en voyant le feu et l'éclair. Oui, on entend chaque coup de canon et l'on en voit reluire la flamme, et l'on se dit : celui-là va encore détruire, renverser, tuer, incendier ! Et ce spectacle, comme tous les spectacles de massacre et de sang, attache les hommes, et ils ne s'en peuvent arracher ; une fois qu'on y est, on y reste, on n'en quitte plus ; on y va le matin, on y revient dans le jour, on y retourne le soir, et la nuit même, dans l'ombre, où le feu est plus éclatant, où l'on compte plus facilement les coups des forts, du rempart, des redoutes et des batteries, qui se croisent, roulent et se reproduisent. La curiosité l'emporte sur tous les autres sentiments, la douleur, la crainte, le doute, la tristesse ; c'est notre propre affaire qui se débat devant nous ; aucune ne nous retiendrait avec plus de force ;

ce sont des Français qui tuent des Français, des hommes du même sang, de même race, de même langue; mais, précisément à cause de ces affinités, si le déchirement est plus grand, la passion est plus vive, l'espérance plus éveillée, l'attente plus excitée, la vie plus active, l'émotion plus poignante.

C'est là, à la fois, le malheur, la puissance, et l'effroyable intérêt des guerres civiles!

6 et 7. — La situation n'a pas changé sensiblement depuis huit jours : d'après les émigrants, l'aspect de Paris est plus que jamais triste, l'intérieur de la ville calme, la plupart des hommes étant aux avant-postes, assez semblable, selon l'expression d'un voyageur, au Paris d'un dimanche d'été, quand les boutiques sont fermées, et tout le monde dehors, dans les champs et les bois des environs (on y est aussi, mais les armes à la main). Quant à ses troupes, la Commune a fait de nouvelles recrues, grâce à la misère. Le travail ayant cessé, beaucoup d'ouvriers, qui avaient refusé de prendre parti pour la Commune, viennent, pressés par le dénuement, demander à servir dans les bataillons de marche; ils reçoivent, dès lors, une paye plus forte, des vivres, une subvention pour leur femme, sans compter la *ma-*

raude, c'est-à-dire, tout ce qu'ils peuvent prendre. La plupart ne savent ce que signifie la *Commune*, et n'y comprennent rien ; d'autres se désolent d'être obligés de combattre pour une cause et des gens qu'ils méprisent et condamnent : « Alors, pourquoi ne se retirent-ils pas? — Le moyen ? » répondent-ils. Ils sont retenus, en effet, par leur entourage qui les observe, et par la nécessité. C'est la misère, aussi, qui précipite tant de femmes dans le désordre, qui les pousse à accompagner les gardes nationaux, jusque dans les forts : qui fait qu'on les rencontre comme par bandes, bien après minuit même, dans les quartiers populeux, arrêtant les rares passants attardés, les poursuivant, les harcelant de leurs obsessions, de leurs supplications, en avouant *qu'elles ont faim!* Lorsqu'on entend ces affreux et navrants récits, on ne peut s'empêcher de frissonner et de gémir à la fois; on est partagé entre l'horreur et la pitié !

8. — Aujourd'hui a été affichée partout la *Proclamation du Gouvernement aux Parisiens*, dans laquelle M. Thiers invite les Parisiens à ouvrir leurs portes, ou à se débarrasser des gens de la Commune, moins nombreux que les honnêtes gens : « Si vous ne le faites pas, ajoute-t-il, nous entrerons de force, *avant*

très peu de jours; et si nous n'entrons pas, les Allemands s'empareront de Paris, et le traiteront sans merci, *ils l'ont déclaré.* »

9. — Le gouvernement, après sa proclamation d'hier, était condamné aux efforts les plus énergiques. Le fort d'Issy a été, enfin, occupé, après *quinze* jours d'attaque, et non pas *huit,* comme le dit M. Thiers dans sa dépêche, oubliant que, le 26 avril, il nous annonçait que le feu avait été ouvert la veille. En même temps, de grandes et puissantes batteries ont été établies à Montretout, et l'on annonce une attaque de vive force très prochaine.

10. — On triomphe, à Versailles, de l'anarchie de Paris : en effet, cette anarchie est grande ; voici Rossel, qui, après Cluseret, abandonne le ministère de la Guerre, fuyant devant l'impuissance de faire exécuter ses ordres : « Tout le monde ici, dit-il, délibère, et personne n'obéit. » Aussitôt, le citoyen Delescluze a été nommé à sa place. Là-dessus, grandes moqueries à Versailles : un civil à la guerre ! que saura-t-il faire ? — Eh ! tout autant que M. Gambetta, l'avocat, que vous aviez nommé ministre de la Guerre !

15. — Les femmes voient dans la vie de

petits détails, qui sont comme les points vifs de lumière dans un tableau, ils l'éclairent et en rendent les objets saillants et presque saisissables. Certainement, me dit une dame (les femmes entrent et sortent de Paris comme il leur plaît), Paris est désert, je n'ai pas rencontré dix personnes, lundi, de l'entrée du faubourg Saint-Honoré à la rue de *Penthièvre* (qui s'appelle aujourd'hui rue *Garibaldi*); le silence est presque absolu dans les quartiers naguère les plus peuplés et les plus brillants. Mais le boulevard et les Champs-Élysées sont animés; aux boulevards, s'est concentrée la vie, le mouvement : tous ceux qui veulent apprendre des nouvelles, se rencontrer, s'y donnent rendez-vous; là, il y a encore foule, on y assiste au passage des bataillons de marche se rendant aux avant-postes. La plupart des magasins y sont ouverts; seulement, ces boutiques présentent une particularité : toutes les vitres des devantures sont couvertes de bandes de papier, en long, en carré, en losange, afin de neutraliser l'effet de l'explosion des gros canons de Montmartre et des remparts. Il en est de même des magasins de la Chaussée-d'Antin, du faubourg Saint-Honoré et du quartier de la Bourse. Autre transformation : on ne rencontre plus de prêtres en soutane, tous ceux qui sont restés sont habillés en laïcs et ont laissé croître leur barbe; dans les églises encore réservées au culte, on voit un prêtre, avec une grande barbe, dire la messe; l'office fini, il quitte ses habits sacerdotaux, et revêt une redingote.

Enfin, et en dernier résultat, la physionomie de Paris est triste, mais l'intérieur de la ville sans trouble; on y entend peu le canon, on ignore, le plus souvent, ce qui se fait; beaucoup de gens vivent comme par le passé, on les dirait habitués à cet état anormal, plongés comme dans un demi-sommeil, indifférents à tout, même à l'absence de tout espoir, de toute attente, de toute pensée; l'homme, à de certains moments, se matérialise; il devient comme une brute, qui boit, mange, va, vient, dort, ignoble châtiment dont Dieu le marque; c'est l'histoire de Nabuchodonosor, elle est de tous les temps. »

16 et 17. — Les misérables, qui tiennent Paris, avaient, depuis plusieurs jours, décrété la démolition de la colonne de la place Vendôme, cette colonne, au pied de laquelle venaient, chaque année, défiler, se reconnaître et se rappeler leurs souffrances et leur gloire, les vieux soldats de Napoléon, derniers débris de la Grande Armée, acteurs et témoins des triomphes de l'ère Impériale. O attentat à l'honneur, aux souvenirs, au dévouement, à tous les héroïques sentiments qui avaient

ému et enflammé les courages ! Attentat plus abominable que le meurtre d'un homme ! car la mort d'un homme n'est qu'un crime isolé, et, ici, c'est un crime contre la France entière, le reniement de notre histoire, l'insulte à nos soldats, à leur valeur, à leur héroïsme, la répudiation du passé de la France, de sa grandeur et de sa suprématie. Voilà ce que signifie cet acte de la Commune : il n'est pas seulement inspiré par la haine de l'Empire; c'est à la fois un acte antinational et une manifestation contre le génie et contre Dieu! Voilà pourquoi ils y attachaient tant d'importance, pourquoi ils l'ont voté avec tant d'ardeur et de fureur; pourquoi, sous le feu des canons, et à la veille d'être forcés dans leurs remparts, ils en ont ordonné et pressé l'exécution ! Rien ne pouvait satisfaire davantage leur orgueil : en détruisant ce monument, ils frappaient l'image d'une des idées fondamentales de la société, contre laquelle ils sont levés, la *Patrie!*

18. — M*** m'écrit, au sujet de la Colonne, ces lignes énergiques : « Si M. Thiers était un autre homme, il formerait, une fois Paris pris, une compagnie de chiourme de tous les prisonniers de la Commune, Rochefort et Courbet en tête, et les forcerait à redresser la colonne, puis, à démolir celle de Juillet; la France applaudirait! »

19. — Il semble que nous approchons du terme de cette affreuse guerre civile et du deuxième siège de Paris. Plusieurs symptômes le font croire : les dispositions morales de Paris, la situation des troupes de Versailles, et les mouvements des Prussiens; l'une de ces trois causes, au moins, va prochainement amener le dénouement.

L'exaltation de la plèbe est à un degré qui ne saurait être surpassé : « Vous n'avez rien vu, pendant le siège, me dit M***, récemment sorti de Paris, qui se puisse comparer avec l'aspect des bataillons de marche de certains quartiers, dans les derniers jours de la Commune. C'est à Montmartre qu'il faut aller, au moment de leur départ pour les avant-postes : dans les rues s'agite une tourbe d'hommes en armes presque tous ivres, d'enfants impudents, de femmes effrénées ; sur les places, dans les carrefours, des tonneaux de vin qu'on ne s'est pas donné la peine de percer, qu'on a défoncés à coups de hache, et où puisent sans relâche les gardes nationaux ; un va-et-vient désordonné, une populace grouillante, et, dominant les cris et les chants, un tintamarre assourdissant de trompettes et de tambours. Après des roulements répétés et des appels réitérés des chefs qui courent çà et là, les rangs se forment et les bataillons s'ébranlent pour défiler. En avant, les tambours, des gamins, des enfants de douze à quatorze ans, quelques-uns même plus jeunes, battant la charge à tour de bras, avec le même aplomb, du reste, que les vétérans, car cette science du tambour s'apprend vite, l'air hardi, glorieux de remplir un rôle d'hommes, et fiers de ce qu'on leur fait faire, sans qu'ils le comprennent ; à la suite, les compagnies en rangs déjà déformés, hommes, femmes et adolescents mêlés : les hommes titubant, les uns le fusil en bandoulière, les autres sur l'épaule, d'autres le faisant porter par leurs femmes qui leur donnent le bras ; les femmes, presque aussi avinées ; des enfants, armés et équipés comme les hommes, le sac sur le dos, se redressant et se cambrant de temps en temps sous ce poids qui les accable ; toute cette cohue s'avance, dévale et roule le long des rues en pente du faubourg, avec des cris, des sifflements, des ris, chantant en chœur qui détonne, la *Marseillaise*, le *Chant du départ* et le *Ça ira*. Au détour d'une rue, devant un marchand de vins, une compagnie s'arrête d'instinct ; le capitaine entre le premier, suivi de ses hommes ; on boit, on s'appelle, on boit encore ; enfin, la colonne se remet en marche, plus agitée, plus bruyante, plus chantante, plus hurlante, plus excitée, plus disloquée.

Les bataillons défilent ainsi, tous semblables

par le désordre; il n'y a pas que des régiments d'hommes, voici un bataillon de femmes, mais qui reconnaîtrait des femmes? Elles ont tout de l'équipement des hommes, le pantalon, la vareuse, les guêtres aux jambes, le sac sur le dos avec la couverture et les vivres, la cartouchière et les piquets de tente, la gamelle et les bidons. Le képi sur la tête, les cheveux courts, le sabre au côté, le fusil sur l'épaule, elles marchent d'un pas ferme, le menton levé, audacieuses, la physionomie impassible; pauvres malheureuses, de qui la raison s'est envolée, inconscientes de ce qu'elles font, ayant oublié, ne connaissant plus leur propre nature, se pavanant et s'honorant de ce qui les déshonore.

« Puis, à la queue de chaque bataillon, les chariots d'approvisionnements, de toutes formes et de tous noms, camions, voitures de déménagement, haquets de marchands de bière, etc., où sont empilés les bagages et les vivres, et, parmi les jambons, les morceaux de lard, les cervelas et les quartauts de vin, des hommes, des femmes, des enfants couchés, jetés, assis, étendus, entassés pêle-mêle; on voit des faces empourprées accotées à des quartiers de viande, des souliers passant entre des rangées de pain, des enfants à demi engloutis dans un amas de victuailles, inextricable fouillis de bras qui s'agitent, de jambes pendantes, de têtes échevelées, d'uniformes délabrés, de jupes souillées, d'armes entassées et de chairs saignantes; charrois d'êtres vivants, que le spectateur regarde passer avec stupeur, comme des animaux qu'on emmène, qu'il ne reconnaît des hommes qu'à leurs chants et à leurs frénétiques clameurs, et qui, abrutis, vont, sans pensée, sans sentiment, sans remords et sans conscience, Français se battre contre des Français.

« Et ce sont là encore les bataillons réguliers, ceux de Montmartre, de la Chapelle, de Belleville, de la Villette, les hommes des faubourgs animés d'un fanatisme aveugle, et qui s'imaginent combattre pour une idée. Mais il y en a d'autres, les bataillons en majorité composés de bandits sortis des prisons et des bagnes, et que la Commune a élargis et armés, lorsqu'elle a vu, par la mort, par lassitude et découragement, diminuer le nombre de ses soldats. Tel bataillon, en effet, qui, au début de la Commune, défilait au nombre de 700 à 800 hommes, n'en rassemble plus que 50 ou 60. Ceux-ci, incorporés sous des noms de fantaisie, *Volontaires de la Commune, Lascars, Vengeurs de Flourens,* etc., mêlés aux faux marins, aux garibaldiens à chemise rouge et à feutre mou orné de plumes de coq, débraillés, la vareuse ouverte qui laisse voir des poitrines velues et tatouées, hâves, la figure sillonnée, couturée des rides, des excroissances et des verrues de tous les vices, de toutes les débauches et de tous les crimes, on ne peut s'y tromper : ce ne sont pas des soldats, ce sont de vrais brigands; ils en ont l'allure impudente, la tenue ignoble, la physionomie basse, le cynisme, la brutalité. Toutes les passions viles et cupides sont marquées sur leurs traits tirés, leurs lèvres contractées, dans leurs regards féroces; ils font frissonner, car on les sent capables de tout; et ils le sont réellement, de piller, d'incendier, d'assassiner, même de se battre; car, jetés hors de la société, ils n'ont d'espoir que dans la persistance de cet état qui donne place à leur scélératesse; s'ils doivent tomber, en mourant ils tueront, ils verront, dans leur agonie, autour d'eux, les ruines qu'ils auront faites, les décombres, l'effondrement de cette société dont ils sont à jamais bannis.

« Ces bataillons, cette cohue, arrivent ainsi aux avant-postes, aux forts et dans les tranchées, où leur assignent leur place des officiers aussi ignorants, aussi désordonnés que les soldats, et le tiraillement des chassepots commence. Tant qu'ils sont protégés par l'artillerie et que l'ennemi est loin, ils tiennent derrière leurs retranchements, faisant un feu continu, n'épargnant pas les munitions, excités d'ailleurs par une ivresse ininterrompue de vin et d'eau-de-vie qui leur trouble la tête et leur ôte la prévoyance du danger, la connaissance même de ce qui se passe. Mais, lorsque tout à coup les troupes, s'élançant, les assaillent face à face, enlèvent les retranchements et les débordent, alors tout se débande, tout fuit, la plaine se couvre d'hommes éparpillés qui courent à toutes jambes, jetant leurs fusils et leurs sacs, perdant leurs képis; les blessés tombent et se tordent sur le sol; les valides, semblables à des troupes de bœufs que chasse devant lui la lance du pasteur au galop, par bandes accourent aux portes et s'y précipitent, pressés, se poussant, tombant l'un sur l'autre, les vêtements déchirés, maculés, les traits bouleversés, les yeux injectés de sang, haletants, terrifiés, épuisés.

« Les pertes sont énormes : les premiers jours du siège, on avait rapporté les morts dans la ville; mais la Commune comprit bientôt quelle impression devaient causer ces convois répétés, ces longues files de cercueils conduits au cimetière, parmi la foule qui les comptait. Elle annonçait, chaque jour, de nouveaux succès; il ne fallait pas qu'ils fussent discutés ou démentis par tant de morts; on résolut, dès lors, de dissimuler les pertes, en cachant les morts. Excepté les chefs que l'on rapportait, et à qui l'on faisait des funérailles éclatantes, que l'on traînait par la ville sur des chars décorés de drapeaux rouges, il fut arrêté qu'on ne rendrait plus à leurs familles les simples gardes tués, qu'on ne ramènerait même pas leur corps dans l'intérieur de Paris. Les casemates des remparts étaient voisines des champs de bataille ; c'étaient des catacombes toutes prêtes ; on y entassa les cadavres, on en remplit ces longues cavernes d'un bout à l'autre, et, à mesure qu'elles étaient pleines, on en fermait l'entrée avec des murs de pierre. Ainsi disparurent tant d'hommes dont on ne parla plus, dont le sort ne fut jamais connu de leurs proches ; étaient-ils prisonniers ou morts, on l'ignorait. Ces pauvres gens, victimes de quelques ambitieux sont enfouis là, sans un nom, sans un signe, dans ces charniers moins semblables à des sépultures d'hommes que de bêtes, et délaissés, y pourissent inconnus, dédaignés, oubliés [1].

« Ou bien, en d'autres circonstances, on emploie un autre procédé plus sinistre et plus horrible encore : le terrain, après un combat, est couvert de cadavres, on avise une maison voisine, on y transporte les morts, on les

---

[1] Après la prise de Paris par l'armée de Versailles, le gouvernement se préoccupa de ces inhumations précipitées, mais il n'osa remuer ces corps en putréfaction. On ouvrit seulement les casemates aux extrémités et au milieu, et l'on y jeta en grande quantité des matières désinfectantes et combustibles qui détruisirent en peu de temps les restes des misérables défenseurs de la Commune.

empile l'un sur l'autre, en étendant entre chaque couche de corps une couche de goudron, on les amoncelle ainsi tant qu'il en peut tenir, jusqu'en haut; puis on met le feu à la maison et le feu flambe. Les assiégeants, les habitants des villages environnants aperçoivent, de loin, un feu monter au ciel, et se demandent quel est cet incendie. Ce sont les funérailles des combattants de la Commune, enveloppés dans un linceul de pierre qui s'abîme bientôt, entraînant et anéantissant, jusqu'en leurs derniers vestiges, corps d'hommes, constructions et tout ce qu'elles contiennent, dans un même et sombre écroulement. Un habitant de Courbevoie, venu de Paris pour visiter sa maison, la trouva, lorsqu'il y voulut pénétrer, bourrée de la base au faîte de cadavres auxquels on allait mettre le feu. A cette vue il fut pris de tremblement et de vertige et s'enfuit en poussant des cris; il avait perdu la raison, il était fou! »

Cette armée du désordre qui domine Paris, n'est, cependant, pas tout Paris; quoiqu'une quantité d'hommes d'ordre soient sortis de Paris, il en reste assez pour former un parti important : l'opposition se manifeste depuis quelques jours plus ouvertement contre la Commune : ses derniers actes n'y ont pas peu contribué; la démolition de l'hôtel de M. Thiers a indigné la grande majorité de la population et, bien plus encore, le renversement de la colonne Vendôme ; le *peuple* même a été douloureusement affecté par cet acte de haine sauvage qui insultait à nos gloires, sous les yeux des Prussiens, témoins de cette suprême abjection de la nation qu'ils ont vaincue. La Commune a blessé plus fortement qu'elle ne l'a cru le sentiment national ; bien des voix qui se taisaient n'ont pu se contenir et des cris de désapprobation se sont élevés, qui, bientôt, vont devenir plus énergiques, l'accuser et la condamner.

La Commune n'ignore rien de ces dispositions ; elle se sent menacée, elle redoute que des traîtres se trouvent parmi ses membres, même parmi ses officiers et ses généraux. Aussi, éveillée, debout, l'œil agité, de jour en jour elle paraît plus irritée, plus audacieuse, disposée aux actes féroces : entourée d'ennemis invisibles, elle a jugé que l'heure était venue de les contenir, en les faisant trembler. Le *Père Duchêne*, qui imite le style du misérable Hébert, et séide de M. Delescluze (actuellement le vrai roi de Paris), a été chargé de faire pressentir au public les nouvelles intentions de ses maîtres : dans son numéro du 16, s'adressant à la Commune, il lui a dénoncé les traîtres, et l'a adjurée de sauver la République, en prenant *les mesures les plus révolutionnaires, en frappant les suspects,* en n'épargnant rien. C'était, suivant l'expression vulgaire, un *ballon d'essai;* le *Père Duchêne* remplit habituellement ce rôle. Cette furibonde exhortation du *Père Duchêne* a été immédiatement suivie d'une déclaration plus nette et, cette fois, officielle. En félicitant les destructeurs de la colonne, les orateurs de la Commune ont annoncé que « ce n'est plus seulement les monuments qui seraient frappés, mais les personnes », et dès le lendemain, à la séance de la Commune, une proposition a été présentée par un de ses membres, pour que le *procureur de la Commune* mît à exécution, sans délai, le décret du 17 avril, relatif aux suspects, c'est-à-dire, les fît arrêter, juger dans les 48 heures et fusiller, ainsi que les otages. La Commune, cependant, a cru devoir donner un prétexte à ces exécutions : elles ne sont, affirme-t-elle, que des *représailles*, une réplique à l'exécution des prisonniers insurgés que le gouvernement de Versailles a fusillés. Mais ces vaines raisons n'abusent personne : la cause véritable de ces atroces mesures, c'est la crainte dont elle est agitée, l'inquiétude qui la ronge, le soupçon qui l'exaspère, et qui, comme sa devancière de 1793, comme ceux qu'elle appelle ses *pères*, lui fait de la Terreur une nécessité et de la mort de ses adversaires une condition de vie. On doit donc s'attendre à apprendre, avant peu, la nouvelle d'exécutions à Paris; or, quand cette phase est arrivée, on peut prédire, sans se tromper, qu'elle est la dernière.

21. — Aujourd'hui nous a été annoncée l'arrestation de M. Rochefort : ce qui donne raison de croire à un prochain succès, c'est l'effroi de ce folliculaire s'échappant de Paris. M. Rochefort est incontestablement un des hommes les plus perspicaces à l'endroit du danger; il a toujours jugé le moment où il devait se retirer, pour ne pas se compromettre (du gouvernement du 4 septembre, de l'essai de la Commune au 31 octobre, de l'Assemblée nationale, etc.). Après avoir constaté, dans son journal, que la brèche était ouverte, et le rempart battu par le canon à 4000 coups par heure, il a pensé qu'il n'y avait plus de temps à perdre pour quitter Paris et abandonner la Commune; il s'est enfui. Malheureusement pour lui, dès les premiers pas, à Meaux, il a été arrêté et emprisonné. On ne saurait dire combien on a ri de son arrestation : cet insulteur a été l'objet des lazzis et des moqueries du public; tous ceux qui lisaient l'affiche, ouvriers et bourgeois, se moquaient du pamphlétaire peureux, si pressé de s'en aller et pris si facilement au piège.

22. — Ce matin, à l'étonnement général,

deux affiches, qui se sont succédées à peu d'heures d'intervalle, nous ont appris que nos troupes avaient franchi l'enceinte. Je dis « à l'étonnement général », car personne ne s'attendait à un aussi prompt dénouement, ni le gouvernement qui, M. Thiers l'a déclaré à l'Assemblée, ne songeait à une attaque décisive que « dans quatre ou cinq jours », ni les journaux qui parlaient encore de huit jours, ni les insurgés qui croyaient si peu à un assaut prochain, qu'ils tentaient des excursions à quatre lieues de Paris (le 19, ils s'étaient avancés jusqu'à Villeneuve-le-Roi, et, une de leurs locomotives blindées ayant été surprise par les marins et ensablée, ils en avaient ramené une autre à Choisy et tenaient la ville). Selon les extraits des feuilles Allemandes que nous apportent les journaux de Paris, les Prussiens avaient donné au gouvernement de Versailles un délai de quatre jours pour entrer dans Paris, déclarant, qu'en cas d'insuccès, ils bombarderaient Belleville et la Villette. C'est ce qui aurait fait presser l'action. Lorsque aujourd'hui, de bonne heure, on a lu la dépêche annonçant que la moitié de l'armée est dans Paris, maîtresse déjà du Trocadéro, et le résultat assuré, il y a eu une explosion de joie : nous, Parisiens, nous avons vu, à la fois, la fin de la lutte, de notre exil, et le jour prochain de notre rentrée dans

Paris ; c'était assez pour remplir nos cœurs.
Mais les provinciaux, eux qui n'ont pas souffert de l'exil, étaient animés d'autres sentiments : ils se montraient surtout exaspérés contre les auteurs de cette affreuse guerre civile, contre les Communistes, les chefs, les instigateurs, et ils demandaient, ils réclamaient un châtiment exemplaire, terrible, sans merci : « Les exporter! ce n'était pas assez! il fallait les ranger devant un feu de peloton, et les fusiller, pas même les fusiller! c'est trop noble, les pendre! » Telle était l'irritation, non seulement du populaire, mais de bourgeois et d'hommes bien élevés et de bonne compagnie.

24 et 25. — Quelles affreuses nouvelles! Quel désastre! Quelles ruines! Quelles catastrophes! Depuis quarante heures, nous étions sans dépêches : la dernière, du 22, nous apprenait seulement que l'armée occupait une partie de Paris, et il était certain que les insurgés se défendaient vigoureusement et qu'une terrible bataille ensanglantait les rues, faisant des deux côtés de nombreuses victimes. Quoiqu'on ne doutât pas du succès, cette absence de nouvelles nous tenait tous dans l'anxiété : que se passait-il, pourquoi ce silence? Si l'on avançait, pourquoi le cacher? S'il y a quelque malheur, quel est-il? Tout

à coup, hier, mercredi 24, vers 3 heures, un train spécial a passé à Etampes, se dirigeant vers Paris ; il emmenait les pompiers d'Orléans, précipitamment demandés. On les interroge, ils ne savent rien, si ce n'est ce que leur a appris une brève et impérative dépêche : « *Accourez ! Paris brûle !* » En quelques instants, les bruits les plus sinistres se sont répandus : des voyageurs annonçaient que les Tuileries étaient en feu, que l'incendie dévorait plusieurs monuments et que l'on craignait une destruction plus étendue encore. En même temps, on ajoutait qu'une partie des insurgés étaient sortis de Paris, mais qu'avant de partir, ils avaient mis le feu à Paris pour dernier adieu, allumé le bol flamboyant qui terminait l'orgie satanique.

A 11 heures seulement, aujourd'hui 25, a été affichée enfin la dépêche qui nous apprend une partie de l'effroyable catastrophe : les Tuileries sont incendiées, le conseil d'Etat, le ministère des Finances brûlent ! Est-ce tout ? Le Louvre est menacé. N'y a-t-il que ces monuments ? La lutte continue, on sait que de toutes les villes les pompiers accourent à Paris ; Paris entier ne va-t-il pas être envahi par l'incendie ? Je pars aussitôt pour Juvisy ; je serai plus près, on saura et l'on verra. Oui, là, on voyait, en effet, et de plus loin encore ! Dès Etrichy, à douze lieues de Paris, on nous montre, nous apercevons, dans le ciel bleu et clair, un vaste nuage, large à la base, immense en haut, qui, en forme de cône, et comme une montagne vue de loin, montait à l'horizon, et l'on nous dit : *c'est l'incendie!* Et, à mesure que nous avancions, ce nuage grandissait et s'allongeait, comme une aile noire gigantesque, sous le vent qui l'étendait; car, rien ne manquait pour activer le feu : l'air était sec, la chaleur torride et le vent, plus fort que tous les jours précédents, tordait les arbres. A Brétigny, à sept lieues de Paris, à travers le nuage gris à sa base, on distinguait une lueur blanche, et, au milieu une ligne rougeâtre, qui s'élevait droite, inflexible, continue, vers le ciel; c'était la flamme! A Juvisy, même spectacle plus visible, plus net encore, on distingue les foyers : ici, une nuée d'une prodigieuse hauteur, grise et blanche, c'est le feu depuis longtemps allumé; là, une fumée noire, épaisse et basse, c'est un nouveau feu qui commence. Et l'on cherche, on se demande quel monument brûle? quel quartier? quel palais? quelle église? quels trésors? quelles œuvres du génie humain. Et les habitants nous disent que voilà trois jours et deux nuits que dure l'incendie, trois jours qu'ils assistent de loin à ce spectacle dont, par la pensée, ils voient les péripéties, dont ils suivent le développement et le progrès incessant; irrésistible, tournés vers ce côté de l'horizon, les regards attachés à ce nuage & à cette flamme, qui croît sans cesse, et dont la capitale du monde moderne est l'aliment !

Quand on se représente ce qu'est en ce moment Paris : les flammes s'élevant à plusieurs centaines de pieds au-dessus des plus hauts monuments, les temples, les palais, les hôtels s'écroulant parmi des torrents de feu et de fumée; les révoltés armés, aux fenêtres, aux barricades, tirant sur les troupes entassées dans les places, et mêlant le bruit de la fusillade aux bruits des murs et des plafonds qui s'effondrent; le combat effroyable qui s'étend de la place de la Concorde à l'Hôtel de Ville changé en forteresse, continuant dans les ombres et dans la lumière éclatante d'un brillant soleil de mai; la fureur des combattants, la rage des assiégés, de ces bandits, de ces condottieri de tous les pays, s'appelant dans toutes les langues, qui ont pris Paris pour champ de bataille, et, afin de se venger, autant que pour assurer leur fuite et occuper leurs ennemis, ont allumé le feu dans les palais remplis des chefs-d'œuvre des arts, objets de l'admiration du monde ; cette ville échevelée, les habitants courant, se mêlant, invoquant, les bras levés au ciel, des secours qui ne viennent pas, épouvantés, éperdus, haletants, désespérés, fous de douleur, d'effroi et de terreur; les soldats, forcenés d'indignation contre les brigands qu'ils poursuivent et qu'ils tuent, qu'ils clouent de leurs baïonnettes contre le pavé; quand on se représente ce spectacle, où sont rassemblées toutes les sortes d'horreurs, combats, massacres, incendies, écroulements, clameurs de la multitude, effondrements, morts et corps accumulés, spectacle de destruction telle que peut l'imaginer le maître même du mal; il semble voir les ruines, les désastres, les saccages de villes, les abatis sans merci qu'on raconte des grandes cités, de Rome, de Carthage, de Ninive, de Jérusalem, les desseins, exécutés, cette fois, des bandes de Catilina, et, devant les yeux, image qui attache, qui fait horreur et qu'on ne peut repousser, s'ouvre comme une vue de l'enfer, où dans les flammes rouges s'agitent et bondissent les démons!

Et la réalité n'est pas au-dessous de ce que l'on imaginait. Une nouvelle dépêche et les journaux nous renseignent sur l'étendue des désastres : une quantité de monuments sont détruits; le combat dure encore, et, jusqu'ici, sur toute la route, nous suit le spectre sombre du nuage montant toujours et cachant tout un pan du ciel. Quelles ruines nouvelles apprendrons-nous demain?

Partout, on entend dire : les Prussiens n'en

auraient jamais fait autant ! Nul n'en doute. Paris inspirait, même aux étrangers, cette sorte de respect que l'homme instinctivement a pour la beauté : Paris n'était pas seulement à la France, il était à l'Europe.

On dit que cette catastrophe immense, effroyable, était écrite dans des *prophéties* qui remontent à plusieurs années. Je l'ignore, mais ce qui est certain, c'est que, trois jours avant l'assaut, un des journaux de la Commune, *le Père Duchêne*, avait annoncé, en termes positifs, la destruction par le feu de tous nos monuments. Ce n'est pas un coup de désespoir, c'est de dessein prémédité, préparé avec soin, longuement, qu'a été exécuté ce crime, dont retentira l'histoire, comme d'un des plus grands forfaits rêvés par des scélérats !

26 et 27. — Hier, 26, nous sommes demeurés encore sans nouvelles : d'affreux bruits circulaient : l'archevêque, disait-on, avait été fusillé, ainsi que vingt-cinq prêtres, et l'incendie continuait à dévorer les édifices. Mais, ce matin, à cinq heures, la ville d'Etampes a été réveillée en sursaut par le tambour qui battait dans les rues ; on a couru à la sous-préfecture, où sont affichées les dépêches ; celle qui venait d'arriver ne contenait que peu de mots : « *Envoyez les pompiers avec leur*

matériel; » la dépêche ajoutait qu'on *espérait* être maître du feu ; on espérait, c'est-à-dire, on n'était pas sûr, donc, on n'était pas maître ! Ce tambour, c'était l'appel aux pompiers qui, à huit heures, sont partis pour Paris. Aussitôt l'imagination populaire, et, en ces circonstances, tout le monde est peuple, ne s'en est pas tenue au texte de la dépêche ; on entendait partout ce cri : *Tout Paris brûle !* Incapable de rester ici à attendre des nouvelles, je suis encore monté en wagon pour aller à Juvisy ; dès Brétigny, j'ai appris la cause de cet appel hâtif au secours. Les habitants étaient encore sous le coup de l'émotion terrifiante qu'ils avaient eue la nuit précédente. Vers dix heures, l'incendie de Paris avait pris tout d'un coup des proportions extraordinaires ; ce n'était plus d'immenses torrents de fumée traversés par des jets de flammes ; à l'horizon, tout un côté du ciel a paru en feu ; les flammes en emplissaient un vaste pan, et, dans la nuit, leur éclat, s'accroissant encore, semblait avoir absorbé la fumée ; telle était la vivacité du feu qu'il éclairait toute la campagne : *on pouvait lire*, à la lueur de l'incendie, à Saint-Michel, à Brétigny, à Montlhéry, *à six et sept lieues de distance !* A Juvisy, toute la population était restée, une partie de la nuit, debout, regardant cet épouvantable spectacle, immobile, muette, et ne pouvant s'en arracher. Du reste, on ne savait rien : où était cet immense embrasement? quel quartier? quel entrepôt? quels magasins? quels amas d'approvisionnements brûlaient? On en était réduit aux conjectures[1]. Un voyageur, venu des hauteurs de Nogent, à l'est de Paris, dit avoir compté hier, à l'aide d'une jumelle marine, *à la fois vingt-cinq foyers d'incendie.* Aujourd'hui, il pleut, le ciel est entièrement couvert de nuages, dans lesquels se confond la fumée ; nous n'avons qu'une seule certitude, c'est que l'incendie continue. Paris! Paris d'il y a moins d'un an, si beau, qu'en avez-vous fait, ô hommes, qu'en avez-vous fait, démons !

28. — Dimanche (jour de la Pentecôte). Voilà le huitième jour, et les insurgés, retranchés à Belleville, à Ménilmontant, au cimetière du Père Lachaise, parmi les tombes, se battent avec l'acharnement du désespoir et de la folie furieuse, faisant pleuvoir sur Paris les bombes incendiaires et le pétrole, et arrêtant au pied des hauts faubourgs l'armée harassée d'une lutte si longue. Qu'eût-ce donc été, s'ils n'avaient pas été surpris, si, dès le premier jour, ils n'avaient perdu le Trocadéro, Montmartre, ces positions formi-

---

[1] On a su, depuis, que c'était les docks de la Villette.

dables ! Ce matin, des troupes ont passé en chemin de fer, pour aller relever à leur poste de combat nos malheureux soldats épuisés de fatigue, haletants.

5 heures. — Enfin, c'est fini ! une dernière dépêche nous l'annonce. Mais à quel prix ! que de morts ! quelles hécatombes ! quelles immolations de valeureux soldats, de généraux, de prêtres, de religieux ! Tu l'avais annoncé, Henri Heine ! toi qui connaissais leurs rêves et avais entendu leurs projets. Quand viendra le jour de la révolution sociale, disais-tu, elle dépassera tellement les forfaits dont ont frémi nos pères, qu'elle les fera oublier, et, en face des monstruosités qu'elle accumulera, la Terreur de 1793 ne paraîtra « qu'une innocente idylle ! »

31. *Rentrée à Paris.* — Nous sommes rentrés par la porte d'Italie : avant même de l'avoir franchie, on s'aperçoit du grand changement qui s'est fait dans Paris : elle est gardée par de nombreux soldats qui permettent bien d'entrer, mais non de sortir ; une quantité d'hommes et de femmes du peuple sont rassemblés aux abords de la porte, curieux de voir les arrivants, ou attendant quelque parent des villages voisins ; mais cette foule n'a plus l'aspect insolent et provocateur

du populaire avant le 18 mars : elle s'adresse respectueusement à l'officier, et s'éloigne, à la moindre observation des soldats. A peine a-t-on passé la porte, on est frappé de plusieurs traits caractéristiques et nouveaux : partout, des soldats, à pied, à cheval, par pelotons, par compagnies, jamais isolés, toujours ils sont au moins trois; les cavaliers, le sabre au poing ou le mousquet sur la selle ; cette attitude donne à Paris la physionomie d'une ville prise d'assaut ; on est en guerre, ces soldats sont équipés, armés, prêts à marcher, à frapper, comme en campagne, en face de l'ennemi. L'ennemi en effet, vient à peine d'être vaincu, et il semble qu'on l'entend encore respirer, que le combat va reprendre : la plupart des barricades sont debout ; les voitures font de longs détours pour les éviter. On remarque, au bas de chaque maison, des carrés blanchis de chaux ; ce sont les soupiraux des caves que l'on a murés, pour qu'on n'y jetât pas du pétrole : une telle précaution est assez éloquente ; elle vous dit ce qu'a été l'incendie et vous en annonce les ravages. Des prêtres passent, en soutane, mais la plupart avec leur barbe, qu'ils ont laissé pousser sous la Commune, autre marque des terreurs d'un passé qui n'est que d'hier. A toutes les maisons, presque à toutes les fenêtres, des drapeaux tricolores : dès la rentrée des troupes, et à mesure qu'elles s'avançaient, les habitants s'empressaient d'arborer le drapeau tricolore, comme une protestation contre le drapeau rouge. Les murs sont couverts des affiches de généraux, de chefs de corps : ce n'est plus le temps des bavardages des maires et du gouvernement de l'Hôtel de Ville ; seule l'autorité militaire parle, et en termes brefs, sans circonlocutions et commentaires, et elle dispose de tout : affiches pour les journaux, défense de paraître sans autorisation ; pour les théâtres, ils resteront fermés jusqu'à nouvel ordre, etc., et le tout signé du général en chef de l'armée de Versailles, maréchal Mac-Mahon, *en vertu des pouvoirs que nous confère l'état de siège*. Cette fois, c'est l'état de siège sérieux, et personne ne semble avoir envie de s'y jouer !

Nous longeons le Luxembourg ; deux spectacles attirent notre attention : à droite, les arbres de la grande avenue de l'Observatoire complètement roux, les feuilles ont la teinte brune des derniers jours de l'automne ; à gauche, des maisons en ruines, arbres et maisons ont été brûlés par l'explosion de la poudrière qui sauta pendant le combat : à plus d'un kilomètre de circonférence, dans toutes les rues voisines (de Vaugirard, d'Assas, de Rennes, de Fleurus, Vavin, de Sèvres, du Cherche-Midi, etc.) toutes les maisons sont plus ou moins atteintes, toutes portent les traces de la catastrophe, portes brisées, fenêtres arrachées, glaces, vitres cassées, toits défoncés, trous béants dans les murs ; quelques-unes ont été presque entièrement démolies, un bombardement d'un mois n'eût pas causé autant de désastres que cette explosion d'une minute. Les insurgés, quand ils ne purent plus tenir dans ce quartier, lui firent ainsi leurs adieux; c'était, du reste, ce qu'ils avaient projeté de faire successivement dans les divers quartiers d'où ils se retiraient. Voilà les premiers décombres, l'avenue qui mène à bien d'autres ruines, les ruines des monuments de Paris incendié! Tout ceux avec qui l'on converse, ne vous parlent que de ce combat, où, pendant huit jours, ils ont vécu parmi les éclats de la mitraille, le tonnerre des canons, les barricades, la flamme des incendies, les luttes corps à corps, les fusillades et les morts.

Ils ne se rappellent pas sans effroi l'aspect des défenseurs des barricades, qui ressemblaient, disent-ils, plutôt à des bêtes fauves qu'à des hommes. Dès le deuxième et le troisième jour, ils sentaient vaguement qu'ils étaient perdus. Comme des animaux traqués, blessés et perdant leur sang, qui s'élancent en bondissant, mordant et déchirant, autant par rage que pour se défendre, affolés, ivres, insensés, les yeux injectés, les traits bouleversés, les gestes désordonnés, ils se battaient, ils criaient, ils hurlaient, avec des voix rauques, — cette voix que donne l'eau-de-vie, — ils poussaient des exclamations furibondes : « Ah! les brigands! les assassins, à mort! » et ils chargeaient leurs canons, et ils ajustaient, allant, venant, se pressant, buvant, faisant feu, s'efforçant de s'étourdir par le bruit, les cris et les emportements; à la fois tourmentés et soulevés par la colère, le désespoir, la rage de leur impuissance contre leurs ennemis, et la terreur, qui flamboyait devant leurs yeux, comme un spectre.

Certains quartiers furent préservés, parce que la Commune savait qu'ils étaient hostiles; les insurgés s'en retirèrent, ils y auraient été gênés plutôt qu'aidés. Là, dominait une population honnête, les troupes y furent reçues non pas avec joie, mais avec un enthousiasme qui tenait du délire : les habitants les attendaient, le cœur palpitant; du seuil des portes, des fenêtres, tous les yeux étaient tournés vers l'extrémité de la rue par où l'on espérait les voir arriver; dès qu'ils paraissaient, les acclamations éclataient, on courait au-devant des soldats, on leur apportait des vivres, des rafraîchissements, les marchands prenaient dans leurs boutiques du sucre, du chocolat, et le leur mettaient dans les mains ; on leur jetait des bouquets. Un étranger qui eût ignoré ce qu'était la Commune, n'eût pas eu besoin de le demander : une telle explosion de joie en disait assez : ces soldats étaient des sauveurs, cette armée venait délivrer toute une population courbée sous l'épouvante et la terreur !

D'autres quartiers durent d'être épargnés à l'énergie de quelques-uns de leurs habitants : dans la rue du Temple et aux environs, les chefs de grands établissements industriels s'opposèrent à la construction des barricades, et ce quartier si commerçant, si populeux, et, par la disposition de ses rues étroites, si favorable à la lutte, situé au centre de Paris, entouré d'un cercle de combattants, demeura calme, paisible, presque silencieux. Dans le faubourg Saint-Germain, de courageux négociants firent plus : le propriétaire des magasins du *Bon Marché,* M. Boucicault, M. Durouchoux, grand marchand de vins, qui périt glorieusement, armèrent leurs commis, occupèrent les rues de la Chaise, de Grenelle, de Varennes, etc., combattirent les insurgés qui y avaient commencé des barricades, et neutralisèrent leurs efforts, jusqu'à ce que l'armée vînt les soutenir et les délivrer.

Voilà pourquoi les plus terribles combats se livrèrent dans les quartiers les plus éloignés, de l'Est et du Nord, au Château-d'Eau, à la Bastille, au cimetière du Père-Lachaise; refoulés du centre de Paris, là s'étaient concentrées les vraies forces des insurgés, leurs bataillons les plus déterminés, leurs chefs les plus compromis : il n'y avait plus à reculer ; là, eut lieu la lutte la plus longue, la plus acharnée, la plus sanglante. Le cimetière du Père-Lachaise fut jonché de corps tués sur les tombes des morts, lutte horrible où les combattants avaient des morts sous leurs pieds, au-dessus de leurs têtes les insignes et les images de la mort, et où chacun ne songeait qu'à accroître le nombre des cadavres qui pourrissaient dans la terre ! Là aussi, les deux partis firent les pertes les plus sensibles : à la Bastille, un seul régiment, le 37°, sur trente officiers, en eut onze mis hors de combat, et son colonel y fut tué. Mais immense aussi fut le nombre des insurgés tués et blessés, et qui était blessé, mourait : on emportait les blessés aux ambulances, car les insurgés avaient des ambulances ; mais quels soins devaient attendre ces malheureux dans ces hospices d'où avaient été chassées les Sœurs de charité et que l'on avait remplacées par des filles tirées de la prison de Saint-Lazare ! Aussi, tant par l'incurie de ces infirmières improvisées que par l'ignorance des chirurgiens de la Commune (la plupart n'étaient pas médecins, c'étaient des élèves des hôpitaux, des pharmaciens, des herboristes, etc.), que par la disposition de corps et d'esprit où se trouvaient les blessés, furieux, désespérés, gorgés de vin et imprégnés d'eau-de-vie, presque aucun n'échappait à ses blessures, ils mouraient presque tous. Les soldats, d'ailleurs, ne faisaient point de quartier : exaspérés par la lutte, ils tuaient tous ceux qu'ils prenaient ; tous les insurgés saisis les armes à la main, ils les fusillaient sur l'heure; on les laissait étendus sur le pavé, où plusieurs demeurèrent deux et trois jours, sans qu'on songeât à les relever; au bout d'une semaine, les trottoirs, dans quelques quartiers, et les murs étaient encore rouges de sang. On n'épargna rien, on ne prêcha pas la pitié ; le crime était épouvantable, la répression fut sans merci : « Il n'y a, disait quelques jours après, un homme du peuple, *il n'y a que la République qui sache tuer!* » Il disait vrai, sans comprendre toute la portée de ses paroles : pas un Souverain, pour raffermir son trône, n'oserait verser tant de sang!

On a vu, après la bataille, comme on s'était trompé sur la composition de l'armée de l'insurrection. On croyait qu'elle comptait un très grand nombre d'étrangers : il y en avait, il est vrai, de toutes les nations, mais dans une proportion moins considérable qu'on ne l'avait pensé (à peine quelques milliers). La masse, faut-il le dire, cette armée qui s'est battue pendant huit jours derrière les barricades, sur les places, du haut des collines, dans les faubourgs, la masse était composée de Parisiens, d'ouvriers, du peuple de Paris : c'est le peuple, ces ouvriers, qui ont si longtemps résisté avec tant d'acharnement à l'effort de cette armée Française, qu'ils combattaient comme si elle eût été un ennemi étranger. Et c'est ce peuple aussi, parmi lequel on a trouvé des hommes, des femmes, des enfants, en grand nombre, pour allumer l'incendie, pour courir à travers les riches quartiers, envahir les monuments, y verser le pétrole, y attacher le feu et, du dehors, regarder avec joie les flammes qui se tordaient autour des colonnes, s'élevaient au-dessus des frontons et dévoraient les combles des palais. « Je connais les ouvriers, disait le chef d'un grand établissement industriel : dès qu'a été proclamée la Commune, je me suis enfui, je savais ce dont ils étaient capables ! » Enivrés par une orgie de deux mois, où ils avaient lâché la bride à leurs passions, donné pleine licence à leurs sens, joui du plaisir de n'obéir à personne, bondissant, comme les esclaves des Saturnales, dans une liberté sans limites, une sorte de folie furieuse les avait envahis ; ils ne raisonnaient plus, ils ne comprenaient même pas pour quelle idée précise ils se battaient ; une rage bestiale les soulevait, les emportait, ils couraient à la bataille comme si l'on n'y trouvait pas la mort ; ils tombaient blessés, expirants, sans pensée et sans remords ; ils se laissaient tuer, fusiller, sans récriminations, sans plaintes ; il y en avait qui se mettaient d'eux-mêmes, tout droit, le long d'un mur, les bras croisés et, les yeux étincelants, d'un air de défi, criaient aux soldats : « Je ne veux pas de grâce ! tirez ! fusillez-moi ! » Une telle insanité vous terrifie ; on se dit, comme malgré soi : il faut que Dieu se soit retiré d'eux !

Tous n'étaient pas mauvais ; on cite quelques traits de pitié : une bande d'insurgés arrive à la *Maternité*, pour établir une batterie, qui causera inévitablement la destruction de l'hospice. Les Sœurs s'élancent au-devant de l'officier, et montrant les petits enfants nouveau-nés, d'autres au berceau, pauvres petites créatures qu'on ne pourra pas toutes emporter et qui vont périr, parlent avec tant d'éloquence, qu'elles émeuvent son cœur : « Rentrez et ne craignez rien », leur dit-il. Il va à ses hommes, fait retirer les pièces et les place plus loin. L'hospice fut sauvé, mais non lui, qui avait eu ce mouvement de commisération ; quelques minutes après, ses soldats, — doit-on leur donner ce nom ? — apprirent ce qui s'était passé, le saisirent et le fusillèrent. D'autres, aux approches de la mort, revinrent à des sentiments humains et même chrétiens. Ce qui prouve combien ce peuple a été trompé, égaré par les ambitieux égoïstes qui ont abusé de son ignorance, c'est l'attitude d'une quantité de ces malheureux, quand la fureur qui les avait enivrés s'est dissipée, et qu'ils sont rentrés en leur état naturel : la plupart des blessés transportés dans les hôpitaux de Versailles, loin de se montrer hostiles à la Religion et de repousser le prêtre qui s'approchait de leur chevet, le désiraient et invoquaient son secours : sur quatre-vingt-sept que visita l'un d'eux (un capucin), quatre seulement refusèrent de l'écouter ; tous les autres attendaient impatiemment sa présence, l'appelaient et lui demandaient de les entendre. C'étaient les mêmes qui, quelques jours auparavant, remplissaient les églises transformées en clubs de chants impies et de clameurs sacrilèges, et maintenant qu'ils étaient séparés des excitations qui les avaient si violemment troublés, laissés à leurs réflexions, aux souvenirs de leur jeunesse, dialoguant seul à seul avec leur conscience, ils souhaitaient avidement le calme qui les avait fuis, et cherchaient la paix de leur cœur là seulement où ils savaient la trouver, dans la pensée de Dieu.

Mais ce sont là des exceptions : on a recueilli des traits, on a entendu des mots de rage qui semblent d'hommes sauvages : « Oui ! c'est moi, disait, à un homme charitable qui l'avait souvent secourue, une femme que l'on venait d'arrêter, c'est moi qui ai mis le feu à votre maison, parce que vous m'avez fait l'aumône, parce que vous m'avez humiliée[1] ! »

Et telle est la puissance du mal, qu'il n'y a pas qu'un petit nombre qui soit vicié ; la gangrène s'est étendue sur la masse populaire : l'encre des sophistes est tombée au fond de leur cœur, une tache noire s'y est fixée, peu à peu elle a gagné et l'a gâté : ce peuple envie et hait. Beaucoup, paisibles, doux, bons travailleurs, quand apparut la Commune, furent agités de pensées nouvelles ; des espérances extraordinaires s'éveillèrent en eux, des perspectives inconnues s'ouvrirent à leurs yeux agrandis : la Commune, c'était le jour du peuple qui se levait, le règne des ouvriers qui commençait ; la bourgeoisie avait succédé à la noblesse ; après la bourgeoisie venait le peuple. Si la Commune l'emportait, ils seraient les maîtres ; ils auraient les hauts emplois, les richesses, les dignités, ils commanderaient, ils domineraient et, sans prendre ouverte-

---

[1] C'est le même sentiment qui, en 1794, fit condamner à mort Quatremère, « pour avoir, dit la sentence, humilié le peuple par ses bienfaits ».

ment parti, sans s'armer, sans aller combattre avec l'insurrection, ils en attendaient, ils en espéraient la victoire, parce que cette victoire serait la leur et les porterait à ces sommets de la société, où ils n'avaient jusqu'alors jeté qu'un regard d'un instant, comme on pense à un bonheur, à des jouissances qu'on n'atteindra jamais. Ces espérances, des exclamations naïves montrent combien elles étaient fortes et profondes : « Il faudra donc, s'écriait un ouvrier, quand la défaite de la Commune fut certaine, *il faudra donc rester cordonnier toute ma vie !* » Cet homme n'était pas un insurgé, il réprouvait les excès de la Commune, les incendies, les massacres, il s'en indignait énergiquement, sincèrement, mais, sans qu'il en parlât, presque à son insu, dans le secret de son cœur, était née la pensée d'une grande position subitement gagnée ; il l'avait nourrie, caressée, elle avait grandi, pris corps ; il s'y était habitué, il souriait à l'idée de cette révolution qui le tirerait de son poste infime, et il trouvait naturel, juste, légitime, d'obtenir tout de suite, par l'effet d'un revirement général, sans l'avoir mérité par ses efforts, une place, des biens et des honneurs, qui ne s'acquièrent, dans les sociétés réglées, que par le travail, le temps, le talent et les vertus. Et c'était un des meilleurs ! Quelles étaient donc les aspirations des mauvais et, pour les satisfaire, à quelles fureurs ne devaient-ils pas s'emporter! Qu'ils l'apprennent, les ambitieux qui ouvrent la porte aux meutes populaires, pour qu'elles courent sur le Pouvoir, le leur amènent, et qu'ils le prennent et s'en repaissent; ces bêtes, qu'ils en connaissent la nature! Elles ne sont pas apprivoisées, ce sont des bêtes sauvages, avides, d'appétit féroce, et armées de grandes dents. Une fois lancées, c'est pour elles qu'elles chassent, et elles n'écoutent rien, elles ne connaissent plus rien; elles se jettent également sur le gibier et sur leur maître, et elles ne reviennent au gîte, lorsqu'elles reviennent, qu'à grands coups de fouet et à coups de fusil, et un grand nombre restent sur le carreau!

FIN DU DEUXIÈME VOLUME

TABLE DES NOMS

CITÉS DANS LES TOMES I ET II

Abbatucci (Ch.), I, 58.
Adam, I, 150, 251, 260, 311.
Agar (Mlle), I, 355, 356.
Allix (J.), II, 270.
Arnaud (de l'Ariège), I, 276 ; II, 313.
Arago (E.), I, 52, 53, 59, 118, 120, 122, 123, 138, 141, 221, 241, 244, 255, 256, 207, 310, 320 ; II, 117.
Asseline, I, 189 ; II, 95, 311.
Assy, II, 406.
Aurelle (général d'), II, 56, 96, 149, 369, 370.
Avrial, II, 313.

Balleyguier (D.), II, 390.
Barrot (O.), I, 16.
Bazaine (maréchal), I, 177, 217, 229, 314, 315, 318, 326, 327, 350, 370 ; II, 149, 219, 275.
Belly (F.), I, 151.
Belmontet, I, 58.
Bertillon, II, 12, 213, 214, 215, 219, 321.
Bertrand (de Saint-Germain), I, 38, 39 ; II, 116.
Billault, I, 301.
Billoray, II, 430.
Bismarck, I, 97, 98, 100, 101, 141, 171, 181, 188, 203, 204, 248, 268, 272, 273, 278, 286, 291, 331, 334, 336, 337, 340, 370 ; II, 33, 63, 70, 71, 75, 81, 206, 207, 299, 300, 306, 307, 319, 337, 338.
Blanc (Louis), I, 118 ; II, 103, 294, 303, 310, 310, 311.
Blanqui, I, 73, 99, 103, 106, 107, 171, 185, 186, 236, 241, 242, 218, 250, 255, 267, 312, 356 ; II, 45, 57, 70, 117, 307, 311, 385.
Boissonet (général), II, 48, 49.
Bonaparte (Pierre), I, 11, 17, 23, 25.
Bonvalet, I, 199, 319 ; II, 32, 116, 137, 366.
Boucicault), II, 472.
Bourbaki (général), II, 96, 105, 163, 195, 210, 244, 251, 252, 296, 279.
Bourbeau, I, 5, 9, 10, 11, 13, 21, 23, 26, 30, 40, 60, 61.
Boyer (général), I, 316, 319.
Brancion (de), I, 344, 344.
Bressolles (général de), II, 98.

Cambriels (général), I, 368 ; II, 149.
Canrobert (maréchal), I, 30.
Castagnary, I, 37.
Carnot, I, 128, 240 ; II, 200, 203.
Chenu (Mme), II, 242.
Chaillé (Amiral de), II, 368.

Challemel-Lacour, I, 181.
Champollion, I, 63.
Changarnier (général), I, 317.
Chanzy (général), II, 163, 195, 214, 251, 332.
Charette (de), II, 97.
Charmont (Mme), II, 315, 318.
Charrière (général La), II, 48.
Chevreau, I, 126.
Claretie, I, 105, 173, 292.
Clémenceau, I, 222, 361, 365 ; II, 116, 154, 311, 366.
Cochin, II, 310, 311.
Coignet (Mme), II, 202, 209, 239, 295.
Coquerel, II, 304.
Conti, I, 35, II, 361.
Corbon, I, 276, 283, II, 311.
Cousin, I, 38.
Courbet, I, 33, 37, 118 ; II, 312, 436, 446.
Crémieux, I, 25, 125.
Cresson, I, 312, II, 328.

David (J.), I, 41.
Decaisne, I, 19.
Delescluze, I, 268 ; II, 70, 167, 270, 294, 311, 312, 413, 455.
Delort (Tax.), I, 128.
Denis (F.), I, 215, 217.
Despois, I, 128.
Dombrowsky, II, 424.
Dorian, I, 231, 241, 244.
Dousseau (Mgr.), II, 348.
Dréolle, I, 74.
Dubost, I, 136, 151, 211 ; II, 262.
Dubray, II, 250.
Ducrot (général), I, 121, 155, 374 ; II, 2, 8, 9, 13, 14, 15, 25, 26, 28, 33, 39, 45, 53, 235.
Dufaure, I, 2, 20 ; II, 293, 294, 310, 408.
Dufraisse (Marc), II, 312.
Dupanloup (Mgr.), I, 158.
Dupont (P.), II, 54, 313.
Duprat (Pascal), I, 19.
Durand (J.), II, 313.
Durouchoux, II, 473.

Duruy, I, 1, 119.
Duruy (Alb.), I, 63.
Duval (E.), II, 313.
Duvernois, I, 294 ; II, 62.

Epée (de l'), II, 413.
Esquiros, I, 174, 204, 359.
Eudes, I, 73, 273 ; II, 313.

Fabre, I, 16.
Faidherbe (général), II, 177, 189, 216, 222.
Favre (J.), I, 20, 40, 72, 93, 94, 97, 98, 99, 100, 101, 103, 106, 116, 119, 124, 166, 171, 181, 182, 190, 200, 209, 222, 224, 230, 240, 243, 245, 248, 250, 255, 256, 257, 271, 272, 278, 285, 294, 304, 317, 318, 319, 321, 326, 336, 337, 338, 339, 340, 342, 350, 356.
Favre (J.), II, 1, 27, 33, 62, 63, 64, 75, 81, 107, 108, 130, 155, 163, 167, 175, 190, 200, 205, 206, 207, 208, 236, 279, 292, 296, 297, 298, 299, 302, 304, 306, 310, 311, 315, 316, 317, 318, 321, 326, 328, 332, 337, 338, 339, 340, 341, 344, 347, 358, 372, 373, 374, 406, 408.
Ferry (J.), I, 32, 33, 59, 118, 119, 137, 242, 255, 259, 291, 319, 365, 366 ; II, 11, 15, 55, 62, 70, 95, 154, 260, 261, 262, 277, 302.
Flô (général Le), I, 122 ; II, 15, 234, 250.
Flotte, II, 313.
Flourens, I, 17, 73, 94, 132, 142, 152, 169, 181, 241, 242, 243, 249, 250, 255, 267, 280 ; II, 70, 75, 262, 270, 273, 311, 342, 385.
Fonvielle, I, 24, 138, 184, 185, 187 ; II, 78.
Forcade de la Roquette, I, 41, 72
Franchetti, II, 61.
Frébault (général), I, 362.

Frédéric Charles, I, 219; II, 112, 164, 244, 333.
Frossart (général), I, 29, 49.
Fustel de Coulanges, I, 209.

Gagne, I, 7, 8; II, 164.
Galtier Boissière, I, 216.
Garibaldi, I, 167, 260, 314, 321; II, 98, 302, 303, 311, 397, 398.
Garnier-Pagès, I, 118, 119, 201, 211.
Gambetta, I, 20, 40, 46, 57, 59, 74, 91, 120, 121, 125, 131, 138, 144, 169, 172, 184, 200, 201, 314, 317, 318, 326, 327, 349, 368; II, 32, 82, 104, 105, 189, 193, 194, 195, 196, 206, 219, 221, 222, 251, 252, 295, 299, 300, 301, 302, 306, 307, 308, 311, 332, 333, 334, 335, 443.
Gambon, II, 313.
Girardin (E. de), I, 31.
Giraud, I, 61.
Gladstone, I, 279, 319.
Glais-Bizoin, I, 10, 120, 125, 132, 134, 368; II, 310.
Goupy, I, 227, 249, 259, 267, 273; II, 313.
Granier de Cassagnac, I, 27, 52.
Granger, II, 313.
Granville, I, 319.
Gréard, II, 209, 212.
Greppo, II, 312.
Grévy, I, 40.
Grousset (P.), II, 436.
Guéroult, II, 311.
Guillaume Ier, I, 171, 219; II, 164.
Guiot (général), II, 48.
Guizot (G.), I, 17.

Hamon (l'abbé), II. 136.
Haussmann, II, 52, 75, 76.
Hébrard (C.), II, 116, 311.
Heine (H.), II, 467.
Hérisson, I, 259; II, 117.
Hérold, II, 263.
Hippeau, I, 10; II, 210.

Hyacinthe (le P.), I, 31.
Hugues (général d'), I, 17, 18, 287, 288, 289; II, 32, 38, 89.
Hugo (V.), I, 31, 70, 81, 122, 268, 269, 275, 354; II, 12, 75, 76, 163, 271, 294, 302, 310, 312, 313; II, 433.

Ibos, I, 240.
Icard (l'abbé), II, 129.
Impératrice (l'), I, 36, 60, 118, 174, 188, 358, 362.
Impérial (le Prince), I, 28, 205.

Jarnigon, II, 313.
Jarrige, I, 310.
Jecker, I, 105.
Jezierski, II, 118.
Joly, II, 312.
Jorand (baron), I, I.
Joulin (D^r), II, 37, 40.
Jouvencel, I, 61.

Kératry (de), I, 70, 73, 131, 132, 151, 162, 174, 175, 199, 260, 263, 308, 309, 311; II, 71, 104.

Laboulaye, I, 18; II, 295.
Lacambre, II, 313.
Lacord, II, 313.
Lafayette (R.), I, 212.
Langlois, II, 312.
Laroque, I, 40, 41.
Laugier, I, 128.
Laurier, I, 25, 40, 125.
Lauth, II, 268.
Lavertujon, I, 293, 294.
Lecomte (général), II, 106.
Leblond, I, 224, 225.
Lebœuf (maréchal), I, 45, 158.
Ledru-Rollin, I, 114, 242; II, 312.
Lefrançais, I, 286; II, 313.
Legouvé, I, 208, 209, 322; II, 311.
Leroy (Ab.), I, 224.
Lindsay (colonel), I, 166.
Littré, I, 111; II, 312.
Leuandre, II, 55.

Lullier, I, 71; II, 406.

Macdonel, II, 313.
Mac-Mahon (maréchal de), I, 49, 361; II, 169.
Magne, I, 126, 293.
Malou, II, 321.
Manteuffel, II, 222.
Martin (H.), I, 128, II, 313.
Martin-Bernard, II, 312.
Martin-Paschoud, II, 304.
Maurice, I, 70.
Mégy, I, 112.
Migneret, I, 4.
Michel (général), I, 369.
Michelet, II, 311.
Millière, I, 211, 219, 267, 286; II, 316, 324, 328, 312, 132.
Moigno, II, 177.
Moltke (général de), II, 58, 59, 60, 62, 64.
Moreau (E.), I, 8.
Mottu, I, 181, 183, 185, 186, 187, 222, 267, 273; II, 93, 116, 117, 137, 151, 274.

Napoléon I*r*, 158, 269.
Napoléon III, I, 9, 13, 22, 23, 26, 27, 29, 38, 43, 50, 65, 100, 105, 106, 108, 116, 123, 131, 135, 138, 148, 175, 176, 177, 188, 217, 361, 364; 362; II, 41, 71, 86, 149, 173, 256, 271, 304, 323, 325, 326, 389, 412.

Néthelme (le frère), II, 119, 135.
Noir (V.), I, 14, 18.
Ollivier (Emile), I, 12, 19, 22, 26, 28, 29, 31, 32, 33, 173, 293.
Orléans (les princes d'), I, 161.
Oudet, II, 313.

Palikao, (général de) I, 361.
Prévost Paradol, I, 18, 36.
Passedouet, I, 72, 222, 223, 282, 321; II, 128.
Paturel (général), II, 48.
Pelletan, I, 9, 70, 119, 128, 241, 259, 362.

Pernollet, II, 270.
Philippe (le frère), II, 27.
Picard (A.), I, 32, 119, 201, 211, 242, 249, 262, 263, 265; II, 138, 207, 259, 263, 302, 304, 310, 311.
Pie (Mgr), I, 5.
Piétri, I, 35.
Pilhes, I, 73, 115.
Pinard, I, 1.
Pindy, II, 313.
Portalis, I, 167, 169, 171, 172.
Pouchet (G.), I, 128, 185, 204, 205; II, 38.
Pressensé (de), II, 301, 310.
Pyat (F.), I, 103, 108, 185, 229, 240, 241, 242, 243, 250, 251, 267, 273; II, 79, 116, 254, 307, 312, 315, 319, 374, 436.

Quinet (Edg.), I, 328; II, 303, 310, 311.

Rampont, II, 61.
Ranvier, I, 286; II, 313.
Raspail, II, 312.
Ratisbonne (Louis), I, 19.
Renault (général), II, 48, 49, 61.
Renan, I, 6; II, 293.
Richard (Jules), II, 63.
Richard (Maurice), I, 33, 34, 37.
Rigault (R.), II, 435.
Robinet, I, 241, 250, 254, 259.
Rochefort (H.de), I, 16, 70, 91, 105, 118, 120, 182, 183, 185, 211, 254, 317; II, 292, 294, 299, 310, 312, 319, 446, 457.
Roncière-le-Nourry (de La), II, 262.
Rorthays (de), I, 4.
Rossel, II, 413.
Rothschild (de), II, 122, 227.
Rouher, I, 27, 126, 127, 173, 293.
Roullier, II, 313.
Rousselle, I, 214.
Roy (A. Le), I, 128; II, 240.

Sapia, I, 108.
Sardou (Victor), I, 335; II, 333.

Sandon, I, 301.
Sauvestre, I, 224, 225; II, 311.
Schœlcher, I, 211, 244; II, 310, 312.
Schmitz (général), I, 117; II, 72, 198.
Segris, I, 13.
Seigneur (G.), I, 7, 8, 28, 69; II, 111, 268, 271.
Séraillier, II, 313.
Serres (de), 251.
Simon (Mme J.), II, 140, 200, 209, 211, 240, 297.
Simon (J.), I, 4, 119, 128, 163, 164, 199, 240, 213, 215, 328; II, 88, 304, 306.
Suin, I, 20.

Tailhan, I, 341.
Taine, I, 6, 111.
Tamisier, I, 133, 260.
Thévenard, II, 51, 157.
Thoinnet de la Turmelière, I, 3.
Theisz, II, 313.
Tibaldi, I, 260, 273.
Tolain, II, 321.
Thiers, I, 2, 218, 230, 248, 251, 272, 292, 319, 334; II, 33, 313, 314, 320, 328, 339, 337, 339, 340, 341, 343, 347, 348, 349, 364, 396, 403, 404, 407, 418, 412, 413, 416, 517, 358.
Trochu (général), I, 50, 61, 67, 68, 95, 103, 116, 118, 120, 129, 131, 138, 141, 149, 155, 166, 171, 178, 180, 188, 200, 222, 234, 240, 242, 243, 248, 250, 251, 255, 256, 263, 291, 301, 302, 303, 304, 305, 311, 317, 321, 328, 329, 334, 340, 343, 344.
Trochu (général), II, 1, 3, 8, 13, 26, 28, 40, 41, 42, 53, 47, 58, 59, 61, 62, 63, 64, 72, 108, 138, 149, 154, 154, 155, 156, 177, 197, 199, 208, 234, 235, 245, 246, 247, 250, 251, 255, 272, 275, 278, 293, 301, 306, 323, 332, 333, 361.
Thomas (Clément), I, 314, 345, 373; II, 43, 44, 78, 93, 91, 100, 102, 127, 130, 259, 407.
Tridon, II, 436.

Uhrich (général), II, 149, 219.

Vacherot, I, 128, 321; II, 310.
Valentin, II, 385.
Vallès (J.), II, 364.
Vacquerie, I, 70.
Varlin, II, 313.
Verlet, I, 171.
Vermorel, II, 436.
Verneuil, I, 283.
Vernier, II, 315.
Veuillot (Louis), I, 2, 82, 356.
Victor Emmanuel, I, 203.
Vinoy (général), I, 256; II, 14, 57, 115, 255, 265, 278, 314, 348, 379, 385, 402.
Vitu (Aug.), I, 75.
Vrignault, II, 637.

Waldeck (de), I, 82.
Wallace (Richard), II, 227.
Walnlo (J.), I, 367.

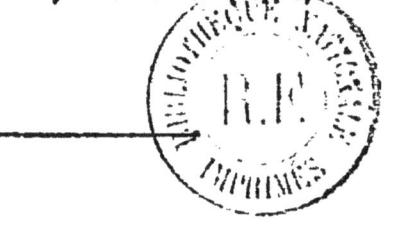

TABLE DES MATIÈRES

NOVEMBRE 1870
(SUITE)

Première journée de la bataille. — Aspect de Paris. — Rapport militaire. — Deuxième journée de combat. — Les bataillons de Belleville. — Les prisonniers   1

DÉCEMBRE

Deuxième journée de la sortie. — Les bataillons de Belleville. — Bataille de Villiers. — Retraite de l'armée. — M. Ferry à l'Hôtel de Ville. — Nouvelle de la reprise d'Orléans. — Illusions de la population Parisienne. — Charité des dames de Paris. — Demande de prières publiques refusée. — Les tirailleurs de Belleville. — Les gendarmes aux environs de Paris. — Arrestation de M. Flourens. — L'indemnité des femmes et les unions illégitimes. — Scandales dévoilés. — Diminution des vivres. — Symptômes de découragement. — Récit fantastique de l'occupation du plateau d'Avron. — Ordres du jour de M. Clément Thomas sur l'indiscipline de la garde nationale. — Désastreuses nouvelles des armées de province. — Aveuglement de Paris. — Situation morale et matérielle de Paris. — Fausses nouvelles publiées par le gouvernement. — Départ des troupes. — Combats de Drancy et du Bourget. — Dévouement des brancardiers. — Interruption de la lutte. — Surprise de Ville-Evrard. — Le jour de Noël. — Souffrances des troupes. — Obsèques du frère Néthelme. — Les canons Krupp. — Vente au profit des victimes de la guerre. — Pillage de bois et de meubles. — Mouvements communistes. — Prévision de la capitulation. — Réunion des maires de Paris. — Aspect de Paris le dernier jour de l'année. 23

JANVIER 1871

Le premier de l'an. — Projet des Communistes. — Le bombardement. — Etrange déclaration du général Trochu. — Effets du bombardement. — La Commission d'enseignement à l'Hôtel de Ville. — Mme Jules Simon et M. Gréard. — Le pain. — Accroissement de la mortalité. — Préparatifs de combat. — Bataille de Buzenval. — Emeute du 22 janvier. — Bruits de négociations. — Pourquoi on ne désarme pas la garde nationale. — La capitulation. — Physionomie de Paris après la capitulation. 159

FÉVRIER

Préparatifs des élections. — Déchaînement général contre le gouvernement. — Résistance de M. Gambetta. — Les listes électorales. — Proclamation de l'Empereur. — Derniers actes du gouvernement de la défense nationale. — Nouvel aspect de Paris. — M. Thiers, M. Jules Favre et M. de Bismarck. — Fin du procès du 31 octobre — Meurtre d'un agent de police. — Menaces des Communistes 290

MARS

Entrée des Prussiens dans Paris. — Pillage d'armes et de munitions. — Préparatifs de l'insurrection. — Proclamation de M. J. Favre. — Affiche du Comité central. — Description de Montmartre. — Les ruines des environs de Paris. — La Commune. — Les premières journées. — Départ de Paris. 350

AVRIL

Voyage à Paris — Physionomie de Versailles. — Paris sous la Commune. — Le curé de Saint-Sulpice. — L'Hôtel de Ville. — Discorde parmi les insurgés 411

MAI

Nouvelle physionomie de Versailles. — Saint-Germain-en-Laye. — Tableau de l'intérieur de Paris. — Les bataillons de marche. — La colonne Vendôme renversée. — Entrée des troupes dans Paris. — Incendie de Paris. — Aspect de la Cité. — Les ruines. — La plèbe révolutionnaire, 438

Table des noms cités dans les tomes I et II, 181

ÉVREUX, IMPRIMERIE DE CHARLES HÉRISSEY

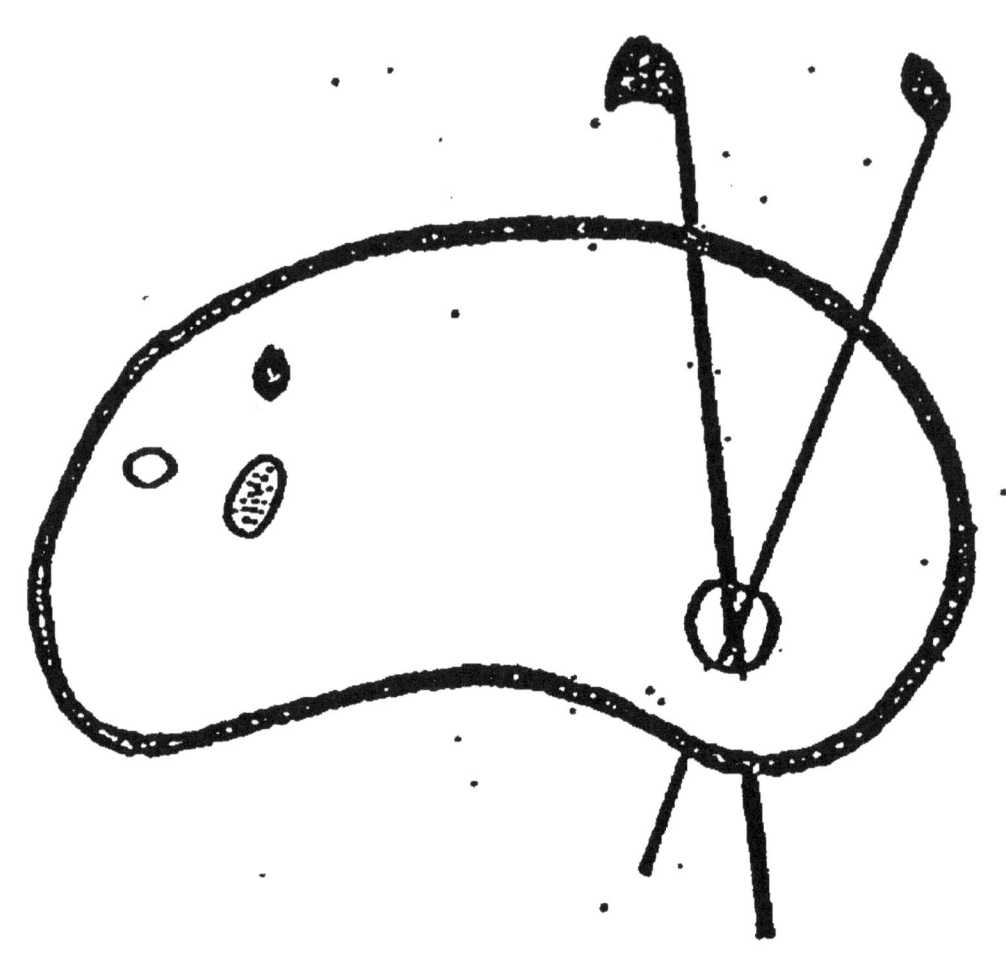

ORIGINAL EN COULEUR
NF Z 43-120-8

www.ingramcontent.com/pod-product-compliance
Lightning Source LLC
Chambersburg PA
CBHW050610230426
43670CB00009B/1343